MTB로 백두대간과 9정맥

3,106km 대장정 6년의 기록

안영환 지음

감사의 글

내가 백두대간과 첫 인연을 맺은 것은 2000년이다. 오랫동안 운영하던 사업장을 매각하고 무료하게 시간을 보내던 중 심기일전하기 위해 지리산에 다녀왔는데, 거기서 백두대간 종주를 꿈꾸게 되었다. 그해 겨울 11월 15일부터 12월 21일까지 산에서 비박을 하면서 백두대간을 무지원 단독으로 완주했다. 일주일 분 식량을 배낭에 지고 가다, 식량이 떨어지면 산에서 잠깐 내려와 구입 후 다시 올라가는 방식으로 33일 만에 백두대간 종주를 마쳤다. 2011년 6월 내 고향 충남 아산에서 열린 280랠리에 출전해 변속도 익숙하지 않은 초보자였음에도 최초 완주자의 대열에 서면서 체력적 자신감이 생겼다. 그해 8월 온양 아산 MTB 회원들과 백두산 라이딩을 다녀온 후 산악자전거로 남한의 백두대간을 종주해야겠다고 결심했다.

일단 백두대간 자료를 찾아 공부를 시작했지만, 산악자전거로 종주할 수 있을지 확신이 서지 않았다. 처음에는 누구에게도 알리지 않고 다섯 구간만 시험 삼아 도전해 보기로 했다. 2013년 4월에 첫 구간 완주 이후 그해 10월까지 총 30회에 걸쳐 백두대간을 산악자전거로 완주했다. 백두대간을 마친 후에는 등줄기인 낙동정맥만이라도 완주해 보자고 했는데, 결국 9개 정맥에 모두 도전했고, 2013년 4월 30일부터 2019년 5월 26일까지 6년 1개월 만에 완주할 수 있었다.

경비 지출도 만만치 않았다. 자동차로 등산로 들머리까지 이동해야 했기에, 유류비, 고속도로 통행료, 자동차를 회수하기 위해 탄 택시비 등으로 지출한 비용이 3천만 원에 이른다. 자전거도 모조와 스페셜라이즈드 등 3대를 이용했는데 새 자전거들은 금방 깨지고 부러지고 긁혀 상처투성이가 되었다. 자전거 구입과 수리 비용만 2천만 원이 넘었다.

작은 사고는 수없이 잦았으나 큰 사고 없이 끝나 다행이었다. 홀로 하는 산행이라 위험한 사고를 예방하기 위해 철저한 장비를 갖추고 일기 변화에 대비했다. 산 지형과 등반 난이도를 미리 숙지하고, 체력 저하에 대비해 비상탈출 경로도 미리 생각해 두었다. 특히 황철봉, 점봉산, 희양산, 대야산, 속리산의 직벽과 너덜 구간은 아주 위험해서 철저히 준비했다.

수없이 극한적인 상황에 부딪히며 체력적 한계도 극복해야 했다. 검붉은 소변이 나와 당황하기도 했고, 무기력증에 빠져 한 발짝 옮기지 못한 적도 있었다. 고통을 잊고 참는 나대로의 방법을 만들기도 했는데, 언제부턴지 오르막이 나타나면 리듬에 맞춰 숫자를 세는 버릇이 생겼다. 숫자를 헤아리다 보면 얼마나 올라왔고 얼마나 남았는지 알 수 있고 잠시나마 고통도 잊게 했다.

　백두대간 중 국립공원 구간은 자전거 진입이 불가해 특수배낭을 손수 제작해 집어넣고 통과해야 했다. 정맥길은 국가시설물, 군부대, 골프장, 사유지 철조망 등으로 막혀 우회해야 하는 구간이 많았다. 고속도로, 자동차전용도로, 국도, 지방도, 철길에 끊겨있어 무단 횡단을 수없이 해야 했다. 특히 한남정맥 통과를 위해 경인 고속도로 갓길을 자전거로 질주해야 했던 아찔한 경험은 평생 잊지 못할 것이다.

　산속에서 스친 인연들의 고마움도 잊을 수 없다. 생명수인 물 한 모금, 귤 하나의 행복감, 허기를 채워준 김밥 한 줄, 그리고 격려의 말들이 나를 계속 나아가게 했다. 식수를 얻기 위해 들른 과수원에서 냉장고 얼음을 꺼내주며 사과도 마음껏 가져가라고 내어주는 농부의 선한 마음을 잊지 못한다. 힘든 길을 종종 함께 걸어주고 달려주고 응원해준 〈자전거와 백두대간〉 카페 회원들과 아산시 MTB 동호회원들께 심심한 감사를 표한다. 나의 종주 기록을 다음 카페에 저장해주고 기록해 주신 박미라 님, 그런 글들을 모아서 다듬어 책으로 만들어준 장호순 순천향대학교 명예 교수님과 맹하영 에디터에게도 감사드린다.

　무엇보다도 고마운 사람들은 나의 가족들이다. 가장의 책임을 내려놓고 자유로이 무모한 도전을 할 수 있도록 허락해 준 식구들에게 감사한다. 1대간 9정맥에 도전한 6년 1개월 동안 나의 짐을 고스란히 대신 짊어지고 묵묵히 지켜봐 준 내 아내, 이경애에게 특히 고맙다는 말을 전한다.

2025년 6월 1일

안 영환

차례

제1부
백두대간

1회차, 화방재부터 늦은목이재	11
2회차, 죽령부터 늦은목이재	16
3회차, 죽령부터 벌재	20
4회차, 하늘재부터 벌재	24
5회차, 이화령부터 하늘재	28
6회차, 이화령부터 버리미기재	32
7회차, 밤티재부터 버리미기재	36
8회차, 화방재부터 건의령	40
9회차, 건의령부터 댓재	44
10회차, 댓재부터 백복령	48
11회차, 밤티재부터 비재	52
12회차, 비재부터 회룡재	56
13회차, 백복령부터 삽당령	60
14회차, 회룡재부터 추풍령	64
15회차, 대관령부터 삽당령	68
16회차, 우두령부터 추풍령	72
17회차, 우두령부터 부항령	76
18회차, 빼재부터 부항령	80
19회차, 진고개부터 대관령	84
20회차, 진고개부터 구룡령	88
21회차, 구룡령부터 조침령	92
22회차, 한계령부터 조침령	96
23회차, 빼재부터 육십령	100
24회차, 성삼재부터 새목이재	104
25회차, 육십령부터 새목이재	108

제1부 백두대간

26회차, 성삼재부터 세석산장 112

27회차, 세석산장부터 중산리 116

28회차, 미시령부터 희운각 120

29회차, 희운각부터 한계령 124

30회차, 미시령부터 진부령 128

제주 한라산 132

제2부 낙동정맥

1회차, 태백 천의봉부터 석개재 138

2회차, 삼척 석개재부터 답운재 142

3회차, 울진 답운재부터 에메랑재 146

4회차, 울진 에메랑재부터 덕재 150

5회차, 청송 덕재부터 아래삼승령 154

6회차, 울진 아래삼승령부터 박짐고개 158

7회차, 영양 박짐고개부터 황장재 162

8회차, 청송 황장재부터 피나무재 166

9회차, 청송 피나무재부터 성법령 170

10회차, 포항 성법령부터 이리재 174

11회차, 포항 이리재부터 한무당재 178

12회차, 영천 한무당재부터 땅고개 182

13회차, 경주 땅고개부터 운문령 186

14회차, 울산 운문령부터 양산 지경고개 .. 190

15회차, 양산 지경고개부터 부산 지경고개 .. 194

16회차, 부산 지경고개부터 개림중학교 198

17회차, 부산 개림중학교부터 몰운대 202

제3부 한북정맥

1회차, 화천 수피령부터 광덕고개 208
2회차, 포천 광덕고개부터 오뚜기령 212
3회차, 가평 45번 국도부터 오뚜기령 216
4회차, 가평 45번 국도부터 축성령 220
5회차, 양주 축령고개부터 울대고개 224
6회차, 양주 석굴암 입구부터 일산 장명산 .. 228
7회차, 양주 울대고개부터 석굴암 입구 230

제4부 한남금북정맥

1회차, 상주 천왕봉부터 말티고개 238
2회차, 보은 말티재부터 대안삼거리 242
3회차, 보은 대안삼거리부터 산성고개 246
4회차, 청주 산성고개부터 모래재 250
5회차, 괴산 모래재부터 음성고속휴게소 ... 254
6회차, 음성고속휴게소부터 죽산휴게소 258

제5부 한남정맥

1회차, 안성 죽산휴게소부터 무네미고개 264
2회차, 용인 무네미고개부터 버들치고개 ... 268
3회차, 용인 버들치고개부터 목감사거리 ... 272
4회차, 시흥 목감사거리부터 경인고속도로 .. 276
5회차, 인천 경인고속도로부터 김포 보구곶리 .. 280

제6부 금북정맥

1회차, 안성 칠장사부터 부수문이고개 286
2회차, 천안 부수문이고개부터 전의 덕고개 .. 290
3회차, 전의 덕고개부터 문금리고개 294
4회차, 문금리고개부터 차동고개 298

제6부
금북정맥

5회차, 유구 차동고개부터 청양 여두재 302

6회차, 청양 여두재부터 홍성 장곡면 306

7회차, 덕산 남은들고개부터 가야산 석문봉 .. 310

8회차, 홍성 장곡면부터 예산 남은들고개 ... 314

9회차, 서산 일락사부터 성황산고개 318

10회차, 서산 성황산고개부터 태안교육청 ... 322

11회차, 태안교육청부터 안흥항 326

제7부
금남호남정맥

1회차, 장수 영취산부터 서구이치재 332

2회차, 장수 서구이치재부터 마이산 336

3회차, 진안 마이산부터 궁항지 340

제8부
금남정맥

1회차, 완주 궁항지부터 충남 600고지 전적비 .. 346

2회차, 금산 600고지 전적비부터 물한재터널 .. 350

3회차, 논산 물한재터널부터 만학골 삼거리 .. 354

4회차, 공주 만학골 삼거리부터 가자티고개 .. 358

5회차, 공주 가자티고개부터 부여 낙화암 362

제9부
호남정맥

1회차, 진안 주화산부터 쑥재 368

2회차, 임실 쑥재부터 운암삼거리 372

3회차, 임실 운암삼거리부터 석탄사 376

4회차, 정읍 석탄사부터 곡두재 380

5회차, 장성 곡두재부터 오정자재 384

6회차, 순창 오정자재부터 금과면 청룡리 388

7회차, 순창 금과면 청룡리부터 유둔재 392

제9부
호남정맥

8회차, 담양 유둔재부터 묘치고개 396

9회차, 화순 묘치고개부터 개기재 400

10회차, 화순 개기재부터 곰치재 404

11회차, 화순 곰치재부터 감나무재 408

12회차, 장흥 감나무재부터 보성 한치재 412

13회차, 보성 한치재부터 모암재 416

14회차, 보성 모암재부터 순천 접치 420

115회차, 순천 접치부터 송치재 424

16회차, 광양 백운산 한재부터 송치재 428

17회차, 광양 백운산 한재부터 망덕산 432

제10부
낙남정맥

1회차, 함양 고운재동부터 돌고지재 438

2회차, 하동 돌고지재부터 돌창고개 442

3회차, 고성 돌창고개부터 큰재 446

4회차, 고성 큰재부터 발산재 450

5회차, 함안 발산재부터 쌀재고개 454

6회차, 창원 쌀재고개부터 소목고개 458

7회차, 함안 소목고개부터 망천고개 462

8회차, 김해 망천고개부터 만장대 466

9회차, 함양 고운동재부터 영신봉 470

10회차, 김해 분성산 갈림길부터 매리2교 ... 474

축사 478

제1부
백두대간

2013.04.30~2013.10.10 (30구간)

무모한 도전의 첫발을 명산인 태백산에서 시작한다. 과연 이 무겁고 부피 큰 MTB와 함께 백두대간을 완주할 수 있을지 기대 반 걱정 반이다.

백두대간 1회차, 화방재부터 늦은목이

2013년 4월 30일   태백산 - 깃대배기봉 - 구룡산 - 옥돌봉 - 선달산

　백두대간 종주가 얼마나 힘든지 알기에 다시 한번 도전하겠다는 결정을 내리기 전까지 많이 고민했다. 그것도 자전거와 함께 완주할 수 있을까 나 스스로에게 수없이 물어보았지만, 확신이 서지 않았다. 그래서 일단 테스트 산행을 하기로 하고 태백산부터 속리산 구간을 시도해 보기로 했다. 백두대간 중 위험 구간이 가장 많은 구간이기 때문이었다. 여기를 자전거로 무사통과한다면 백두대간 MTB 완주가 가능할 것 같았다. 천제단에 올라 등산객에게 인증사진을 부탁하니 내 맘에 흡족할 만한 사진이 오늘의 노고를 씻어준다. 새벽 5시 38분 태백 화방재에서 출발해 장수봉, 깃대배기봉, 구룡산을 거쳐 도래기재에 도착하니 11시 37분이다. 주행거리는 23.6km이다.

다행히 예상 시간보다 진행 속도가 빨랐다. 송어회 매운탕 점심으로 허기진 배를 채우고 한 구간을 더 달려 보기로 한다(그래서 1회차는 트랭글 지도가 2개이다). 그러나 자전거를 탈 수 있는 구간이라고는 유일사 부근과 깃대배기봉 부근에서 잠깐이고 나머지는 미끄러운 잔설을 밟아가며 멜바(자전거를 메고 가는 것)를 해야 했다. 맑은 하늘이 무색할 만큼 거센 바람이 체감온도를 떨어뜨렸다. 13년 전 도보로 화방재에서 도래기재까지 7시간 30분 걸렸는데, 오늘 자전거로 6시간 만에 끝냈다. 백두대간 MTB로 완주를 할 수 있겠다는 자신감이 가슴속 깊은 곳에서 솟구쳐 올랐다.

민족의 토속 신앙지인 태백산 천제단 앞에서 백두대간 종주를 시작하며 무사 안녕을 기원한다.

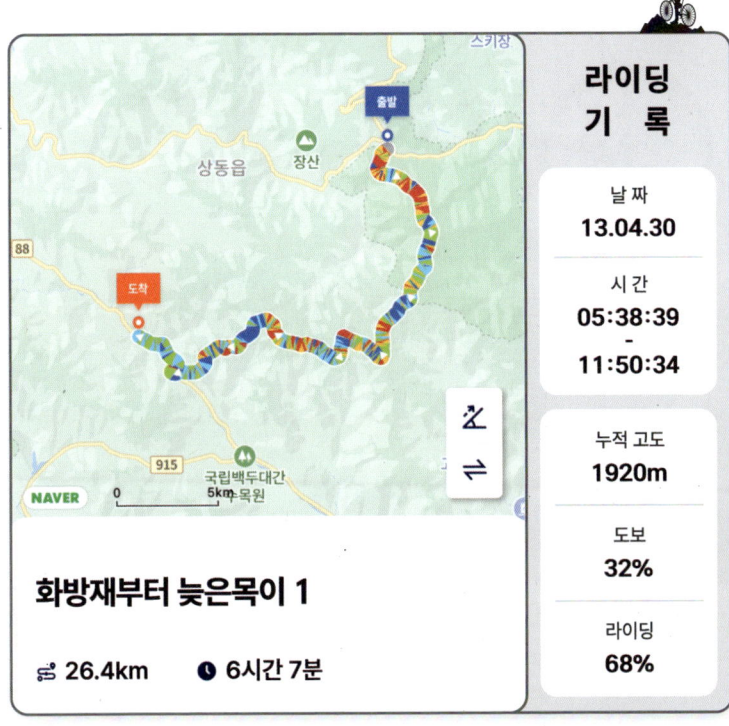

화방재부터 늦은목이 1

- 26.4km
- 6시간 7분

라이딩 기록

- 날짜: 13.04.30
- 시간: 05:38:39 - 11:50:34
- 누적 고도: 1920m
- 도보: 32%
- 라이딩: 68%

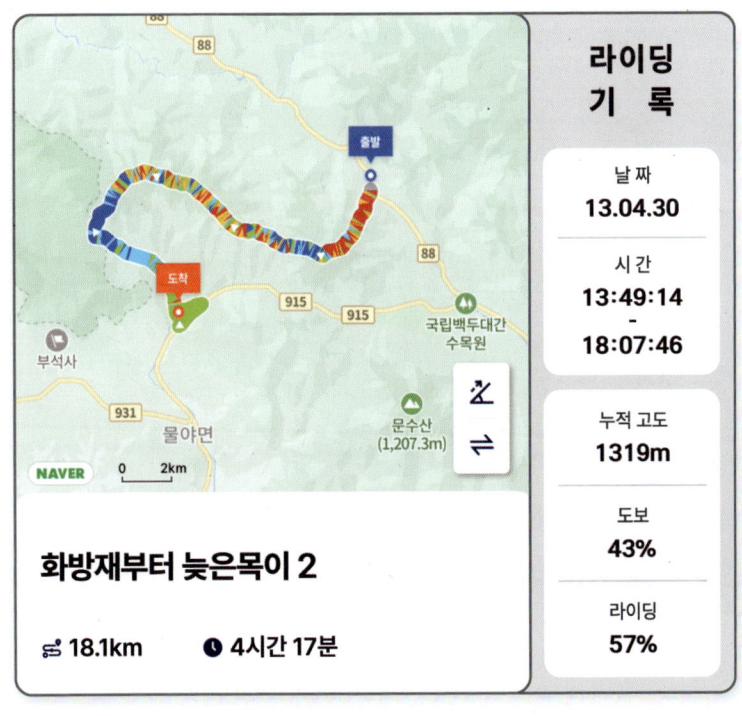

화방재부터 늦은목이 2

- 18.1km
- 4시간 17분

라이딩 기록

- 날짜: 13.04.30
- 시간: 13:49:14 - 18:07:46
- 누적 고도: 1319m
- 도보: 43%
- 라이딩: 57%

옥돌봉은 태백산에서 소백산으로 이어지는 산으로 대간꾼이 아닌 일반인에겐 접근이 어려운 산이다.

태백산은 암산이 아닌 육산이라 싱글길에서 MTB를 탈 수 있는 구간이 제법 많았다.

영월군 김삿갓면을 거쳐 봉화군 물야면 박달령에 도착했다.

MTB 무게와 부피 때문에 조금이라도 힘이 덜 드는 방법을 택하다 보니 이 구간은 남진 대신 북진을 택한 구간이다.

백두대간 2회차, 죽령부터 늦은목이재

2013년 5월 3일   연화봉 - 제1연화봉 - 소백산 - 국망봉 - 갈곶산

　잠이 덜 깬 상태에서 주섬주섬 장비를 챙겨 집을 나서 제천을 거쳐 단양 죽령에 도착하니 새벽 04시 40분이다. 간단한 정비 후 05시부터 대간길을 시작한다. 7km 포장도로 업힐인데 경사가 심한 곳은 끌바(자전거를 타지 못하고 내려서 끌고 가는 것)로 간다. 예전 새벽녘에 백두대간 할 때 바람이 심해 착지하려는 다리가 휘청대곤 했던 기억이 떠올랐다. 너무 추워 바람을 피하려고 제설 모래함에 들어가 잠시 쉬었던 기억도 난다. 어둠이 벗어지지 않는 하늘을 바라보며 지루하고 힘들게 오르다 보니 어느새 연화봉 천문대에 다다른다. 천문대부터는 싱글길(폭이 좁은 등산로)이라서 탈 곳은 없고 소백산까지 암릉과 데크 계단길이다. 구름 속을 걸으며 소백산에 올라서니 표지석과 안내판만 보인다. 사진을 찍고 출발하려는데 하늘이 열리며 연화봉과 앞으로 진행할 도솔봉까지 보인다.

소백산에서 국망봉까지는 탈바(자전거를 타고 가는 것)가 제법 되는 구간이다. 국망봉에서 상월봉까지 가는 내내 잔설이 많았다. 5월인 지금까지 잔설이라니. 상월봉 조금 지나서부터 고치령까지는 탈바의 연속이다. 고치령에서 인증사진을 찍은 후 대간길에 들어서니 잡목만 무성해 진행하는 게 여간 힘든 게 아니다. 일반 등산로가 아니라 대간 꾼들만 다니는 길이기 때문이다. 고갈된 체력에 갈 길은 멀고 등로는 좁고, 급커브 구간으로 탈바구간도 거의 없다. 그나마 소백산부터 고치령까지는 완만한 경사도 때문에 신나는 다운길이었다.

　마구령에 도착하니 그곳을 지나던 5명의 MTB 라이더와 마주친다. 강원도 원주에서 왔다는 그들의 환호와 박수 속에 인증 사진을 찍고 다시 출발! 그러나 마구령에서 1,057봉까지 이어지는 업힐은 좁고 잡목이 우거져 속도를 내지 못한다. 이후부터는 업다운의 연속이라 한 발짝이라도 내딛는 게 급선무다. 마지막 봉우리인 갈곳산 정상에서 휴식. 늦은목이부터는 돌탱이길이라 집중력과 긴장감을 늦출 수 없지만 즐거운 다운 구간이다. 떨어지는 빗방울을 피하며 잠시 휴식 후 다시 영주 쪽으로 10km를 갔으나 힘이 빠져 페달링이 안된다. 할 수 없이 택시를 잡아 출발지인 죽령으로 원점 회귀해야 했다.

2회차, 죽령부터 늦은목이재

겨울 소백산 칼바람의 무서움을 뒤로하고 국망봉을 지나 상월봉 거쳐 신선봉 갈림길까지 가며 소백산의 참모습을 감상할 수 있었다.

소백산은 아직도 잔설이 남아 있어 겨울 복장을 준비하지 못해 이 구간을 진행하는 동안에는 추위로 고생했다.

소백산 정상부터 고치령까지는 즐거운 탈바 구간이었다. 그러나 고치령 지나서 마구령까지는 잡목지대를 힘겹게 넘어야 했다.

2구간까지는 클립 신발을 신었는데 3구간부터 등산화에 평페달로 진행했다. 자전거 무게에 중식과 간식, 물과 정비용품 및 구급약품을 담은 배낭이 10킬로를 넘었다.

백두대간 3회차, 죽령부터 벌재

2013년 5월 5일   도솔봉 - 묘적봉 - 솔봉 - 촛대봉 - 문복대

　제천을 거쳐 단양 죽령에 도착했다. 오늘의 출발점은 군부대를 피해 좌측 옆 경사면을 타고 올라야 하는데 경사면을 타는 도중 페달이 돌부리에 걸려 15m나 되는 절벽 아래로 추락했다. 흐려진 정신을 가다듬고 주위를 살피니 자전거 따로, 나 따로 직벽 경사면 바닥에 나뒹굴고 있었다. 분명 어딘가 크게 다쳤을 것 같은데 다행히 뼈에는 아무 이상 없고 오른쪽 종아리 부분만 크랭크에 찍혀 피가 줄줄 흐른다. 찌그러진 헬멧을 보니 아마도 머리가 바위에 떨어져 세게 찍힌 모양이다. 정신을 가다듬고 다시 길을 오르지만, 바위와 잡목이 발목을 잡는다. 환봉산 갈림길까지는 추락의 충격이 가시지 않아 어떻게 올라왔는지 기억이 흐릿하다. 환봉산 갈림길부터 도솔봉까지는 난코스로 암릉과 철쭉, 잡목이 나의 진행을 방해한다. 그렇게 도솔봉에 도착하니 온 천하가 내 것인 양 환상의 조망이 펼쳐진다.

저수령까지 신나게 다운하여 휴게소에 도착했으나 문이 닫혀있다. 물이 없는데 걱정이다. 구석진 곳에서 나물을 다듬는 부부가 있어 부탁하니 본인들이 마실 얼음물을 흔쾌히 내준다. 벌재까지 탈바와 끌바가 이어져 체력 소진으로 힘듦이 곱이 되는 듯했다. 어렵게 벌재에 도착해 동물 이동통로를 지나니 월악산 국립공원 직원들이 비등로 구간을 서슬 퍼런 눈으로 지키고 있었다. 다음 구간 응수 타진을 위해 이것저것 물어봐도 시큰둥하다. 유도 신문으로 정보를 입수하고, 단양 팔경 상선암과 소선암을 경유해 단성면까지 다운이다. 갈수록 경사면이 적어 계속 페달을 밟아야 했다.

이번 구간은 추락으로 인해 커다란 부상을 당했을 법도 했는데 무사히 마쳐서 안도의 숨을 고르며 어느 신계든 감사하다고 몇 번을 되뇌어 본다. 특히 오늘은 모든 위험을 혼자서 감수해야 하는, 무지원 단독 라이딩의 어려움을 실감한 하루였다. 그래서 아직은 나의 백두대간 MTB 종주에 대한 확고한 신념이 생기질 않는다. 포기라는 단어는 나와 무관하다고 생각하며 남으로는 중산리, 북으로는 진부령까지…. 가는 데까지 가보자. 늘 위험이 도사리고 있지만 오늘의 무사함에 감사하며 또 한 구간을 버겁게 마무리 짓는다.

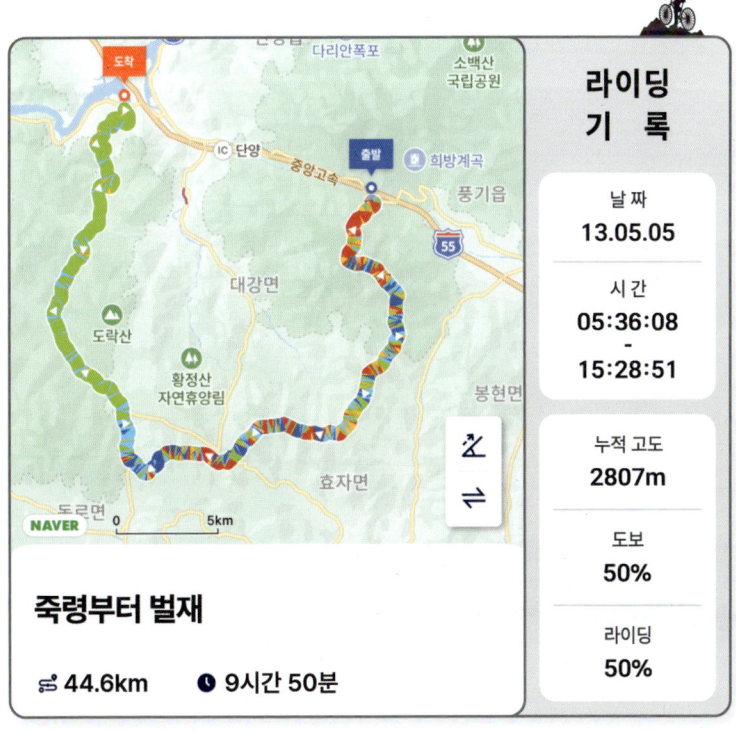

죽령부터 벌재

44.6km　9시간 50분

라이딩 기록

날짜
13.05.05

시간
05:36:08
-
15:28:51

누적 고도
2807m

도보
50%

라이딩
50%

촛대봉까지는 등고 낙차가 커서 끌바와 탈바가 반복된 구간이었다.

저수령으로 내려와 1,074m 문복산 오름길은 등로가 좁아 쉽지 않았다.

13년 전 이 구간 등산 시간이 8시간 40분이었는데 이번에 MTB로는 8시간 30분이 걸렸다. 예상보다 진행 시간이 빨라 자신감이 생겼다.

아침에 진입로를 잘못 찾아 조금 헤맸다. 출발 전 트랭글을 켜지 않고 시작해 초반부 기록이 없다.

백두대간 4회차, 하늘재부터 벌재

2013년 5월 7일　　포암산 – 꼭두바위봉 – 대미산 – 황장산 – 감투봉

　지형 숙지는 동물적 본능을 타고났다고 자부하던 나…. 친절한 내비게이션의 말만 듣고 하늘재로 향한다. 아뿔싸! 문경 하늘재가 아니라 충주 하늘재로 안내해 주는 바람에 가던 길을 멈추고 되돌아와야 했다. 어렵게 문경 하늘재에 도착해 인증사진을 남기고 새벽 6시에 출발하는데, 급경사 암릉 구간이 시작부터 기를 꺾는다. 포암산 인증사진을 확실히 남기고 핸드폰을 확인하는데 이런…. GPS 를 켜지 않았다. GPS 트랭글을 부팅시키고 다시 진행한다. 만수봉 갈림길부터는 몇 안 되는 대간꾼들만 다니는 길이라 등로폭은 좁고, 우거진 잡목이 자전거를 잡아당겨 몇 곱절이나 힘든 상황이다. 암릉이지만 로프도 없는 구간이 비일비재했다.

4시간 30분 만에 대미산 정상에 오르니 바람 한 점 없는 날씨이다. 점심 식사 후부터 다운길이 펼쳐져 신나게 내리꽂다가 대간꾼들의 생명수 눈물샘을 지나치고 말았다. 이곳만 믿고 왔는데 힘이 다 빠진다. 부족한 식수를 보충하기 위해 비상용 칼로 다래와 머루 넝쿨을 절단해 빈 페트병에 꽂고 한참 동안 기다리니 한가득 담긴 물이 나를 흐뭇하게 한다. 지체된 시간을 보충하기 위해 속도를 내는데, 남은 백두대간의 중간지점을 알리는 돌탑이 보인다. 대학교 산악부 학생들이 실거리를 줄자로 측정해서 이곳에 기념비를 세웠다고 한다.

　포암산부터는 톱날 같은 등고 폭과 비등로 잡목구간이 나를 지치게 만든다. 작은 차갓재에서 황장산까지의 업힐과 로프 구간도 만만치 않다. 식수를 구하러 문안골로 내려가는 200m도 버겁다. 그래도 바위 속 생명수로 세수하고 발도 닦고 마사지까지 하고 나니 한결 가벼워진 몸이 오늘의 피로를 잊게 한다. 황장산에서 벌재로 이어지는 대간길은 비등로 구간인데, 암릉까지 많아 만만한 코스는 아니다. 오늘도 긴 거리와 잦은 암릉 구간으로 곱절 이상 힘들었지만, 무사히 또 한 구간 마루금을 이어낸 나 자신에게 박수를 보낸다.

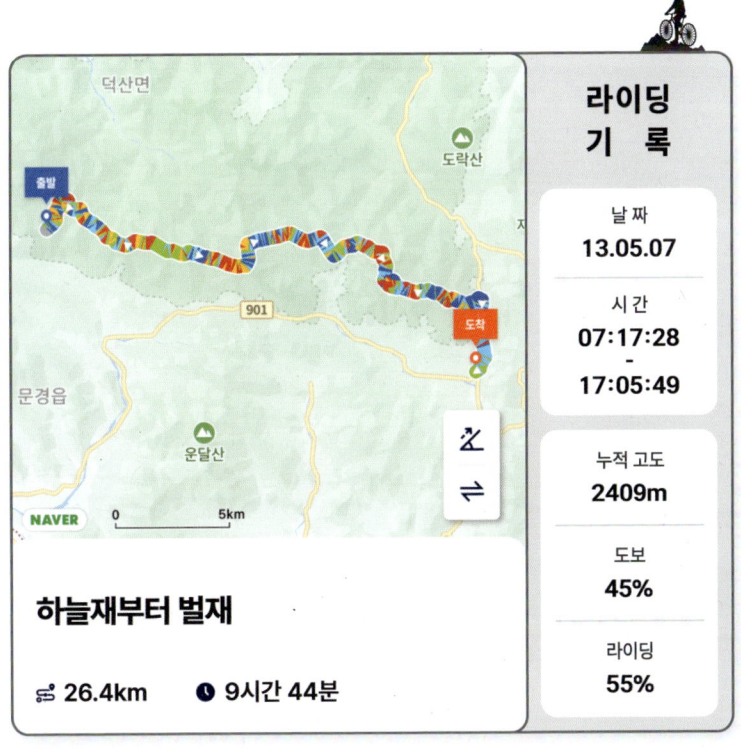

암릉길 오름길에 식수 병이 떨어져 회수도 못 하고 그냥 와야만 했다. 결국 잔차를 등로에 두고 문안골 계곡으로 내려가 식수를 구해 와야 했다.

이러한 암릉길이 나오면 잔차를 어깨에 둘러메고 한 손으로 밧줄을 잡고 올라야 한다.

지난 4개 구간과는 비교가 안 되게 어려운 구간이다. 이 구간이 MTB로 백두대간을 완주할 수 있느냐 없느냐를 결정할 것 같다.

백두대간 5회차, 이화령부터 하늘재

2013년 5월 9일　　조령산 - 신선암봉 - 깃대봉 - 마패봉 - 탄항산

　5차까지 오는 동안 가족은 물론이고 주변 누구에게도 말하지 않았다. 혼자 자전거 메고 끌고 타고 백두대간을 한다는 게 나 자신에게도 심적 부담이 크지만, 주변 사람들에게 심려를 끼칠지 우려 돼서였다. 험준한 산속에서 발생할 수 있는 사고와 부상에 대한 우려를 나 혼자만 부담하려고 지금껏 비밀리에 독불장군식으로 진행해 왔다. 오늘 구간은 지금껏 지나온 구간과는 판이할 것이다. 이화령길도 많이 바뀐 것 같다. 오는 내내 헷갈린 구간도 있고 계속되는 업힐에서는 양쪽 어깨로 바꿔가며 멜바를 한다. 아~ 변함없는 조령샘이 반갑다. 그렇지만 조령샘은 대간꾼들이 그리 애달프게 생각하는 샘물은 아니다. 이미 이화령에서 물병 가득 담고 출발했기 때문이다. 2시간 조금 못 미쳐 조령산 정상에 서니 시야는 멀리 확보되지 않았지만 그래도 아침햇살이 상쾌하다.

조금 더 가니 전망 좋은 절벽 구간이 나오고 그곳에 오르니 앞으로 가야 할 암봉들이 키재기라도 하듯 일렬로 줄 서 있다. 그리고 눈앞에 까마득한 다운길 로프가 기를 꺾는다. 자전거만 아니라면 문제 될 게 없을 구간이지만 자전거 특성상 앞뒤, 좌우 돌출된 부분이 많아 멜바도 쉽게 허락하지 않는다. 위험천만한 로프 구간들을 긴장 속에서 간신히 빠져나오긴 했는데 눈앞이 깜깜하고 아찔하기까지 했다. 통천문을 지나려니 핸들 바에 걸려 핸들 나사를 풀고 돌려서 간신히 통과해야 했다. 얼마나 긴장했는지 몰골은 만신창이가 되어있었다.

조령 3관문에서 정신과 몸을 가다듬고 발길을 옮긴다. 마패봉이라고 호락호락할쏘냐. 이미 만신창이가 된 몸으로 자전거를 메고 산을 오르기란 해보지 않고는 말로 표현이 어려울 것이다. 체력이 남았으면 조봉과 부봉에 들러 문경의 참맛을 봤을 터인데 체력 고갈로 엄두도 내지 못하고 패스한다. 오늘의 목적지 하늘재에 내려서니 14시 19분이다. 예전엔 없었던 대간석이 넓은 광장에 멋스럽게 우뚝 솟아 있다. 굶주린 배에 기진맥진한 몸은 땀에 젖어 몰골이 말이 아니지만 힘든 한 구간을 무탈하게 마무리할 수 있음을 감사한다.

5회차, 이화령부터 하늘재

좌우로 낭떠러지이고 중간에 잡목이 버티고 있어 잔차와 함께 통과하기가 난해한 로프 구간들이 온종일 이어졌다.

깃대봉은 대간길에서 조금 벗어난 봉우리이지만 여기서 마패봉과 신선봉 능선을 바라보면 정말 신선이 된 기분이 든다.

이화령에서 시작해 하늘재까지 힘든 구간을 마치며 백두대간을 완주할 수 있다는 확신을 굳힌 날이다.

이 구간은 식수와 체력 고갈로 무려 13시간이 걸렸다. 그래도 잔차를 버리지 않고 내려온 것에 감사할 따름이다.

백두대간 6회차, 이화령부터 버리미기재

2013년 5월 14일   백화산 - 이만봉 - 희양산 - 구왕봉 - 장성봉

　오늘은 새벽 5시에 이화령에서 산우 근두운, 박미라 님과 함께 출발한다. 내가 MTB로 백두대간 종주를 시작했다는 소식을 듣고 응원차 따라나선 것이다. 라이딩 시작 초반 황학산까지는 업힐이지만 심하지 않아서 탈바가 꽤 되어 산우들과 거리가 상당히 차이 났는지 인기척은 들리지도 않는다. 황학산에서 정상석 인증 사진을 찍고 불과 20m도 못가 핸들이 나무에 걸려 엔도(자전거와 한 바퀴 공중회전하며 넘어지는 것)를 했다. 아픔의 고통도 잠시 접어둔 채 백화산으로 향하는데 연속되는 암릉에 험상궂은 산봉우리가 수도 없다. 톱니바퀴 모양의 봉우리를 끌바와 멜바로만 연속해 오르내리다 보니 어느새 식수 보충을 할 수 있는 배너미 평전에 이르렀다.
　이어지는 희양산은 대간길에서 벗어난 곳이라 나의 체력이 자꾸만 패스하라고 채찍질하지만, 멋진 조망을 볼 요량으로 발길을 돌려본다.

눈요기하고 다시 희양산 갈림길로 돌아오니 함께한 산우들과 만난다. 그들이 건네준 슬러시 복숭아 통조림이 시원하게 더위를 날려준다. 내게 건네주기 위해 그곳까지 안 먹고 가지고 온 정성이 나를 울컥 하게 한다. 그래, 이게 동지구나.

 산우들은 희양산 거쳐 은티마을로 하산하기로 하고, 난 직벽 구간으로 진행한다. 150m 정도의 직벽 구간이 나를 아찔하게 하지만 무사히 지름티재로 내려온다. 안도의 숨을 고르기 무섭게 구왕봉의 급경사 로프 구간이 또 연속이다. 김밥으로 요기 후 호리골재로 진행하는데 주치봉의 업다운이 만신창이가 된 나를 괴롭힌다. 지금 생각해 보면 지름티재에서 끊었어야 마땅했다고 본다. 하지만 만만치 않은 다음 구간을 고려해서 계속 진행하기로 하고 지름티재에서 악휘봉으로 진행한다.

 그러나 고갈된 체력과 부족한 식수 때문에 하산하고 싶은 심정이 굴뚝같았다. 장성봉에서 오늘의 끝인 버리미기재까지는 다운이지만 탈바 구간은 단 한 곳도 없었다. 어려운 희양산 구간도 큰 사고 없이 마무리하고 날머리에 도착하니 조금 남은 이온 음료가 내 눈물을 대신한다. 물의 소중함과 자연이 우리에게 주는 혜택에 감사하며 32.2km, 13시간 10분 동안 자신과의 싸움에서 승리했다.

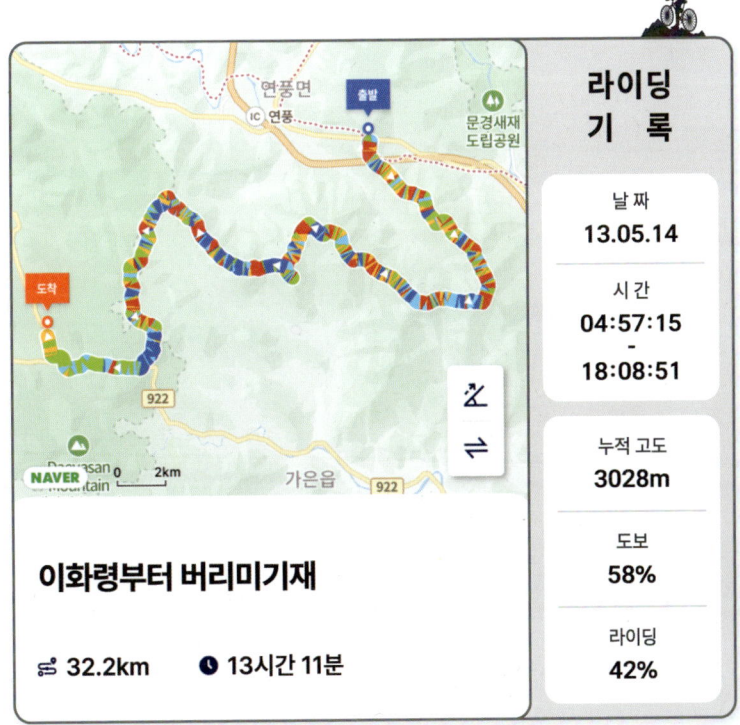

직벽 로프 구간을 어렵게 내려와 구왕봉에 오르려니 체력이 많이 소진되었다. 악휘봉부터는 발걸음이 떨어지지 않아 종주 시작 후 처음으로 겁을 먹었다.

계속되는 암릉에 버리기미재까지 갈 수 있을는지. 두려움에 자전거를 숨겨 놓고 몸만이라도 갈까 하는 생각을 수없이 했다.

이 구간은 초반에는 육산이었으나 백화산부터는 전형적인 암릉으로 이루어진 산이라 체력 소모가 상당히 컸다.

밤티재부터 시작한 7구간은 탈바는 한 군데도 없이 모두 멜바 구간이다. 백두대간 구간 중 제일 위험했던 구간으로 기억될 듯하다.

백두대간 7회차, 밤티재부터 버리미기재

2013년 5월 21일   청화산 - 조항산 - 대야산 - 촛대봉 - 곰넘이봉

　새벽 3시에 집을 나와 밤티재까지 오는 내내 짙은 안개로 운전이 매우 불안했다. 준비를 마치고 새벽 05시, 멜바로 시작이다. 잡목들 사이로 운무가 보이고 바위 지대 조망 트인 곳에 이르니 별천지로구나. 변화무쌍한 운무 앞에 보이는 속리산 자락의 주능선이 일출의 장관까지 허락해 주고 청화산의 급경사와 이어지는 톱니 같은 암봉들이 나를 기다리듯 늠름하다. 등고 폭 700m를 오르기 쉽지 않아 나의 애마에겐 미안하지만, 혼자라면 하는 생각도 든다.
　한 시간 조금 넘어 늘재에 도착하니 청화산 오름길에 펼쳐진 운무가 자전거와 백두대간을 시작한 이래 가장 멋진 풍광을 보여준다. 다운 길을 멜바로 진행하면서 로프 구간의 급경사 다운은 나의 발목을 잡았지만, 그 와중에 내게 허락된 조항산 조망을 어찌 말로 표현할까. 희양산과 월악산, 뒤로 속리산까지 장엄한 광경이 안구를 정화한다.

고모치에 있는 고모샘은 대간길에서 가장 가까운 위치에 있는 생명샘이다. 풍부한 수량 덕에 식수 보충하고 400m 정도 대간길을 지나니 고질라 바위, 구멍 바위. 집채 바위, 큰 바위 등 기상천외한 암릉들이 시야에 펼쳐진다. 밀재를 지나 이어지는 대간길은 자전거로 갈 수 없는 암릉이다. 대문 바위, 송이 바위를 거쳐 대야산 정상까지는 끝도 없는 암릉의 연속이다.

마침내 대야산 정상에 오르니 360도 파노라마가 지금껏 나의 공포와 피로를 말끔히 날려준다. 모든 대간꾼들이 가장 염려하는 약 200m 직벽 구간을 내려다보니 숨이 멎을 만큼 아찔한 곳이다. 크게 숨 한번 고르고 한쪽 어깨엔 자전거, 다른 한 손으론 로프를 잡고 조심조심 내려가기 시작한다. 중간쯤 자전거가 걸리는 바람에 잠시 황천길 문고리 잡은 듯 긴장해 등줄기로 식은땀이 꼬리뼈까지 줄줄 흐른다. 위험한 순간을 벗어나니 그 자리에 털썩 주저앉고 말았다.

이후로 곰넘이봉까지 급경사 암릉 구간이 너무 많아서 자전거로 백두대간을 완주한다는 것이 얼마나 무모한 짓인가 되새기게 하는 구간이 많았다. 천당과 지옥을 넘나들면서 오늘 구간도 11시간 26분 만에 무탈하게 마무리 지을 수 있음에 감사한다.

7회차, 밤티재부터 버리미기재

청화산 능선길에서는 아주 환상적인 속리산 능선을 바라볼 수 있었고, 조항산에서 바라본 마귀할멈통시 바위 능선도 기가 막혔다.

고모샘에서 식수 보충하고 또다시 암릉길을 잔차 둘러메고 로프를 타고 올라 대야산 정상에 도착했다.

대야산 이후로는 체력 고갈로 한 걸음 옮기기가 버거웠다. 13년 전엔 도보로 6시간 30분 걸린 구간인데 잔차로는 11시간 26분이 소요되었다.

함백산 정상에 오르니 한눈에 들어오는 태백산의 능선. 북으로는 천의봉을 비롯한 백두대간 능선도 보인다.

백두대간 8회차, 화방재부터 건의령

2013년 5월 26일   수리봉 - 함백산 - 은대봉 - 금대봉 - 매봉산

　밤샘 근무로 피곤한 몸을 쪽잠으로 채우고 집을 나와 태백 화방재로 향한다. 화방재까지 운전해 오는 내내 졸음과의 싸움이다. 들머리에 도착해 피로에 지친 몸을 추슬러 대간길을 시작한다. 계속되는 업힐의 수리봉을 멜바로 힘겹게 오르다 보니 짓눌리는 어깨의 통증은 말로 표현하기 어렵다. 그러나 함백산 정상의 멋진 조망과 맑은 날씨는 환상의 궁합이고 예술인지라 그동안의 고통을 잊게 해 준다.
　멋진 조망을 뒤로하고 중함백산까지 멜바와 끌바의 연속이다. 중함백산부터 자작샘까지는 그래도 많은 탈바 구간이 나를 반긴다. 자작샘에서 식수 보충 후 간단하게 간식으로 허기를 달래보는데 샘 근처에 자연산 곰취가 군락을 이루고 있다. 은대봉에 도착하니 비박을 하는 산꾼들이 짐을 꾸리고 있기에 사진 한 장 찍고 서둘러 두문동재로 향한다. 생태보전지역인 금대봉에서는 신분증 확인과 목적지를 밝힌

등산객들은 통과시켜 주는데 나는 자전거 때문에 안 된단다. 여러 번의 실랑이 끝에 한발 물러나기로 하고 태백 쪽으로 150m 내려가 대간길과 다시 만났다. 그런데 능선으로 오르는 도중 돌부리에 걸려 엔도 했다. 왼쪽 정강이에선 피가 줄줄 흐르고 상처 주위가 금세 부어올라 다리가 내 맘처럼 움직이지 않는다.

   비상용 밴드로 우선 응급처치 후 출발하니 그나마 쑤아발령까지는 탈바 구간이다. 비단봉에 올라 지나온 함백산의 능선과 멋진 조망을 배경 삼아 찰칵하고 다시 출발한다. 가짜 매봉산까지는 고랭지 채소밭 사잇길로 풍차와 채소가 어우러져 한 폭의 풍경화를 연상케 한다. 태백 시내가 한눈에 들어오는 천의봉에 올라서는 지나온 태백산과 함백산의 주능선들을 넋 놓고 바라본다. 멋지구나! 우리의 산하.

   고랭지 채소밭을 지나오는데 주인 사장님께서 커피와 함께 시원한 맥주까지 내놓으신다. 여름휴가 때 꼭 놀러 오겠노라 약속하고 내려오는데 예전에는 없던 낙동정맥 분기 표지석도 보인다. 피재휴게소까지 재빠르게 하산 후 우유 2개랑 달걀 6개, 냉커피를 게 눈 감추듯 먹고 오늘의 목적지 건의령에 도착하니 천둥번개를 동반한 소나기가 노고를 씻어주기라도 하듯 세차게 내리다 이내 맑게 갠다.

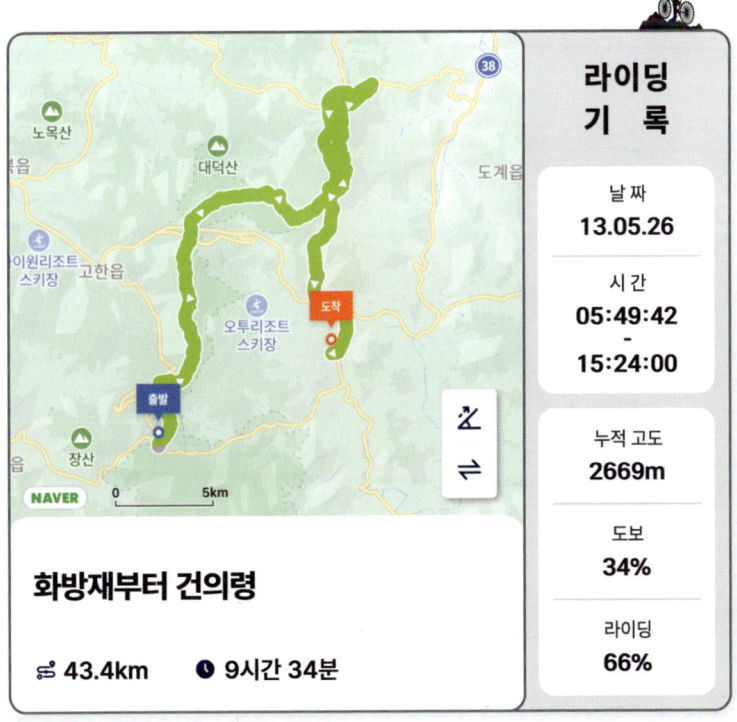

화방재부터 건의령

43.4km   9시간 34분

라이딩 기록

날 짜
13.05.26

시 간
**05:49:42
-
15:24:00**

누적 고도
2669m

도보
34%

라이딩
66%

은대봉의 자그마한 표지석이 앙증맞다. 구간 중후반부는 육산이라 가끔 탈바였고 콧노래가 절로 나왔다.

금대봉은 생태 보존지역이라 사람은 올라가도 잔차는 못 올라간단다. 한참의 실랑이 끝에 되돌아 내려가다가 다시 대간길로 접어들었다.

천의봉 표지석을 뒤로하고 고랭지 배추밭을 지나 조금 하산하니 백두대간과 낙동정맥의 분기점 표지석이 나타났다.

건의령을 출발할 때는 이른 아침이라 쌀쌀한 날씨였지만 어느새인가 땀으로 범벅이 된다. 능선에 오르니 시원한 절경이 펼쳐진다.

백두대간 9회차, 건의령부터 댓재

2013년 6월 3일   푯대봉 - 덕항산 - 환선봉 - 귀네미봉 - 황장산

옛날 생각만 하고 건의령에 도착했는데 그사이 판이하게 변해 있었다. 예전엔 35번 국도에서 등산로로 오르내렸는데 지금은 건의령까지 차가 닿는다. 푯대봉에서 우측으로 돌아치는 코스가 대간길이다. 늘 그렇듯이 만만한 코스는 없다. 출발할 때 날씨가 몹시 추워 떨면서 라이딩 시작한다. 구부시령 지나 황장산에 오르니 조망이 한눈에 들어온다. 황장산 표지석에서 인증사진을 찍고 약 200m 전진하니 개구부 같은 오솔길이 나오는데 우측으로 5m 정도 들어가면 자칫 그냥 지나칠 수 있는 천하제일의 조망처를 만나게 된다. 누군가 아담한 나무 벤치를 만들어서 편안히 조망할 수 있도록 만들어 놓았다. 발아래는 대이동굴이 자리하고 있고 너와집을 지나 약 400m 정도 가면 폭포수가 나오는 동굴이 있다. 폭포에서 떨어지는 물소리가 바위 속에서 들려 으스스했던 기억이 난다.

귀네미마을은 전국 제1의 고랭지 채소밭으로 유명한 곳인데, 이곳은 1970년대에 광동호를 막으면서 정부에서 이주 대책으로 새로이 주거지를 형성해 주고 고랭지 채소밭을 일구며 살라고 한 것이 그 시작이라고 한다. 귀네미마을에서는 부지런한 사람이 말뚝 박고 개간하면 그게 곧 그 사람 것이 되었다는 일화가 있는데, 이건 믿거나 말거나. 이전 대간길에서 만났던 홀로 대간꾼을 다시 만나는 기이한 인연도 있었다. 오늘은 댓재에서 비박을 하고 내일은 해동삼봉인 두타산, 청옥산, 고적대 코스를 탈 예정이다.

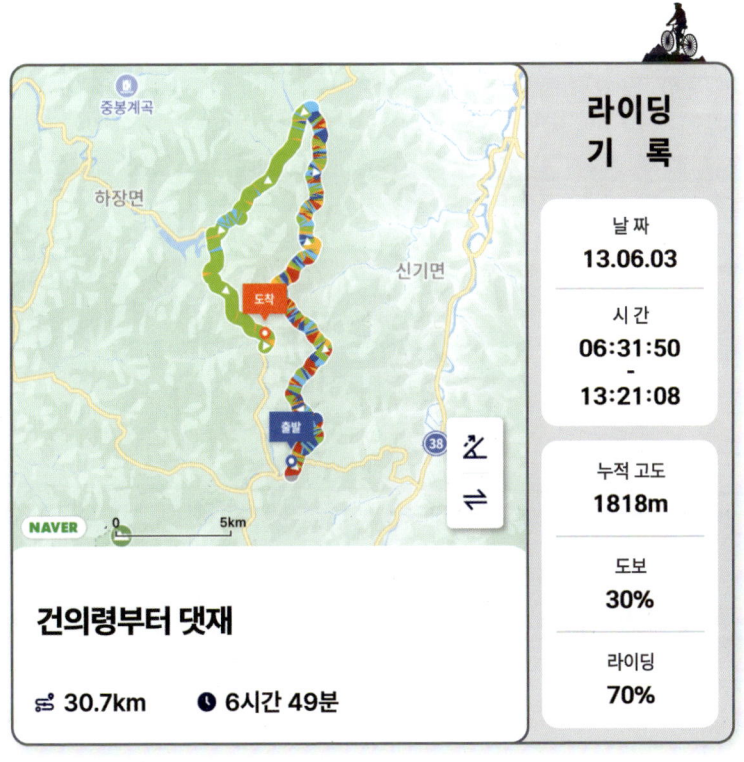

구부시령을 지나니 덕항산이 나오고, 여기를 조금 더 지나 우측으로 5m 들어서면 천하제일의 조망처가 나온다.

백두대간 정비팀들이 콘크리트 타설을 위하여 물을 모으려고 웅덩이를 파고 비닐을 깔아 빗물을 수집하고 있었다.

비박 할 곳이 많은 댓재에서 산우를 만나기로 하고 비박 장비를 가져왔다.
저녁 식사를 함께하며 지나온 백두대간 이야기로 밤을 새웠다.

이른 아침, 해동 삼봉인 두타산으로 산우와 출발했다. 예전 백두대간 때는 오르락 내리락한 걸로 기억했는데 지금은 오롯이 오름길로만 이루어져 있다.

백두대간 10회차, 댓재부터 백복령

2013년 6월 4일   두타산 - 청옥산 - 고척대 - 갈미봉 - 상월산

    댓재에서 멋진 비박을 뒤로하고 서둘러 출발하는데 계속되는 업힐이라 초반부터 땀으로 범벅이다. 두타산을 오르는 내내 탈바는 꿈도 못 꾸고 멜바와 끌바로만 진행한다. 전형적인 암산은 아니지만 육산도 아니라 칼날같이 박혀있는 돌들이 많아 타이어 펑크가 염려되기도 했다. 기대한 대로 두타산 정상도 조망이 일품인데 산세가 깊고 웅장하다. 멀게는 함백산도 조망할 수 있다.
    두타산 정상에서 남쪽으로 조금 가면 대간꾼의 생명수인 두타샘이 있다. 1,300m 고지대에 드물게 샘이 있는 것이다. 두타라는 뜻은 모든 걸 벗고 마음을 비운다는 뜻이란다. 박달재까지 한껏 내려가는 고도가 다시 청옥산을 향해 치솟아 오른다. 청옥산은 꽉 막힌 숲 때문에 조망은 없는 산이다. 청옥산에 올라 산우와 식사를 함께 했다. 청옥산에도 대간꾼들에게 식수가 보장되는 마르지 않는 샘이 있다.

양군대를 지나 암릉인 고적대를 오르면 조망 좋은 암봉이 나오는데 여기 조망은 해동 삼봉 중 제일의 명당이다. 지나온 두타산과 청옥산, 그리고 동해의 명소인 무릉계곡이 시원하게 보인다. 이곳까지 오는 대간길은 그런대로 잘 정비되어 있었다. 고적대의 조망이 일품인지라 산꾼들이 많이 찾기 때문일 것이다. 그러나 고적대부터 백복령까지는 대간꾼들의 등산로인지라 터널 지대이다. 여기는 경사도가 완만해 탈바를 예상했던 구간인데 완전 멜바와 끌바 지대이다.

하의 패드에 땀이 들어가 엉덩이가 쓸리고 스쳐서 도저히 걸음을 걸을 수가 없다. 급기야 보는 이 없는 산중이니 탈의해 실오라기 하나 걸치지 않고 이길령까지 나아간다. 좁은 터널 지대를 지나 이길령으로 산우를 하산시킨 후 팬츠를 뒤집어 입고 대간길로 혼자 들어선다. 길도 길이려니와 등고 폭도 장난 아닌지라 자전거로 한다는 것이 여간 난해한 게 아니었다. 특히 상월산 구간은 업힐과 다운의 경사도가 자전거로 들이밀 상황은 아니었다. 그래도 760봉부터는 무리해서 탈바로 들이밀었다. 잡목들 때문에 끌바나 멜바는 안되고 자전거를 타고 가야만 빠져나갈 수 있었다. 이렇게 28km를 고생하며 마무리 했다. 이 짓을 왜 하냐고 반문하게 된 하루였다.

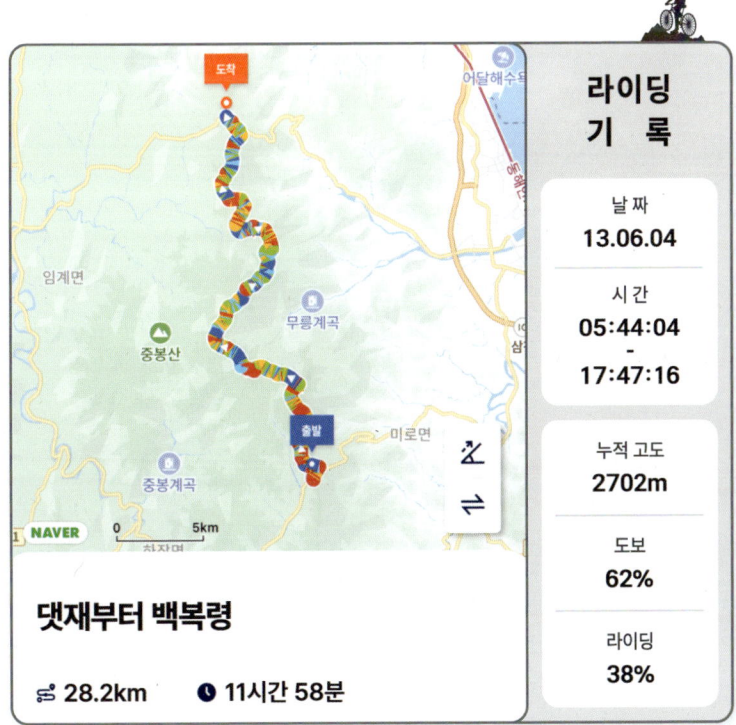

라이딩 기 록

날 짜
13.06.04

시 간
05:44:04
-
17:47:16

누적 고도
2702m

도보
62%

라이딩
38%

댓재부터 백복령

28.2km   11시간 58분

10회차, 댓재부터 백복령   49

고적대에 오르니 함백산에서 두타산까지의 조망이 세상 온갖 시름을 날려 버릴 만하다.

청옥산 정상은 펑퍼짐하고 숲이 우거져 조망은 없다. 라이딩을 시작하기 전에 바세린을 발라야 하는데 깜박하고 그냥 와서 엉덩이가 쓸려 고생했다.

> 끝이 없는 오르막을 오르며 왜 이 짓을 하는지 후회도 하고 힘에 겨워 주저앉아 눈물을 흘리고 나서 도착한 백복령.

오전의 다리 부상으로 온종일 통증과 함께 진행했지만, 조망 좋은 속리산 능선이 힘듦을 보상해 주었다.

백두대간 11회차, 밤티재부터 비재

2013년 6월 21일 문장대 – 문수봉 – 비로봉 – 천왕봉 – 형제봉

며칠 전 이곳까지 왔다가 비 때문에 되돌아갔다가 다시 찾은 속리산 구간이다. 육산이었다면 망설임 없이 올랐을 테지만 이곳은 암릉으로 이루어진 산이라 비 오는 날 안전사고 때문에 자전거와는 도저히 함께 할 수가 없을 것 같았다. 오늘은 동행한 근두운, 박미라 님과 함께 마음 단단히 먹고 출발한다. 초반 탈바 구간은 산우들을 뒤로하고 혼자 라이딩해 앞서 나갔다. 사실 라이딩이라기보다는 멜바 연습이란 말이 맞겠다.

황당한 구간이 많은 데다가 무릎에 생긴 타박상이 통증과 동반해 걷기조차 불편해진다. 난해한 구간들을 한 구간씩 지날 때마다 땀이 비 오듯 쏟아진다. 심적 부담과 체력 소진이 얼마나 심신을 지치게 하는지. 그러면서도 풍광 좋은 곳이 나타나면 지상낙원에 온 듯 대자연을 맞이한다. 제일 걱정했던 동굴을 통과하니 안도의 한숨이

나온다. 문장대에 오르니 천하가 내 것인 양 뛰는 가슴을 주체할 수 없고 예전의 대간 종주 때와는 전혀 다른 감동이 물밀듯 밀려온다. 한참을 자아도취에 빠져 세상 풍광 다 구경하고 인증사진을 몇 장 찍고 천왕봉으로 다시 출발. 무릎 타박상은 여전히 가는 발목 부여잡고 갈 길을 더디게 한다. 천왕봉이란 이름의 봉우리가 우리나라에 많이 있지만 속리산 천왕봉의 조망은 지나온 백두대간길 중 천하제일의 명산임이 틀림없다. 이후 형제봉까지 능선길도 탈바는 거의 없고 계속 멜바와 끌바이다.

 마지막 발악이라도 하듯 천왕봉에서 비재 구간까지 타박상의 통증이 심해져 가는 길이 더디어진다. 못재에 도착해보니 근래 장마로 인해 제법 많은 양의 물이 차 있는 흔치 않은 광경을 볼 수 있었다. 마지막 500고지 봉우리는 나를 더 지치게 만드는 봉우리였다. 화령재까지 가야 하는데 타박상 고통과 체력 소진으로 대간 시작 최초로 계획했던 구간을 마무리하지 못하고 비재에서 중단했다. 다음 구간의 부담으로 이어지겠지만 힘들게 여기서 마무리한다.

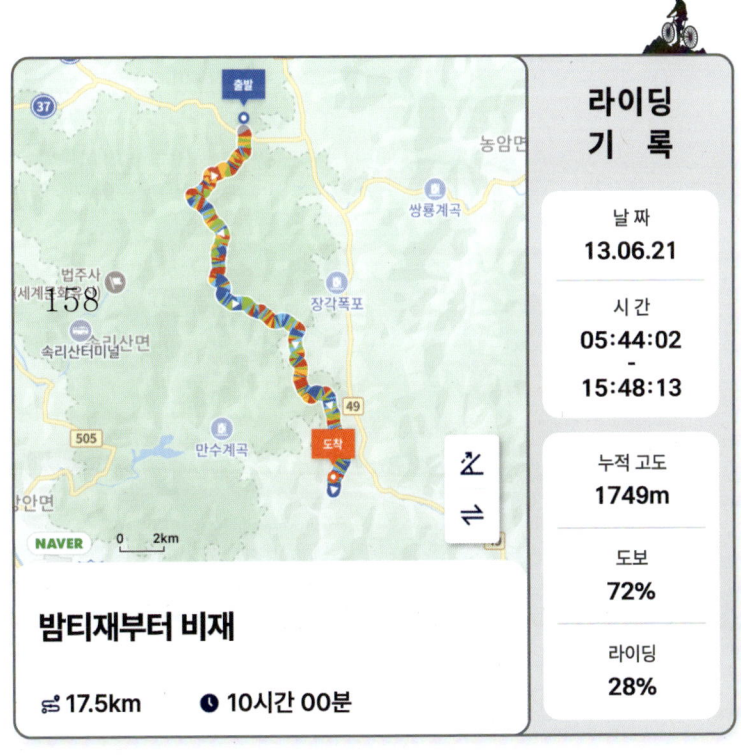

문장대에 올라 속리산 구간을 보며 감격하지 않을 수가 없었다. 내가 지나온 희양산과 앞으로 가야 할 천왕봉, 남쪽의 구병산이 한눈에 들어왔다.

속리산의 능선을 밟고 천왕봉에 오르니 온 세상이 내 것인 양 부러울 게 없다. 그러나 급격히 떨어지는 체력으로 간신히 형제봉을 지나 비재까지 갔다.

무릎을 부딪쳐 통증이 심했지만, 로프를 잡고 암벽을 빠져나가야 했다. 잔차를 메고 오르기도 힘들었지만, 잔차를 로프로 내리는 것도 쉽지 않았다.

오늘은 등로가 비교적 무난해 신의터재까지 쉽게 올 수 있었다. 화동면 소재지에 들러 중식도 배불리 먹고 다시 신의터재로 왔다.

백두대간 12회차, 비재부터 회룡재

2013년 6월 26일   봉황산 - 윤지미산 - 무지개산 - 백학산

　지난번 계획대로 완주하지 못했던 비재에서 회룡재 구간을 마무리하러 간다. 아뿔싸 상주에 도착하니 빗방울이 우두둑 떨어진다. 어찌해야 하나 고민하다가 출발하기로 한다. 운무에 가려 등산로만 뚫린 길을 비와 땀에 흠뻑 젖어 나아가는데 등산화 무게가 묵직하게 느껴진다. 오르는 도중 비는 그쳤지만, 나뭇잎에서 떨어지는 물방울이 진로를 계속 방해한다. 벗어질 듯 벗어지지 않는 하늘을 원망하며 봉황산 정상에 다다르니 하늘만 빼꼼히 드러난다. 화령재 다운길은 적당한 경사도와 시원한 바람 융단을 깔아 놓은 듯한 솔잎길로 백두대간 MTB 종주의 참맛을 느끼게 해준다.
　화령재에서 인증사진을 찍고 가시넝쿨 우거진 정글 숲으로 들어간다. 앞을 전혀 볼 수가 없고 완전 밀림에 들어온 기분이다. 윤지미산에 오르니 나무 사이로 싱글길이 보이기 시작한다. 길이 좁아 핸들

이 빠져나가지 못하는 곳도 많았지만, 신나는 탈바 구간도 많았다. 혼자 미친 듯 쾌재를 부르짖기도 했다. 신의터재에 당도했는데 어깻죽지를 황충이에 쏘여 크게 두드러기가 생겼다. 신의터재 앞 수도시설에서 몸도 씻고 자전거도 세차한 후 화동면 약국으로 향한다. 연고를 사서 바르니 가려움은 금세 사그라든다.

민생고를 해결하고 다시 신의터재로 이동하면서 측정해 보니 지금껏 탄 거리가 20km. 가는 데까지 가보기로 단단히 마음먹고 신나게 전진한다. 정글 같은 숲을 열심히 치고 나가니 반바지 아래 허벅지와 종아리는 어린아이가 낙서장에 낙서한 것처럼 영광의 상처로 가득하다. 숲의 습기로 땀에 젖은 몰골은 흉측하기 그지없다. 백화산 임도에서 계곡물에 알탕 하니 휴대전화 배터리 아웃 경고가 나온다.

윗왕실에 도착하여 차 주차해둔 곳으로 돌아가려니 갈 길이 막막하다. 화서면 택시로 전화해 개터재에서 1시간 후에 만나기로 약속하고 이동하는 도중에 배터리가 완전히 방전되어 버렸다. 게다가 정신없이 가다 보니 기사와 약속한 장소를 지나치고 말았다. 여차저차하여 간신히 만난 택시를 타고 비재로 이동하는데 택시비만 무려 65,000원이 들었다. 이렇게 오늘 라이딩도 무사히 마무리한다.

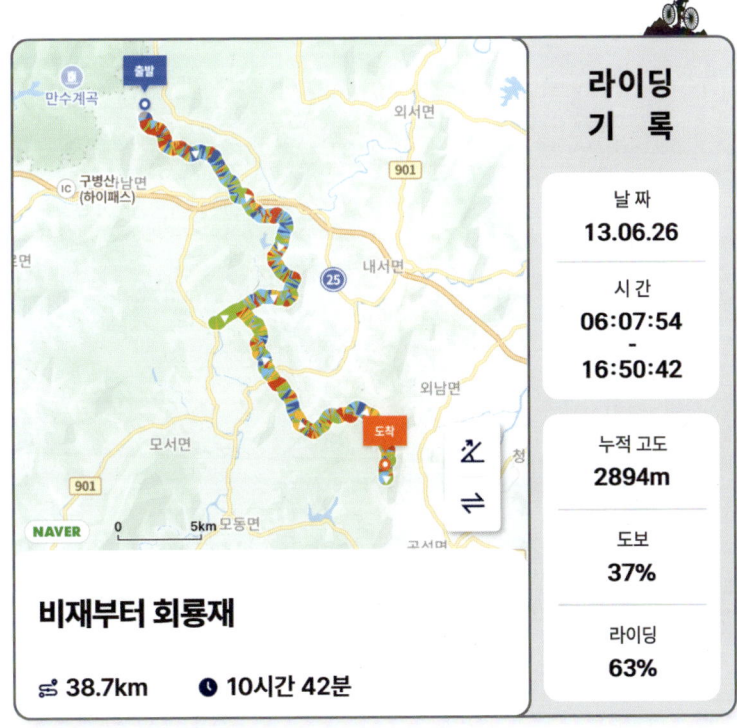

비재부터 회룡재
38.7km 10시간 42분

라이딩 기록

날짜
13.06.26

시간
06:07:54
-
16:50:42

누적 고도
2894m

도보
37%

라이딩
63%

전 구간에 비해 초반부는 평탄한 길이었지만 후반부는 잡목과 숲이 우거진 대간꾼 등산로라서 정말 힘들게 통과했다.

멜바로 봉황산까지 힘들게 올라왔지만 이후 화서면 소재지까지는 환상의 소나무 싱글길 다운이다.

백학산은 나지막한 산이지만 등로가 대간꾼들만이 이용하는 길이다 보니 잡목과 가시넝쿨로 두 다리에 무수히 많은 상처가 생겼다.

석병산에서 바라본 백두대간의 능선이 얼마나 아름다운지 넋을 잃고 바라보았다. 이후 두리봉부터는 신나는 싱글 내리막길이었다.

백두대간 13회차, 백복령부터 삽당령

2013년 7월 3일   백복령 – 등갈산 – 민둥산 – 석병산 – 두리봉

　새벽 두 시 반, 집에서 출발하여 대관령을 넘는데 동해의 하늘이 예사롭지가 않다. 라이딩 거리도 그리 길지 않고 해서 동해의 일출을 볼 요량으로 정동진으로 핸들을 돌린다. 바닷가에 도착하니 일출 시각이 어쩜 그리 맞춤형인지. 감탄사 여기저기서 연발이다. 매일 그곳을 산책한다는 어르신 말씀이 이런 광경은 자기도 몇 년 만에 보는 것이란다. 태양이 구름 속에서 올라오는 것이 아니고 바닷속 한 가운데에 올라오는 것 같은 보기 드문 일출의 장관을 목격하고는 백복령으로 출발한다.
　굽이굽이 돌아치는 길을 따라 백복령에 도착하니 바람과 추위가 된서리 내리는 한겨울 같다. 추워도 가보자. 가다 보면 체온이 올라 어느 정도 낮은 기온은 금세 더위와 맞바뀔 것이다. 동행한 산우인 근두운과 빅미다 님을 뒤로하고 혼자 라이닝을 시작한다. 예전에 자병산을 밟았던 기억이 남아있는데 지금은 자병산 봉우리가 사라져 버렸다. 백두대간 중 자연훼손이 가장 심한 곳이고 지금도 현재 진행 중이다. 우리가 조상에게 물려받아 언제까지고 푸르름을 지켜야 할 대자연이 분진과 소음으로 상처받는 모습이 아프고 쓰리다.

동서 고저의 전형적인 백두대간, 동쪽으로는 말 그대로 천 길 낭떠러지이다. 위험천만한 구간도 많고, 싱글길이라도 자전거 안장에 앉을만한 길이 없어 어쩔 수 없이 끌바와 멜바로 진행하는데 아프게 잘려 나간 자병산의 모습이 온종일 뒤로 보인다. 그래도 석병산에 오르니 그동안의 힘든 고통을 멋진 석병산의 자태가 일시불로 보상해 준다. 시원한 바람에 자병산의 씁쓸함을 날려 보낸다. 석병산의 아름다움과 자연의 오묘함에 감탄하고, 일월문의 착시현상을 실감하며 자연의 위대함에 잠시 숙연해지기도 했다.

두리봉부터는 신나는 탈바 구간이었다. 자병산의 훼손과 석병산의 오묘함이 대조를 이룬 이번 라이딩은 한 구간을 마쳤다는 시원함 보다는, 인간의 욕심을 채우기 위해 훼손되어 가는 자연에 무릎 꿇고 사죄하고 싶은 마음이 간절한 구간으로 기억될 것이다.

백복령 초반부는 석회석 지대라 알려지지 않은 동굴들이 산재해 있다. 구릉지들이 많아 물이 동굴 속으로 빠지는 특이한 형태라 한다.

백두대간 산 중에 없어진 유일한 산이 자병산이다. 시멘트 광산으로 인해 자병산 봉우리 자체가 없어졌기 때문이다.

> 백봉령은 해발 750m에서 시작해 석병산 1,055m까지 올라가는 비교적 수월한 구간이었다.

오늘 출발점은 어제 자전거 고장으로 되돌아가야 했던 상주시 신곡리 표지석이다.

백두대간 14회차, 회룡재부터 추풍령

2013년 7월 12일   국수봉 – 용문산 – 무좌골산 – 매봉 – 금산

    오늘은 어제 왔던 곳에서 다시 시작한다. 출발 후 4km 만에 뒷 드레일러 행어가 돌에 걸려 부러져 상주 시내로 되돌아가 자전거 수리점을 헤매었지만, 부속이 없어 결국 아산으로 돌아가야 했다. 어제와 마찬가지로 오늘도 출발점부터 길도 아닌 길을 한없이 가야만 하는 힘든 상황이 나를 기다렸다는 듯이 반긴다. 길을 막은 가시넝쿨에 다리가 긁혀 종일 따갑고 쓰렸다. 산은 낮지만 가시숲길을 헤쳐 나가야 하는 난구간 중의 난구간이었다. 게다가 오름 내내 높은 습도에 땀을 주체할 수가 없다. 그래도 국수봉 올라가는 8부 능선에 다다르니 조망이 상당히 좋은 곳이 나타난다. 구병산, 봉황산, 속리산, 대야산, 희양산 등의 조망이 그림처럼 펼쳐진다. 국수봉에 올라 지나온 길과 앞으로 갈 백두대간길을 한 번 더 그어본다. 여기부터는 예전 대간할 때 등산로가 좋았던 걸로 기억되는 구간이다.

용문산부터는 대간길 치고는 너무나도 등산로 상태가 좋았다. 중간중간 멜바와 끌바 구간도 있었고, 잡풀과 가시넝쿨이 앞을 가로막기도 했지만, 대부분이 완전 실크로드의 아우토반이다. 금산의 훼손은 대간하는 사람으로서 안타까움을 금할 수 없었다. 그나마 다행인 것은 아직 반쪽은 살아 있어 백두대간의 명맥은 이어졌다. 앞으로 더 이상의 훼손이 없길 바라면서 신나는 추풍령 다운으로 수월하게 오늘 구간을 마무리 짓는다.

이곳은 백두대간 중 두 번째로 훼손된 금산 구간이다. 어마어마한 채석장으로 인해 능선을 동북쪽의 산 반쪽이 잘려 나갔다.

13년 전 대간을 도보로 완주할 당시에는 지나쳤던 묘함산을 이번에는 MTB를 메고 정상에 올라섰다.

백두대간 작점고개
김천시

충청북도
Chungcheong-do
영동군 Yeongdong
추풍령면

> 전 구간에 비해 급격히 낮아져 동네 뒷산같이 수월히 마무리한 구간이다. 그러나 다음 구간인 황학산과 백운산은 1,000m급 험산이 기다린다.

대관령에서 남진으로 시작한다. 새벽에 일어나 들머리까지 운전해 오기도 버겁지만, 산행 마치고 자동차 회수하여 귀가하기가 쉽지 않다.

백두대간 15회차, 대관령부터 삽당령

2013년 7월 19일   능경봉 - 고루포기산 - 화란봉 - 석두봉

　오늘 구간도 산우인 근두운 님과 박미라 님이 함께 출발하는데, 각자 페이스로 가기로 하고 날머리인 삽당령에서 만나기로 한다. 어느덧 대관령까지 올라왔다. 능경봉, 소원바위, 고루포기산은 그 자리에 변함없이 지키고 있다. 전망대와 석두봉에서 본 멋진 조망이 오늘의 하이라이트였다. 화란봉에서 200m 넘게 알바(지진기를 타는 보통 길을 잃는 것)를 했다. 아무리 낯선 지형이라 해도 대낮에 내가 길을 잃다니. 나로서는 치욕적인 일이다. 고루포기산 아래 계곡에 식수를 구하러 내려서니 자연산 곰취가 지천이다. 대간길로 다시 올라와 목장으로 내리쏘는데 아뿔싸 낙엽 속에 고주박이가 숨어있는 걸 모르고 달리다 페달이 걸려 한바탕 나뒹굴었다. 사타구니 안쪽에 타박상을 입어 통증이 심하다.

그래도 그런대로 탈바가 많은 구간이다. 화란봉 오름 구간이 급경사라 너무도 힘들었지만 올라가는 내내 아름드리 금강송들이 장관을 보여줘 힘든 내 몸과 맞바꾼 격이 되었다. 새벽까지 내린 비로 인해 습도는 한계에 다다르고 땀은 소나기 내리듯 흐른다. 삽당령으로 내리쏘는데 마중 나온 근두운 님과 박미라 님이 앞에서 인증 사진을 찍어준다. 산우들은 저녁 준비를 위해 미리 내려와 기다리고 있었다. 수량이 풍부한 시원한 계곡에서 알탕 하며 라이딩을 마무리하고 맛난 살치살로 저녁 식사를 하며 오늘의 산행이야기로 노고를 풀어본다.

얼마 전 MTB로 대관령 옛길을 다운한 기억이 난다. 난이도 있는 길도 있지만 정말로 인상 깊은 길이었다.

대관령에서 능경봉을 지나 고루포기산까지 한참 멜바 구간이다. 특히 전날 비가 와 노면이 상당히 미끄러웠다.

지금껏 알바 없이 진행했는데 오늘은 화란봉에서 길을 잃는 바람에 한참을 헤맸다.

체력 소모를 줄이기 위해 남진 대신 우두령에서 시작해 추풍령으로 진행하는 북진을 선택했다.

백두대간 16회차, 우두령부터 추풍령

2013년 7월 28일   삼성산 - 여청봉 - 황학산 - 가성산 - 눌의산

　억새가 무성해 길이 따로 없는 구간이고, 비가 오는 변화무쌍한 날씨이지만 라이딩은 계속 진행한다. 등산로가 수풀에 가려 보이지 않길래 예측 라이딩을 하다가 황학산 정상 아래에서 대형 사고를 당했다. 나무 계단 두 턱을 넘었는데, 숲에 가려져 있었던 돌출된 바위를 보지 못하고 자전거와 여러 바퀴를 굴렀다. 어깨와 손바닥은 찰과상, 옆구리는 타박상을 입었다. 무릎뼈까지 깨진 듯 통증이 엄습해 온다. 한 10여 분 정신없이 앉아서 아무런 움직임 없이 간신히 숨만 내쉬고 들이쉬다가 조금씩 움직여본다. 통증을 잊기 위해서 진통제와 소염제를 먹어봐도 무릎 통증은 사그라질 기미가 보이질 않는다.

그래도 괘방령까지 가야 내려갈 수 있는데 비는 내리고 통증 때문에 속도가 나질 않는다. 혼자 무슨 생각에 잠겨 걸었는지 기억나질 않는다. 괘방령에 간신히 도착해 인증사진으로 우울한 기분을 달래고 추풍령까지 진행하기로 한다. 내리는 빗물과 습한 날씨로 몸은 땀범벅이고, 미끄러운 바닥을 라이딩으로 나아가려니 정말이지 생각만 해도 아찔하기 짝이 없다. 다운길에서 보이지 않는 수풀 속으로 앞타이어가 뚝 떨어지는 바람에 깨진 다리에 또다시 타박상을 입었다. 산속에서 우중 라이딩이 얼마나 힘들고 위험천만한 것인지 실감한 하루였다. 궂은 날씨엔 욕심내지 말고, 한발 물러나야 한다는 걸 이번 구간을 통해 깨달았다.

괘방령은 황악산과 가성산 사이에 있는데, 낙동강과 금강의 분수령이기도 하다.

황악산에 오르니 빗방울이 날리기 시작한다. 황악산 정상부터 괘방령까지 다운이지만 빗길이라 탈 구간이 많지 않았다.

식수를 구하러 산장에 들렀는데 주인이 간식과 커피까지 내어주면서 완주하면 꼭 소식 전해달라고 했다.

오늘의 목표는 덕산재까지인데 도저히 갈 수가 없다. 땀과 사투를 벌이며 간신히 부항령까지 갈 수 있었다.

백두대간 17회차, 우두령부터 부항령

2013년 8월 1일　　화주봉 - 푯대봉 - 삼도봉 - 박석산 - 백수리산

　우두령에 올라서니 구름 속에 들어와 있다. 만반의 준비를 마치고 라이딩을 시작하니 초반 업힐은 조금의 탈바가 허락된 구간이다. 이곳은 일반 등산객들이 다니는 산은 아니고 대간하는 사람들만 다녀서 등산로도 좁고 급커브도 많아 그 때문에 자전거가 빠져나가기에 여간 힘이 드는 게 아니다. 가시넝쿨들이 자전거를 잡고 놔주질 않을 때마다 연신 욕을 내뱉으며 용트림해야 한다. 가시넝쿨에 걸려 앞으로 고꾸라지기 일쑤이다. 안개비로 인해 잡풀에 내려앉은 물방울들이 옷깃을 적시고, 등산화는 물과 땀으로 젖어 질퍽거리며 갈 길을 더디게 한다. 시야 확보도 안 되는 구름 속에서 자전거를 타는데, 암릉 구간도 나타나 지친 몸을 더 지치게 한다.
　화주봉에 올라서니 가끔 벗어지는 운무 사이로 운무와 함께 멋진 조망이 연출되기도 한다. 계속되는 수풀 터널 속을 드디어 빠져나와

밀목재에서 잠시 쉬며 등산화를 털어낸다. 삼마골재에 도착하니 물안계곡 하산로가 나타난다. 데크로 잘 정비된 길에 자꾸만 눈길이 그쪽을 향한다. 유혹을 뿌리치고 삼도봉 업힐에 도전한다. 업힐 내내 더위와 습기가 내 몸의 육수를 끌어올리고 갈증과 힘겨움에 쉬기를 여러 차례. 드디어 삼도봉에 입성하나 내 눈에 보이는 거라곤 잠자리 떼가 전부이다. 엄청난 잠자리들을 엑스트라로 두고 인증사진 몇 장 찍고 대간길로 다시 접어든다.

혜인산장 갈림길까지는 등산로가 그런대로 잘 정비되어 있다. 그러나 나머지 대간길은 여전히 잡풀과 급커브 등로라 멜바도 끌바도 쉬운 구간이 아니었다. 가도 가도 끝이 없는 정글 숲이 징글징글하다. 백수리산 정상까지는 지도상 완만한 경사도라 자전거를 탈 수 있겠다 예상했는데 탈바는 커녕 멜바나 끌바도 쉽지 않은 구간이었다. 백수리산 정상에 오르니 구름 사이로 가끔 보이는 덕유산이 왜 그리도 높아 보이는지…. 원래 계획은 덕산재까지 가기로 했던 것인데 원체 정글 숲이 울창하고 급커브 좁은 등산로라서 19km 진행에도 완전 초주검이 되었다. 결국 부항령에서 비상탈출 후 마무리 지을 수밖에 없었던 죽음의 라이딩이었다.

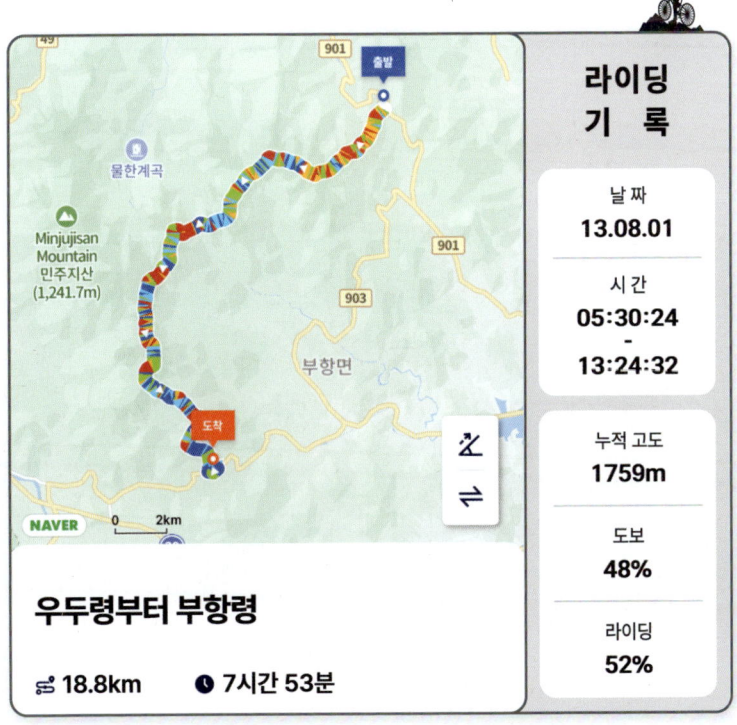

이 여름에 잔차를 가지고 18.8km에 1,759m 고도를 올랐다. 그저 어서 내려가 집으로 가고 싶은 생각뿐이었다.

지금까지 백두대간 중 가장 짧은 구간이지만 안개비로 물 장화를 신은 듯한 라이딩을 했다.

심마니골재에서 삼도봉 정상까지 오르기가 죽을 맛이다. 삼도봉은 전라도 경상도 충청도 3도가 만나는 경계 지점이다.

13년 전 백두대간 때는 육십령에서 북진해 빼재까지 31.2km를 25kg 배낭을 지고 한밤중에 도착한 기억이 난다.

백두대간 18회차, 빼재부터 부항령

2013년 8월 16일   대덕산 - 초점산 - 삼봉산 - 수정봉

보름 만에 대간을 이어본다. 빼재까지 가는 운전길을 착각해 조금 헤맸다. 새벽녘 일터로 향하는 농부 덕에 오늘의 출발점인 빼재에 당도할 수 있었다. 인증사진 남기고 출발하는데 처음부터 계단 업힐이지만 쌀쌀한 새벽 기운에 상쾌하기까지 했다. 누군가 지나간 흔적이 있어 나도 발자취를 따라가다 보니 어느새 땀이 나기 시작한다.

계속되는 업힐에 가시넝쿨과 잡목이 다리에 상처를 더한다. 삼봉산 오르기 전, 합천 가야산과 앞으로 가야 할 덕유산의 능선이 한눈에 들어온다. 삼봉산 정상에서 대간 진행 방향 쪽으로는 암릉 구간으로 위험하고 난해한 구간이 꽤 많았다. 삼봉산 정상에서 대덕산으로 내려오는 내내 6부 능선까지 멜바의 연속이었다. 그 후부터 소사고개 매점까지는 배추밭 옆으로 계속 탈바의 선물이다. 소사고개 매점에 다다르자, 휴식을 취하던 등산객을 만났는데 내 앞에 가던 분들이다.

아이스크림을 먹으며 이야기 나눈 후 먼저 소사고개를 출발한다.

초점산까지는 억새와 가시넝쿨들이 나를 더욱 지치게 한다. 초점산까지 600m가량의 수직 업힐 구간에서는 완전 땀과의 전쟁이다. 주체할 수 없이 흐르는 땀과 어깨를 짓누르는 무거운 자전거. 35도를 넘나드는 폭염 속에서 라이딩한다는 것이 얼마나 무모한 짓 인지 후회하기도 한다. 무엇을 찾기 위해, 무엇을 얻기 위해 스스로 이렇게 힘든 고행을 선택했는지 하는 생각이 나의 뇌리를 스친다.

대덕산 정상은 360도 파노라마로 어디 하나 가린 곳 없이 동서남북 전체를 한눈에 조망할 수 있다. 7부 능선쯤에는 대간꾼들의 목을 적셔주는 얼음골 폭포가 있다. 메고 있던 배낭을 벗어 던지고 얼음골에 내 몸을 던지니 살갗이 오돌토돌 일어나는 게 짜릿하고 행복하다. 얼음골 샘터부터 덕산재까지는 신나는 탈바 다운길이다. 두 번의 가벼운 엔도도 있었지만, 풀어진 긴장을 재정비하라는 신호로 받아들였다. 덕산재에서 간단한 점심과 휴식을 취한 후 이전에 마치지 못했던 부항령 구간으로 출발한다. 폭염과 600m를 넘나드는 고도 차이를 극복해야 했지만, 등산으로도 힘든 대간길을 무거운 자전거와 함께 했다는 것이 스스로 믿기지 않고 대견스럽기까지 했다.

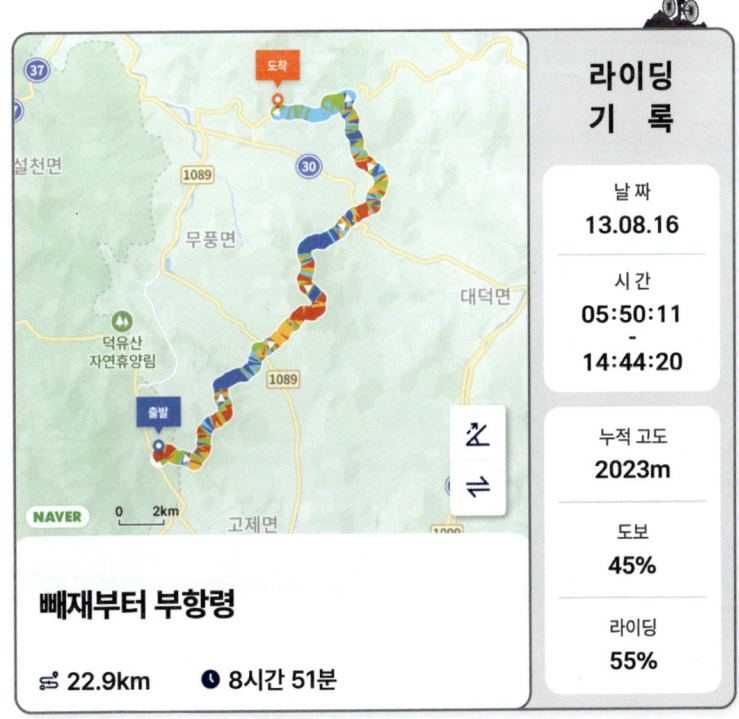

이른 새벽녘 길 찾기가 어려웠지만, 한 농부의 덕택으로 빼재에 당도할 수 있었다.

수정봉을 지나 삼봉산에 오르니 합천 가야산부터 남덕유 반야봉, 지리산 천왕봉까지 한눈에 들어오는 산세가 갈길 바쁜 나의 발목을 잡는다.

대덕산 정상부터 덕산재까지는 엄청난 경사도의 내리막 구간이다. 7부 능선 위에 대간꾼에게 생명수를 주는 샘이 있어 목을 축일 수 있었다.

진고개 출발부터 안개비가 내려 노인봉까지 비를 맞으며 진행했다. 노인봉 무인 대피소에 걸린 많은 리본을 보며 다시 한번 완주 목표를 불태웠다.

백두대간 19회차, 진고개부터 대관령

2013년 8월 19일   노인봉 - 소황병산 - 매봉 - 곤신봉 - 선자령

　이번 구간은 오대산 국립공원을 통과해야 하고, 노인봉 대피소에서 매봉까지는 비등로 구간이라 심적 부담이 큰 구간이다. 일기예보에 새벽에만 잠깐 온다던 비가 여지없이 내린다. 오늘도 단독 무지원으로 마음 단단히 먹고 준비 완료 후 진고개를 출발한다. 작년 겨울에 비박했던 노인봉으로 올라가는 내내 계속해서 비가 내리더니 계단 끝나는 지점에 도착하니 비로소 멈춘다. 한 피치 올려놓으니 그나마 탈바로 진행할 수 있는 노인봉 업힐이다. 예전 대간 때는 정코스로 갔었는데 지금은 우회길이 나 있고 대간꾼들은 전부가 우회하는 듯했다. 멀리는 설악산까지 보여야 할 조망이 옅은 구름에 가려 아쉽게도 잘 보이지 않는다. 앞으로 진행해야 할 마루금과 소금강 쪽으로는 괜찮은 조망이라 위로하며 혼자만의 셀카 놀이에 빠져 보기도 했다.

노인봉 무인 대피소에 들러 화장실을 끼고 돌아 좁디좁은 길 헤집고 나가는데 카메라 한 대가 떡하니 버티고 있다. 국립공원 직원들이 설치한 감시용 카메라인 것 같았다. 뒤로 물러나 우회해야겠다는 생각이 들었다. 그러나 양쪽 옆은 철쭉이 빽빽하게 들어서 빠져나갈 수가 없었다. 우회하느라 긁히고 쓸리고 얼마나 용틀임했는지 힘이 다 빠진 듯했다. 돌탱이길을 끝바로 내려오는데 아뿔싸 독사 중의 독사. 살모사란 놈이 똬리를 틀고 혀를 날름거리며 도망도 안 가고 빤히 눈싸움을 청한다. 놀랐지만 잽싸게 사진 찍고 돌려보낸다.

　그래도 오늘 몇몇 구간을 제외한 나머지 구간은 제법 탈바가 많은 구간이었다. 출입 통제 철조망을 몇 번이나 넘고 나니 목초지가 펼쳐지고 풍력발전 단지도 시야에 들어온다. 이곳까지 오는 내내 조망도 없이 답답했는데 목초지를 보니 가슴이 뻥 뚫린다. 일출 전망대부터는 시야와 조망이 확실한 안구 정화가 되는 구간이었다. 일출 전망대와 선자령에서 만난 등산객들은 내 몰골을 보며 어디서 왔냐며 묻고 놀란다. 서로 인증사진을 남겨주며 추억을 남긴다. 오늘 구간은 비교적 짧고 수월해서 하산 후 씻고, 오대산 월정사에 들러 전나무 숲길을 여유롭게 거닐 수 있었다.

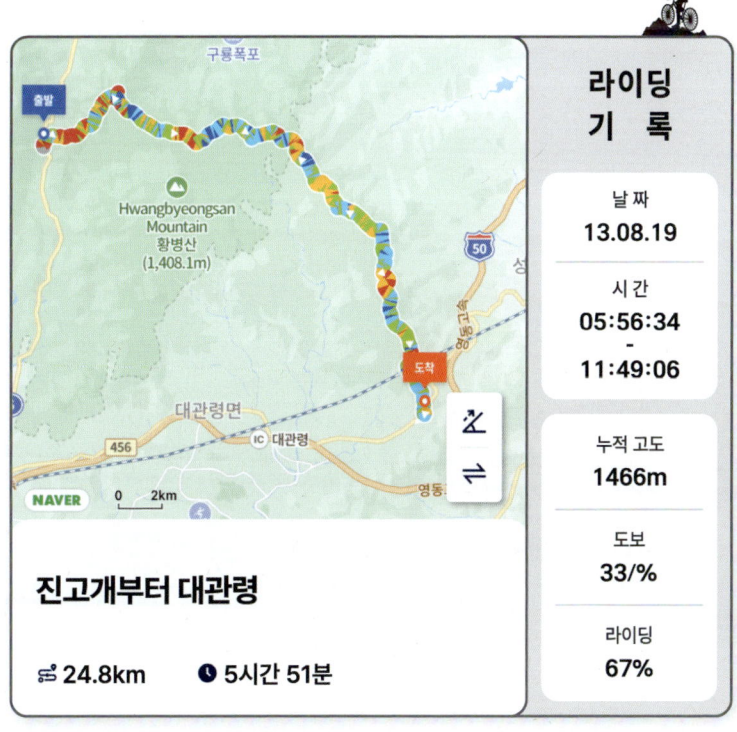

노인봉 이후부터는 다른 구간에 비해 그리 심한 등락폭이 없어 구간을 진행하는 것이 비교적 수월했다.

매봉 가는 길엔 외국에서나 볼 수 있을 듯한 목장길이 인상적이었고, 정상에는 수많은 풍력발전기가 설치되어 돌아가고 있었다.

오늘은 소풍길처럼 등로도 좋았고 시야가 확 트인 조망이 많았다.

진고개에서 동대산 구간은 급경사 멜바 구간이라 양쪽 어깨로 번갈아 가며 올랐다.

백두대간 20회차, 진고개부터 구룡령

2013년 8월 20일 동대산 - 두로봉 - 만월봉 - 응복산 - 약수산

　진고개에 도착하니 아직 먼동이 트기 전이다. 출정 준비 후 고도차가 500m가 넘는 업힐을 멜바로 시작한다. 그나마 다행인 것은 등산로 정비가 잘 되어 걸리적거리는 게 없어서 좋았다. 양쪽 어깨로 옮겨 가며 한 시간쯤 올랐을 무렵엔 출발할 때 추위는 사라지고 땀으로 목욕한다. 아침 햇살에 미간을 찌푸리기도 하지만 기분이 좋다.
　동대산에 올라서 보니 조망도 없는 헬기장에 덩그러니 표지석 하나가 전부이다. 표지석 너머로 보이는 진부령과 소황병산 쪽 운무가 장관이라 인증사진 날리고 다시 출발한다. 이곳부터는 등산로 정비가 안 된 자연 등산로라 자전거를 탈 만한 구간이 한 군데도 없었다. 차돌배기까지 몇 번이나 넘어지고 고꾸라졌는지 모른다. 엔도도 여러 차례 했다. 안부에서부터는 업힐도 장난이 아니다. 동대산 업힐에서 이미 많은 힘이 소진되어 두로봉 업힐은 힘에 많이 부친다.

힘든 업힐 후 두로봉 갈림길이 나온다. 예전 대간 때 눈보라가 심해 10m 앞길도 열어주지 않아 상원사로 비상탈출 했던 기억이 난다. 두로봉 갈림길에서 구룡령 쪽으로 50m쯤 가면 헬기장이 나오고 그 가장자리에 두로봉 표지석이 있다. 인증사진을 찍고 구룡령 쪽으로 이동하는데, 두로봉 다운은 등산로가 아니라 잡목들의 굴속으로 빨려 들어가는 느낌이었다. 경사도가 있어 미끄러지기 일쑤였고 어떻게 자전거와 빠져나갈지 눈앞이 캄캄했다.

두로봉을 지나니 빽빽한 원시림에 하늘도 보이지 않고, 아름드리 나무들이 생명을 다한 채 누워서 길을 가로막는다. 예전 대간 땐 이곳을 쉽게 통과한 기억인데 자전거 때문에 힘에 부친다. 해발 1,000m 위 구름 속을 헤매다 응복산 정상에 도착하니 잠깐 오대산과 상황봉을 볼 수 있다. 거리를 알려주는 표지목을 몇 번이나 지나쳤 을까 드디어 약수산 정상 조망 바위에 도착했다. 여태껏 답답했던 마음에 보상이라도 하듯 양양 쪽과 한계령 쪽, 구룡령 도로의 시원한 조망을 맘껏 누린다. 이곳부터 구룡령까지는 멜바 급다운 구간이다. 유난히 힘든 구간 22km를 10시간 넘게 걸려 간신히 마무리했다.

두로봉 급경사 길은 어마어마한 덩굴 숲에 잡목이 무성한 지대라 잔차와 함께 빠져나가기가 정말로 눈물나게 힘들었다.

오늘은 재미있는 탈바도 있었고 죽을 만큼 힘든 구간도 있었다. 마늘봉에 어마어마한 큰 고사목 그루터기가 있어 놀라기도 했다.

구룡령은 양양군 서면과 홍천군 내면에 걸쳐 있는 고개로 아흔아홉 구비가 용이 지나간 것처럼 구불거린다고 하여 붙여진 이름이라 한다.

구룡령에 올라서니 운무에 이슬비가 내린다. 조망도 없는 길을 비를 흠뻑 맞으며 걷고 또 걸었다.

백두대간 21회차, 구룡령부터 조침령

2013년 8월 21일   구룡령 - 컨갈곡봉 - 연가리봉 - 조침령

　이슬도 걷히지 않은 이른 새벽에 구름이 산허리를 감싸고 있는 구룡령에 오른다. 예전에는 동물이동통로로 올라 능선에 닿았는데 지금은 이동통로 200m 정도 밑에서부터 시작해야 한다. 처음 된비알의 계단으로 이내 숨소리가 거칠어지고 마룻금에 붙자 구름은 이슬비로 변한다. 1,000m의 고지라고는 하나 아직도 움직이기만 하면 주체할 수 없을 만큼 땀이 흐른다. 구룡령에서 조침령까지는 전형적인 대간꾼들만의 산으로 등산로 정비가 전혀 이루어지지 않았다. 잡풀, 잡목, 생명을 다해 쓰러져있는 고사목, 튀어나온 돌덩이, 그리고 잦은 등고 폭이 오늘의 힘든 여정을 예감하게 한다.
　안개비 때문에 30m 앞도 가늠할 수가 없다. 원시림 같은 아름드리 참나무들이 즐비한 이번 구간은 음산한 기운까지 감도는 구간이다. 하늘이 보이지 않고 조망도 없이 걸리적거리는 잡목과 잡풀, 고사목들로 체력 소진이 서너 배에 이른다. 거기에 이슬비 먹은 등산화의 무게와 질척거림은 걸음까지 더디게 한다. 그래도 가끔 나타나는 표지목으로 확인되는 줄어든 거리에 위안을 삼는다. 종종 탈바가 있긴 했어도 노면이 젖어 있어 미끄러짐의 연속이고, 나무뿌리라도 있으면 슬립은 다반사이다. 갈전곡봉을 지나니 그나마 탈바 구간이 조금씩 늘었고 연가리골 샘터에 들러 목을 적신다. 연가리골 샘터에 삼막골이 있는 걸 보니 옛 심마니들이 이곳에서 산삼을 많이 캐냈을 거란 생각이 든다.

가슴까지 올라오는 산죽밭이 있는가 하면 단풍나무 군락지도 눈에 띄었다. 1,000m를 넘나드는 아무도 없는 산속을 혼자서 말 없는 애마와 간다는 게 그리 쉬운 일은 아니다. 그저 대간길을 잇기 위한 라이딩이었다. 18km 넘어서는 왜 그리 지루하던지 가도 가도 킬로수가 줄지 않았다. 예전 대간 때는 6시간 만에 통과했던 곳인데. 정강이는 얼마나 부딪치고 스쳤는지 낙엽만 닿아도 머리카락이 쭈뼛할 만큼 심한 통증이 엄습했다. 앞도 보이지 않는 좁디좁은 대간길을 질퍽거리는 등산화를 신고 8시간이 넘게 헤쳐나와 산세가 높아 새도 자고 넘는다는 조침령에 도착할 수 있었다.

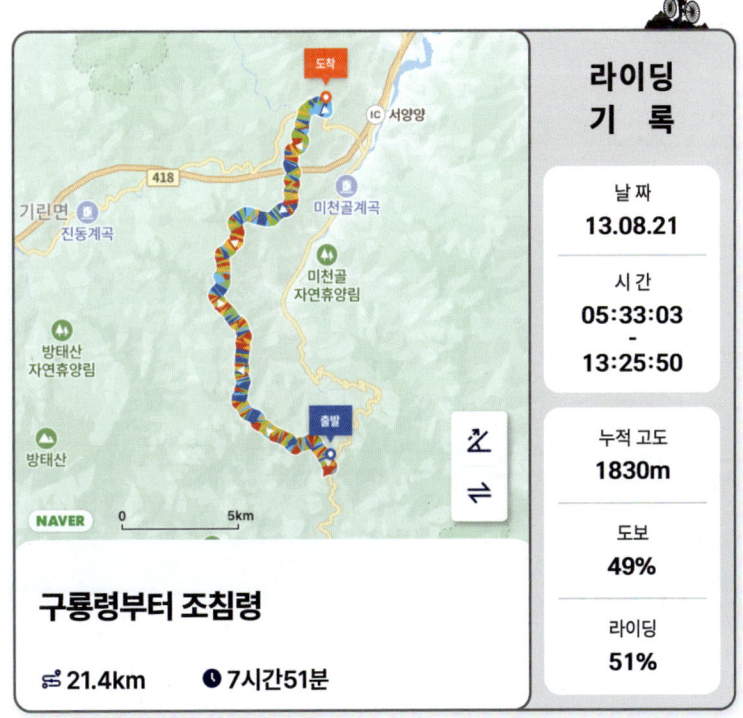

아기자기한 산죽밭과 단풍나무 군락지, 어마어마한 참나무 군락지도 지나갔다. 온종일 원시림에 갇혀 허우적대다 빠져나온 듯했다.

이틀 동안 연이어 멜바를 하니 체력이 소진되어 버거운 라이딩이었다. 이 구간은 비상 탈출로도 없기에 안전에 최선을 다하며 라이딩했다.

조침령은 산세가 높고 험해 지나려는 새가 하루에 다 넘지 못하고 잠을 자고 넘는다고 하여 조침령이라 전해진다.

자전거 통행이 불가한 국립공원 구간이라 어떻게 통과할지 걱정을 많이 한 구간이다. 자전거를 분해해서 2000년 도보로 완주할 때 사용한 배낭을 개조해 담아가기로 했다.

백두대간 22회차, 한계령부터 조침령

2013년 8월 27일   망대암산 - 점봉산 - 북암봉

　심적이나 육체적으로 많이 걱정했던 구간이다. 점봉산에서 일출을 볼 생각으로 아산에서 저녁 10시 출발해 한계령에 도착하니 12시 30분이다. 제작한 배낭을 테스트하기로 한 구간이다. 예전 백두대간 때 쓰던 85리터 토네이도 배낭을 높이와 넓이를 늘려 분해한 자전거가 들어갈 수 있게 개조했다. 일출 시각에 맞추기 위해 속도를 조절하며 한 발짝씩 내디딘다. 과연 이 크고 무거운 배낭을 메고 점봉산까지 올라갈 수 있을지. 첫걸음부터 배낭이 여기저기 걸리기 시작한다.
　미끄러운 암릉을 얼마나 올랐을까? 뒤에서 랜턴 불이 보인다. 이른 새벽에 비등로인 단목령을 일찍 통과하기 위해 서두르는 대간꾼들의 움직임인 듯하다. 캄캄한 밤에 헤드랜턴에만 의존하며 험한 암릉을 오르고 또 오른다. 몸을 의지할 로프가 제대로 걸려있지 않아 애를 먹기도 했다. 자전거 한 대가 들어가 있으니 그 무게가 장난이 아니고

개조한 배낭을 메고 가는 것도 처음이라 익숙지가 않다. 뒤따르던 등산객들이 하나둘씩 추월하며 앞질러 간다. 이리저리 치이는 잡나무 가지를 헤집고 정상 부근에 오니 벌겋게 먼동이 트기 시작한다.

　매서운 바람과 추위 속에서 자전거를 조립하는데 앞샥과 핸들이 꼬여 시간이 지체된다. 험한 점봉산 정상에 자전거를 우뚝 세워놓고 보니 뭐라 형용할 수 없는 가슴속 희열과 눈물이 솟구친다. 20회차 백두대간을 하면서 처음 느끼는 감정이다. 오늘 일출이 깨끗하고 멋지게 이글거리진 않았지만 그래도 나에게 있어선 꽤 의미 있는 일출로 기억될 것이다. 점봉산부터는 지나온 구간들과 별다르지 않다. 잡목과 가시넝쿨과 풍해목까지 큰 차이가 없다. 단목령에 도착하니 앞서간 등산객들이 인증사진을 찍고 있다. 식수를 보충하려고 보니 물통이 없어 고민 끝에 약 500m를 되돌아가 물통을 찾았다. 왕복 1km를 알바한 셈이다. 이후 구간은 이리저리 걸리는 배낭으로 인해 곱절이나 힘들게 마무리한다.

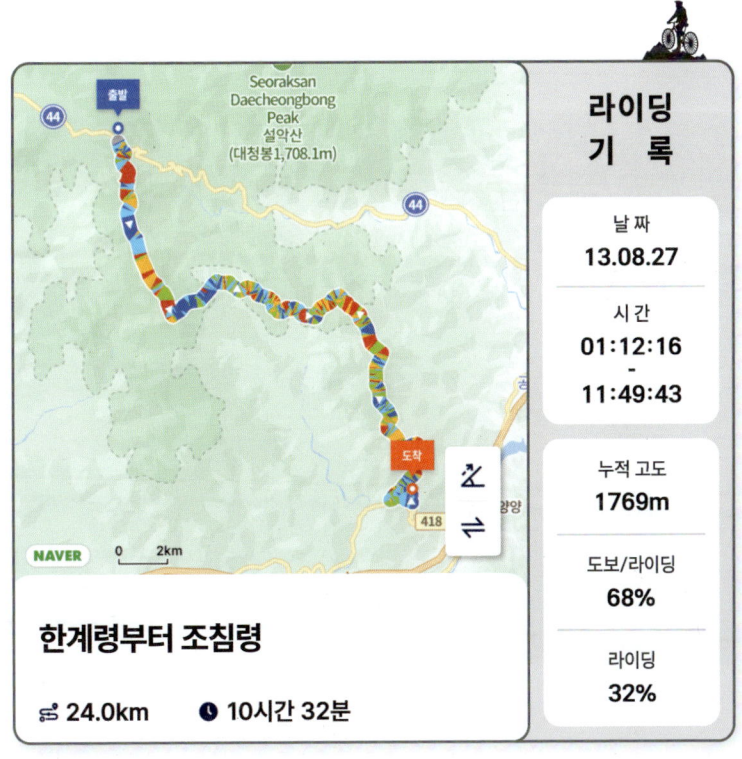

자전거를 분해하여 개조한 배낭에 넣고 위험하고 어려운 점봉산 암릉길을 무사히 통과했다.

시작부터 휘돌아 치는 암릉이 망대암산과 점봉산까지 이어진다.

단목령을 내려오는 길에 생명수인 물병을 잃어버려 1km를 되돌아가서 찾아와야 했다.

빼재에서 백암봉까지 일반 등산객들은 7시간 30분 정도 걸리지만 나는 4시간 만에 도착했다.

백두대간 23회차, 빼재부터 육십령

2013년 9월 3일   못봉 - 백암봉 - 무룡산 - 남덕유산 - 서봉

　잠을 거의 못 자고 출발했다. 거리에 대한 부담감 외에도 덕유산 삿갓재 대피소를 지키고 있을 국립공원 직원도 걱정이다. 그래도 가을 날씨를 만끽하며 6시 30분에 빼재를 출발한다. 일반 등산객 기준으로 빼봉, 갈미봉, 대봉, 못봉, 귀봉거쳐 백암봉 삼거리까지는 7시간 30분이 소요되나, 오늘은 구름이 좀 있있지만, 지나온 덕암봉과 대덕산, 남으로는 가야산과 지리산 주능선 등 사방의 조망이 너무 좋았다. 4시간 만에 백암봉을 주파한다.
　백암봉까지는 예상보다 시간이 많이 단축되어 여유가 있었다. 덕유산에서 탈바 할 수 있는 구간은 동업령이 전부였다. 동업령을 지나서도 암릉과 잦은 업다운이 나를 힘들게 했다. 경사가 심해 자전거를 메기가 쉽지 않다. 걱정했던 삿갓재 대피소는 자전거를 둘러메고 재빨리 뛰어 지나갔다. 라면이라도 먹을 요량으로 자전거

를 숨겨놓고 되돌아와 보니 문이 닫혀 아무도 없다. 시간은 13시. 18km를 왔는데 남은 12km는 속도를 낼 수 없는 구간이다.

삿갓봉 업힐을 오르는데 이젠 자전거를 어깨에 올려놓기가 겁난다. 남덕유산의 업힐도 힘들기 그지없는데, 쓰레기봉투를 들고 내려오는 국공 직원들을 만났다. 먼저 수고하신다고 인사를 건네니 그중 한 명이 시비를 걸려는 걸 다른 직원이 말을 막고 조심히 가라고 해주어 인사하고 헤어졌다. 국립공원이라 걱정으로 잠까지 설쳤던 구간을 쉽게 해결할 수 있었다.

남덕유산에 오르니 360도 파노라마 장관이 펼쳐진다. 지금껏 대간길 중 가장 멋진 남덕유의 조망을 영원히 잊을 수 없을 것 같다. 다운길은 바위 낙차가 1m 이상이라 자전거를 메고 내려가기가 쉽지 않았다. 장수 덕유산의 조망 역시 일품인데 이곳은 등로를 보수하지 않고 방치해 두어 훼손이 심각해 노면 불량으로 몇 곱은 더 힘들었다. 할미봉에 도착하니 빨간 정상석 글씨가 섬뜩해 보이기도 했다. 멋진 조망의 아쉬움을 뒤로하고 떨어지는 낙조를 바라보며 하산길을 서두른다. 막판엔 조금 탈바가 있어 어둡기 전에 하산할 수가 있었다. 31.2km를 13시간 만에 무사히 마칠 수 있어서 다행이다.

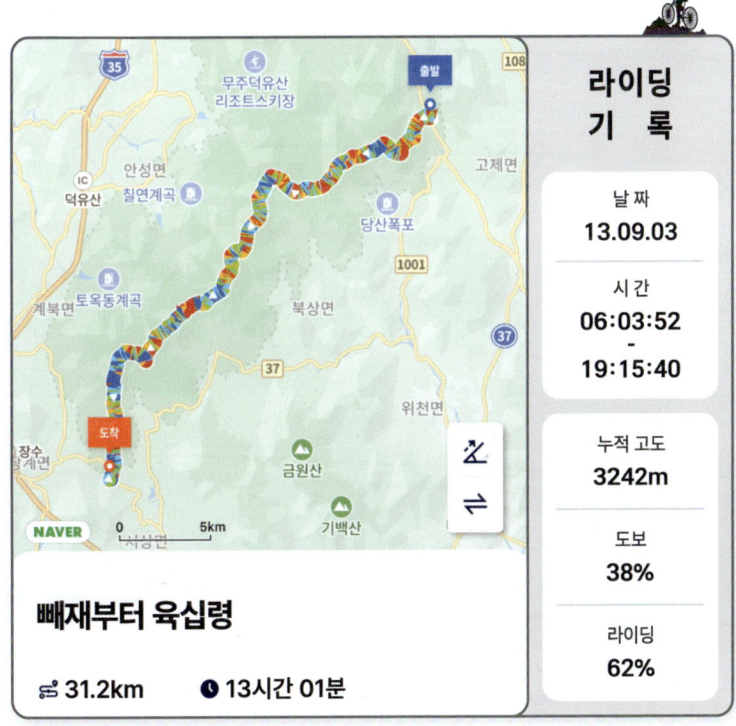

오늘의 걱정거리였던 국립공원 삿갓대피소를 무사히 통과했다. 국립공원 직원이 보이질 않아서 다행이었다.

삿갓봉 지나 월성재 가는 길에 국립공원 직원들을 만났는데 "운동 특이하게 하시네요. 안전하게 가세요"라고 격려해 주었다.

아름다운 남덕유산의 조망은 잊을 수가 없다. 남덕유산에서 서봉인 장수덕유산까지 1시간 급경사 철계단 오름길이 힘듦을 더했다.

이 구간은 성삼재에서 육십령까지인데 세 구간으로 할지 두 구간으로 할지 망설이다 일단 성삼재에서 시작한다.

백두대간 24회차, 성삼재부터 새목이재

2013년 9월 8일   남고리봉 - 만복대 - 북고리봉 - 수정봉 - 고남산

　육십령 구간을 미루고 성삼재부터 시작한다. 육십령부터 성삼재까지는 3구간으로 해야 무리가 덜 가는데 두 구간도 가능할까 싶어 일단 출발한다. 성삼재에 도착하니 05시 30분. 초장부터 미끄러운 노면과 잡목들 때문에 힘겹게 남고리봉으로 오른다. 만복대로 가는 내내 잡목과 좁은 등로, 급커브와 돌탱이길이 오늘 대간길이 녹록치 않음을 예고한다. 만복대의 일품 조망은 성삼재에서 반야봉을 비롯해 천왕봉까지 앞으로 가야 할 길들을 보여준다. 과연 무사히 저기를 통과할 수 있을지 걱정이다.
　정령치 휴게소에서 요기할 생각으로 배낭을 단출히 꾸렸는데 휴게소 문이 굳게 닫혀 있다. 어쩔 수 없이 북고리봉을 향해 출발한다. 비좁은 등산로를 지나 북고리봉에 도착해 인증사진 날리고 다운하는데 어제 내린 비로 미끄러운 노면을 조심히 내려간다. 수정봉을 오르는 길에 앞서가는 대간꾼 두 명을 만나 먼저 가겠다고 인사하고 추월했는데 길 양보 후에도 굳건히 따라붙는다.

수정봉은 암릉이지만 등로가 넓어서 맘껏 오를 수 있었다. 표지석에서 인증사진을 찍은 후 쉬고 있는데 뒤쫓아 도착한 두 사람이 맨몸으로도 못 쫓아가겠다며 엄지손가락을 치켜세운다. 여원재 막걸릿집에 도착해 주인에게 식사를 부탁하니 퉁명스러운 말투와는 반대로 돼지비계를 잔뜩 넣은 푸짐한 김치찌개가 나왔다. 감사한 마음으로 매상이라도 올려주고 싶어 마실 줄 모르는 막걸리도 한 사발을 주문했다. 이 집 벽면엔 많은 대간꾼들의 기록들이 쓰여있다. 주인이 나에게도 펜을 건네주어 "온양 아산 MTB 산적 두목 안영환 자전거로 백두대간"이라고 글을 남겼다.

그런데 못 마시는 막걸리를 마신 게 화근이 되어 고남산 업힐에서 초주검이 되었다. 매효리 휴게소에 도착해 물만 채우고 유치재로 들어서니 공사 현장이다. 우회해 사치재에 오니 들머리가 확실치 않아 잠시 헤매야 했다. 사치재에서 새목이재까지도 많이 고생했는데 새목이재에 도착하니 날이 어두워지기 시작해 아곡리 마을로 비상 탈출해 36km, 12시간 30분의 오늘 대간 일정을 마무리한다.

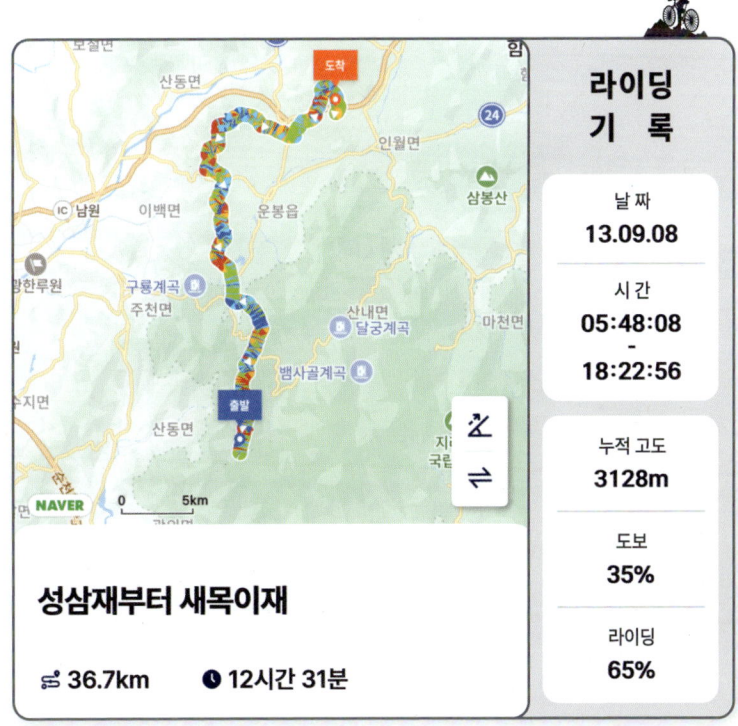

성삼재에서 만복대 오름길은 등로가 좁고 길이 사나워 힘들게 오른다.

문 닫은 정령치 휴게소를 뒤로하고 북고리봉 아래 다운길에서 MTB와 내가 동시에 바위 사이에 끼어 한참을 고생하다 빠져나왔다.

멜바로 인한 어깨통증을 조금이라도 줄이려 등산용 배낭에다 통증 완화용 고무 재질로 어깨판을 만들었는데 기대 이상으로 효과를 톡톡히 보았다.

이 구간은 육십령에서 남진한다. 올해 안에 끝내야 하는데 추위 때문에 못 끝낼 듯싶어 서둘러 본다.

백두대간 25회차, 육십령부터 새목이재

2013년 9월 10일   깃대봉 - 영취산 - 백운산 - 월경산 - 봉화산

　이른 새벽 집을 나서 육십령에 도착하니 06시이다. 간단히 스트레칭하고 가벼운 마음으로 첫발을 내디딘다. 어제 내린 비로 노면이 미끄럽긴 했어도 깃대봉까지는 대간길이 잘 정비되어 쉽게 끝날 것 같은 느낌이다. 깃대봉 거의 다다를 무렵 은백색 물결의 출렁이는 억새 군락지가 나타나 장관을 이룬다.

　그러나 깃대봉 정상에 올라 아래를 보니 말문이 막힌다. 정비되지 않은 등로에 키보다 훨씬 큰 억새들로 갈 길이 어디가 어딘지 구분되질 않는다. 민령까지 억새가 발목을 잡고 민령부터는 진달래가 또 붙잡는다. 진달래길을 벗어나자 대기하듯 영취산 산죽밭이 또 발목을 잡는다. 덕운봉 이르러서는 산죽길이지만 약간의 탈바도 가능했다.

백운산 가는 길은 내내 멜바와 끌바의 연속이고 오늘은 가득 찬 운무가 모든 조망을 가로막는다. 중재까지 신나게 달려 내려온 후 월경산을 힘겹게 한 피치 올려놓으니 급경사 다운 구간은 앞도 뒤도 보이지 않는 억새와 잡목, 가시넝쿨이다. 870 안부로 올라가는 길은 꿈에 나타날까 두렵다. 봉화산 정상까지는 하늘은 보이지도 않고, 커다란 진달래 터널을 통과해야 했다.

봉화산에 오르니 남고리봉 정상에서 만난 대간꾼을 다시 만났다. 연속 3일 만에 봉화산을 찍었다고 한다. 삭별 인사 후 앞도 보이지 않는 내리막 억새밭길로 들어선다. 이어진 진달래 터널을 간신히 빠져나오니 체력 고갈로 포기하고 내려갈지 고민했다. 그러나 여길 다시 오기가 쉽지 않을 것 같아 계속 가기로 한다. 복성이재에 도착하니 시간은 17시, 근처 사과 농장에 부탁해 물을 보충하고 마지막 9km 남은 새목이재로 출발. 헤드랜턴으로 어두운 산속을 비추며 진달래 터널을 1시간 20분 만에 통과했다. 3구간으로 나누어야 할 구간을 2구간으로 나눈 것이 큰 실수였다. 백두대간 중 가장 힘든 구간이 어디였냐고 묻는다면 난 주저 없이 25회차 육십령에서 새목이재라고 단연코 얘기하겠다.

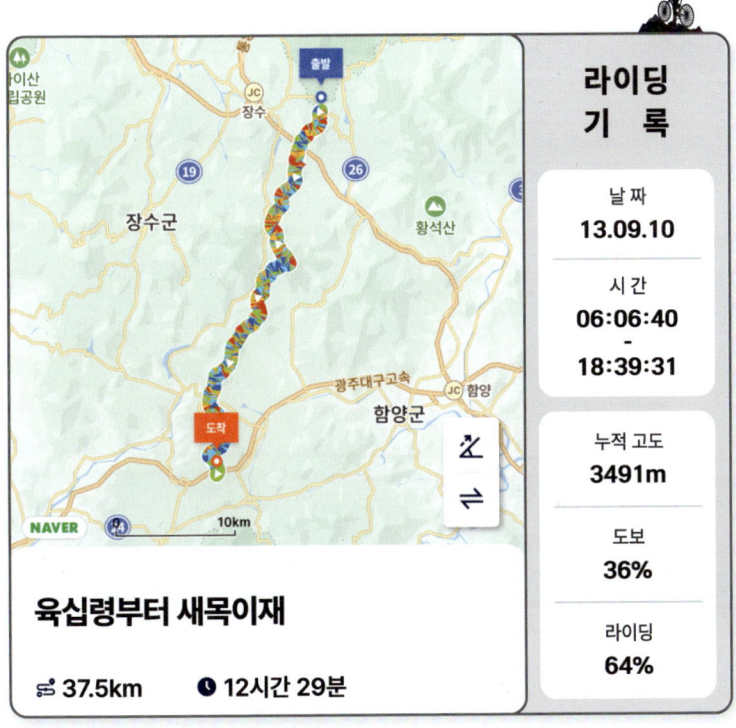

수많은 대간꾼들이 지나간 이 길을 과연 내가 MTB로 완주할 수 있을까?

영취산까지는 그런대로 온 듯한데 백운산을 지나 중재 고개부터는 체력이 고갈되어 광대산 봉화산 넘기가 힘들었다.

봉성이재 내려서니 식수는 떨어지고 체력은 고갈, 해는 서산에 걸려있다.
식수를 주신 사과 농장 주인의 인심에 감복해 포기하지 않고 길을 나선다.

국립공원 구간을 통과해야 하기에 점봉산에서 사용한 배낭을 보완한 후 산우들과 함께 출발한다. 왼쪽부터 장돌이, 타굴러, 필자.

백두대간 26회차, 성삼재부터 세석산장

2013년 9월 25일   노고단 - 토끼봉 - 명선봉 - 덕평봉 - 영신봉

　오늘 구간은 대간 중 국립공원 대피소가 가장 많은 지리산 구간이다. 성삼재에서 중산리까지 이틀에 걸쳐 통과할 계획이다. 여러 날 고민 끝에 직접 제작한 배낭에 자전거를 분해해서 넣고 가기로 한다. 오늘은 국립공원 통과를 돕기 위해 오오환, 박미라, 정한섭 산우들이 동행해 주었다. 여기서 국공 직원들의 눈을 피하지 못한다면 나머지 5구간도 마찬가지일 것이고, 여기서 내가 주저앉으면 그간의 고통과 노고가 물거품이 된다는 생각에 가슴이 옥죄기 시작한다.
　첫째 관문 성삼재에 도착해 살펴보니 아무도 보이지 않고 새벽부터 내리는 비를 맞으며 노고단까지는 임도를 타고 오른다. 동행한 부녀 회장님이 앞서가 인원을 확인하는 사이 나는 쏜살같이 두 번째 관문을 통과했다. 노고단 대피소를 빠져나온 후 비를 피하고자 준비해 온 김장용 비닐을 찢어 배낭에 씌우니 크기가 딱 맞는다. 삼도봉에서는 일출을 찍고 싶었는데 내리는 비로 인해 그냥 통과한다. 삼도봉을 아쉽게 뒤로하고 토끼봉에 오르니 하늘이 열리기 시작한다. 구례 쪽은 운해로 덮여 있어 여유롭게 사진을 찍으며 쉬어간다. 세 번째 관문인 연하천 대피소에 도착하니 이른 시간이라 국공 직원들이 보이지 않는다. 배낭을 내려놓고 마음 편히 아침 식사 후 출발한다.

　삼각고지 업힐을 지나 형제봉에 다다르니 청명한 가을 하늘과 형제봉 바위의 운해가 근사한 사진 명소를 만들어준다. 오가는 등산객들이 자전거를 조립하는 광경을 보고 놀라 입을 다물지 못한다. 한눈에 내려다보이는 벽소령을 배경으로 인증사진 날리고 자전거를 다시 분해해 배낭에 넣었다. 제4관문인 벽소령은 국공 직원들의 눈을 피하고자 쉬지 않고 그냥 통과하기로 한다. 배낭 크기에 놀란 등산객들이 무엇이 들었냐고 질문하지만, 그저 웃음으로만 답하고 지나간다. 벽소령 대피소 지나 선비샘에서 쉬기로 하고 빠른 걸음으로 먼저 질주해 가는데, 가도 가도 보이질 않는다. 잠깐이면 도착할 줄 알았던 선비샘은 어디인지 보이지 않고 뒤에 따라붙어야 할 일행들도 보이지 않는다. 착각 속에 혹시 지나쳤는지 하는 생각이 들 무렵 선비샘이 눈앞에 나타난다. 지리산은 높은 산이지만 식수가 풍부해 배낭을 조금이라도 가볍게 해주는 산이다. 한 모금 물로 목을 축이자, 일행들이 당도해 정성 담긴 미숫가루를 타 준다.

　낙남정맥 분기점인 영신봉에 도착해 다시 자전거 조립하고 세석 대피소를 배경으로 인증사진을 담는다. 또다시 분해하여 산장 예약지인 세석대피소에 도착하니 17시이다. 보이지 않는 구석에 배낭을 모셔두고 식사 준비를 하는데 누가 시키지 않아도 일사천리로 움직여 주는 일행들이 환상의 콤비를 자랑한다. 마블링의 꽃이 활짝 핀 등급 좋은 살치살로 세석마당에 냄새피우니 이보다 좋을 수가 없다. 아마도 지리산 전체를 통틀어 우리 저녁상 같은 왕후의 저녁상은 없을 것이란 생각이 든다. 각자의 짐을 챙겨 배정받은 방으로 들어가는데 국공 직원들의 눈초리가 예사롭지 않다. 뭐라 할지 두려워 내일 새벽 05시에 만나기로 약속하고 재빠르게 배낭 끌고 3층으로 뛰어 올라가 맛있는 단잠을 청한다.

오늘은 라이딩이 아닌 등산으로 성삼재에서 임도를 따라 올라가 노고단 대피소를 통과해야 한다.

일반 등산객들과 같은 경로로 이동하는 구간이다. 등산객들이 큰 배낭을 보고 의아해하기도 한다. 수많은 계단을 힘든 내색 못 하고 올라가야 했다.

형제봉에서 MTB를 조립하여 멋진 인증 사진을 남겼다.

세석대피소에서 휴식 후 촛대봉에서 MTB를 조립하여 일출을 맞이한다. 운무와 일출이 함께 담겼다.

백두대간 27회차, 세석산장부터 중산리

2013년 9월 26일   촛대봉 - 연하봉 - 제석봉 - 천왕봉

　새벽 5시에 기상하기로 일행들과 약속했는데 긴장감에 새벽 3시에 자동으로 눈이 떠진다. 일출 시각과 자전거 조립 시간을 계산해 가며 서서히 촛대봉으로 향한다. 촛대봉에 오르기 전, 자전거를 조립하고 운무와 일출 속에서 멋진 사진을 담은 뒤 다시 분해해 배낭 속에 담고 연하봉에 오른다. 지금껏 걸어온 지리산의 능선이 그려지고 수 없는 봉우리들이 한눈에 들어와 그간 고생한 생각이 절로 난다.
　제6관문인 장터목 산장에서는 조금은 무뎌진 걸까 자전거 배낭을 떳떳이 세워놓고 따끈한 누룽지탕으로 빈속을 달래며 여유로움에 취해있는데 청소하러 내 옆을 지나는 국공 직원이 눈이 번뜩인다. 일행들에게 양해를 구한 뒤 먼저 출발한다. 제6관문도 무사히 통과했다는 안도의 한숨이 나온다. 제석봉 오름길에서 일행들을 기다리며 멋진 조망에 취해 인증사진을 찍는다. 통천문은 배낭이 너무 커 좌,

우로 비틀어가며 간신히 통과해 드디어 백두대간 남단의 끝자락 지리산 천왕봉에 다다른다. 감격이 복받쳐 올라 맘껏 소리 지르며 크고 당당하게 외치고 싶다. 나 안영환이 지리산 천왕봉에 자전거를 우뚝 세웠노라! 4번째로 자전거 조립하는 내내 그동안의 여정이 떠오른다. 근심과 걱정, 부상의 공포를 감수한 순간들이 파노라마처럼 스친다.

  천왕봉부터 중산리까지 급다운 길이지만 끌바로 조심조심 내려오니 어느새 법계사에 다다른다. 제7관문인 로터리 산상에서 가볍게 점심 먹을 생각이었으나, 근무 중인 국공 직원과 눈이 마주쳐 스파크가 튀었다. 마지막 8관문인 국립공원을 빠져나와 주차장에 들어가려는 순간 바리케이드를 수리하고 있던 국공 직원이 어디서 오냐고 한다. 떨리는 목소리를 감추며 도로 끝에 다녀왔다고 거짓말하니 돌아간다. 이제 살았구나 싶어 여유롭게 등산화를 벗는데 또 다른 직원이 다가와 솔직히 말하라고 다그친다. 서로 간 언성이 높아져 먼저 잘못을 인정한 뒤 용서를 구하니 추궁하던 국공 직원도 수그러들며 다음부터 그러지 마시란다. 이 양반아! 나도 더는 못할 걸세. 백두대간 지리산 구간은 산우들과 함께 통과할 수 있어 무척 감사했다. 이 긍정의 마인드로 설악산도 들이밀어 보련다.

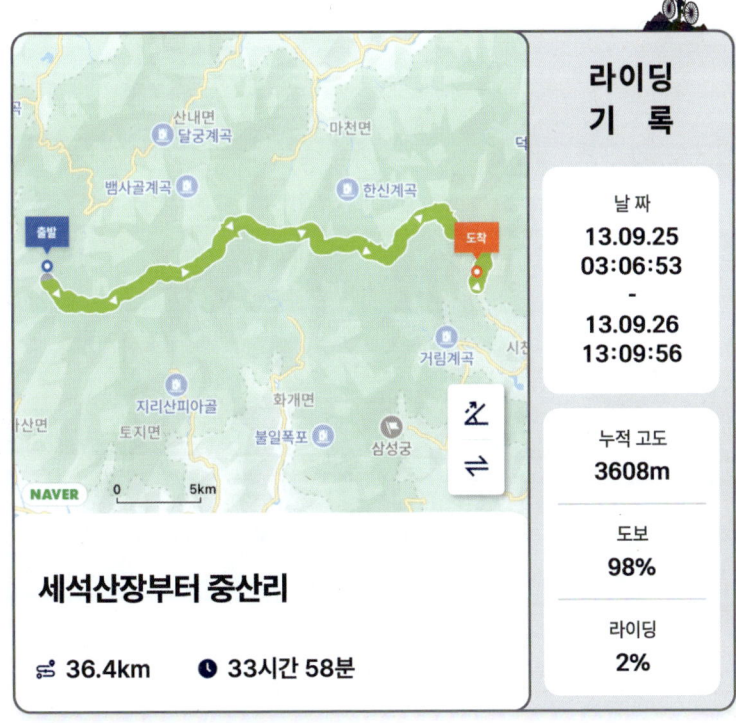

세석산장부터 중산리
36.4km　33시간 58분

라이딩 기록

날짜
13.09.25
03:06:53
-
13.09.26
13:09:56

누적 고도
3608m

도보
98%

라이딩
2%

통천문 지나는데 배낭이 커 애를 먹었다. 천왕봉 정상에서 잔차를 조립해 기념 촬영을 하는데 많은 관중의 박수를 받았다. 왼쪽부터 장돌이, 필자, 타굴러.

맑은 하늘이 환영이라도 해주듯 날씨는 청명했고 형용할 수 없는 감동을 참느라 애썼다. 힘들었던 지난 종주길이 주마등처럼 스쳐 갔다.

마침내 지리산 정상에 MTB와 함께 섰다. 위험했던 순간들이 수없이 많았지만 포기하지 않는 집념 덕분에 여기까지 오지 않았나 싶다. 왼쪽부터 시계방향으로 장돌이, 필자, 부녀회장, 타굴러.

마지막 구간은 미시령에서 2일에 걸쳐 남진으로 진행한다. 미시령 출발부터 안개 낀 등산로가 답답하게 했다.

백두대간 28회차, 미시령부터 희운각

2013년 10월 02일 황철봉 - 세존봉 - 나한봉

　설악산 구간도 산우들과 1박 2일 일정으로 통과한다. 지리산에 동행했던 장돌이가 함께 하지 못하고 철인28호가 동행하기로 한다. 내설악 광장삼거리에서 이른 조식을 먹고 미시령에 도착하니 03시이다. 안개비에 숲이 젖어 옷과 배낭이 스치는 대로 물을 먹어 무게가 족히 30kg은 더 나가는 듯하다. 지루하고 힘든 너덜지대를 지나 능선길에 접어드니 어느새 해가 올라오기 시작한다. 조금 더 서두를 걸 하는 아쉬움도 있었지만, 설악산의 주봉들은 전부 볼 수 있었다.
　자전거를 조립해 황철봉의 너덜길을 올라가는데, 많은 이들이 염려하고 걱정했던 이유를 몸소 체험한다. 아주 잠깐이었지만 황철봉에서 최고의 조망을 보기도 했다. 저항령까지 너덜길을 뒤로 하고 업힐 구간에 다다르자, 자전거를 분해해 배낭에 넣고 진행한다. 저항령에서 마등령까지는 험한 비등로 구간이라 고생했다. 운무 속에 잠깐 봉우리 얼굴만 맛보기로 보여주는 세존봉이 고마웠다. 비등로를 마무리하고 마등령에 들어서니 단풍철이라 등산객들이 많다. 운무로 아무것도 보이지 않는 설악산을 30kg 배낭을 메고 오르내리다 보니 왼쪽 발목에 통증이 엄습한다. 애써 통증을 참아가며 1,275봉에 도착해 배낭을 내려놓고 정상으로 오르는데 오늘은 잔뜩 흐린 시야에 아무런 선물도 받지 못하고 신선봉으로 발길을 옮긴다.

신선봉에 도착하니 15시이다. 아침부터 하늘이 열리길 기다리고 있는 사진작가들이 열 명은 족히 되는 듯하다. 여기서 다시 지전거를 조립하는데 완성된 자전거를 보고 사진작가들이 한마디씩 한다. 골프채 가지고 오는 사람은 봤지만, 자전거 가지고 온 사람은 처음이란다. 우리 일행들은 추위에 떨며 바람 타지 않는 곳에 웅크리기도 하고 바위에서 잠도 청해본다. 하늘이 열릴 것이라고 막연한 기대로 이 추위에 일몰 시각까지 기다리자고 차마 입이 떨어지지 않는다.

사진작가 한 사람이 신선봉에서도 가장 높은 봉우리로 자전거를 가지고 올라가자고 한다. 위험하지만 뭔가 작품이 나올 것 같아 오르는데 일행들이 난리 친다. 어렵사리 올라가 개인 모델이 되어주고 연락처를 주고받았는데 사진작가도 마침, 내 고향 아산 사람이었다. 지루한 기다림이 이어지자, 타굴러가 희운각으로 먼저 내려가기로 한다. 사진작가들도 철수하기 시작하고 나도 자전거를 분해하는데 사람들 웅성거림이 들려 고개를 드니 꿈만 같게도 하늘이 열리기 시작한다. 내 애마는 이미 배낭에 넣었는데…. 나의 애마에게도 꼭 보여주고 싶었는데 아쉬웠다.

공룡능선의 제1봉인 1,275봉이 서서히 보이기 시작하더니 주변 봉우리들이 하나둘씩 모습을 드러낸다. 온몸에 소름이 돋았다. 기나긴 기다림의 대가로는 과분할 정도의 웅장한 광경을 우리에게 선물한다. 먼저 내려간 타굴러가 이 멋진 광경을 못 본 게 아쉽고 서운했다. 해가 기울어 헤드랜턴 켜고 조심조심 희운각을 향해 걷는다. 산장 예약이 취소된 것을 이미 알고 있었지만 디밀어보는데 자리가 하나뿐이란다. 우린 넷인데. 일단 허기진 배를 채우기 위해 지리산에서와 마찬가지로 등급 좋은 살치살 구이로 저녁 식사를 한다. 오늘의 하이라이트인 신선봉 이야기로 시간이 가는 줄 몰랐다. 어스름 달빛 아래에서 짐을 정리한 후 한 사람은 숙소로, 나머지 세 사람은 빨래판 깔판에 모포 한 장으로 취사장 바닥에 누워 추위와 싸워가며 기나긴 밤을 보내야 했다. 무박으로 이곳까지 안전하게 동행해 주고 노숙까지 감행하며 함께 밤을 지내준 산우들의 고마움은 평생 기억될 것이다.

황철봉에서 일출 맞이를 계획하고 출발했지만, 도착하니 운무에 덮여버린 설악산이 수반에 떠 있는 듯 아름다웠다.

신선봉에서 MTB를 조립해 놓고 사진작가들과 함께 한참 동안 기다리니 정말로 드라마틱한 구름 쇼가 펼쳐졌다.

등로 자체가 암릉길에 너덜 구간이다 보니 상당히 지체되었지만, 희운각까지 시간이 많이 남아 위험한 1,275봉까지 올라갔다 왔다.

희운각을 출발해 깎아지른 소청봉 올라가는 계단길은 참말로 눈물 나게 힘들었다.

백두대간 29회차, 희운각부터 한계령

2013년 10월 3일   소청봉 - 중청봉 - 대청봉 - 끝청

　희운각 대피소에서 추위와 싸워가며 긴 밤을 뒤척이다 보니 알람이 여지없이 울려댄다. 피곤한 몸을 재정비 후 소청으로 산행을 시작한다. 타굴러는 전날 과음으로 힘들어하고 대장은 무릎 통증이 찾아온 듯하나 내색하지 않고 참아가며 묵묵히 오른다. 한 시간쯤 오르니 타굴러가 뒤처져 걱정되어 기다린다. 타굴러가 올라오며 뒤따라갈 테니 먼저 가라고 한다. 같이 가자며 함께 올라가니 먼저 간 대장님도 일행을 기다리고 있다. 서로의 농담으로 피로를 풀어가며 중청 대피소에 도착해 30분간 여유를 갖는다. 어제 공룡능선에서 만나 물을 건네주었던 등산객을 다시 만나 반갑게 인사도 나눈다. 산우 일행들은 배낭을 중청대피소에 놓고, 나만 배낭 메고 대청봉을 향해 가는데 바람이 어찌나 세게 불던지 날아갈 것만 같았다. 추운 날씨와 흐린 일기로 일출을 포기하고 내려오는 등산객들을 계속 마주쳤다.

대청봉에 도착해 바람을 피해 자전거를 조립하니 많은 등산객이 놀란다. 자전거 조립을 마치고 안개가 걷히기만을 기다리는데 잠깐씩 구름이 걷힐 때마다 환호성이 터지지만, 그것도 잠깐뿐 쉽사리 해가 모습을 드러내지 않는다. 추위를 이기지 못해 일출을 포기하고 내려가는 사람들이 많았다. 그래도 인내하고 기다렸던 우리들만 덩그러니 남아있는데 뾰족이 일출의 모습이 펼쳐지기 시작한다. 장관의 일출은 아니더라도 기다림의 대가로는 서운치 않을 정도였다. 중청대피소에서 좋은 풍광을 보며 누룽지로 간단히 조찬을 하며 즐겁게 마무리했다.

　중청봉에서 한계령까지는 자전거를 조립해 가기로 한다. 중청봉 능선길은 탈바가 의외로 많았는데 설악산에서 자전거를 탄다는 것이 꿈만 같았다. 단풍산행에 나선 많은 등산객이 자전거를 보고 한마디씩 한다. 이곳까지 어찌 올라왔는지 몹시 궁금해한다. 오늘은 시간도 넉넉해 충분한 휴식과 여유를 부리며 이름 모를 암봉들도 전부 오르내리며 즐거운 산행을 만끽한다. 한계령 검문소에서 기념사진을 찍고 걱정했던 설악산 구간을 무사히 마무리할 수 있게 해준 함께한 일행들 철인28호, 타굴러, 대장님에게 감사한 마음을 전한다. 참으로 많이도 왔구나! 이제 마지막 구간 진부령으로 가자.

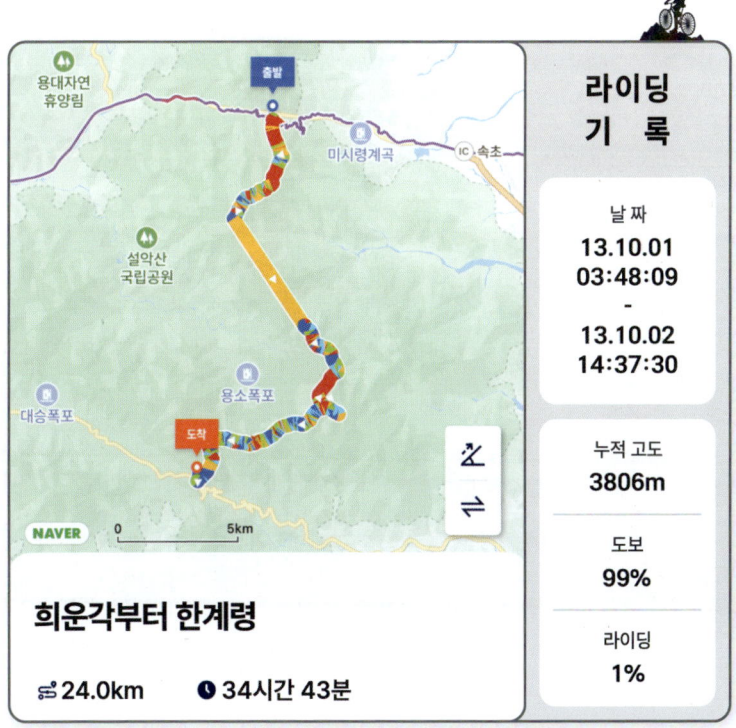

29회차, 희운각부터 한계령

일출을 보려고 서둘러 올랐건만 밀려드는 구름 사이로 잠깐씩 보여주는 동해의 일출이 전부였다. 시계방향으로 필자, 부녀회장, 타굴러, 철인28호.

중청에 올라 잔차를 조립해 한계령 갈림길까지 탈바와 끌바로 환상의 서부 능선을 지나왔다.

황철봉, 마등령, 공룡능선으로 해서 대청봉을 거쳐 중청봉과 한계령까지. 등산으로도 힘든 등로를 잔차와 함께 완주했다는 것이 감격스러웠다.

백두대간 완주를 축하하기 위해 산우들이 마지막 구간을 동행해 주었다. 왼쪽부터 김동진, 필자, 김도영, 김수영, 배병덕, 박미라.

백두대간 30회차, 미시령부터 진부령

2013년 10월 10일 상봉 - 신선봉 - 마산봉

드디어 백두대간 마지막 구간이다. 이곳까지 오는 동안 만감이 교차하는 순간이 수시로 나에게 찾아왔었다. 포기할까 하는 생각부터, 이 짓을 왜 하나 하는 생각에 후회도 하고, 때론 눈물 흘려가며 스스로 위로하기도 했다. 나의 백두대간 자전거 완주를 축하해 주기 위해 함께해준 김동진, 배병덕, 오오환, 박미라, 김도영, 김수형 산우들과 미시령을 출발했다. 출발 전 운무로 뒤덮인 인제와는 달리 동쪽에는 구름 한 점 없어 오늘의 피날레를 멋지게 장식할 듯한 기대감이 든다.

비등로인 이 구간을 긴장감 속에 한참 오르다 깜빡 잊었던 트랭글을 켰다. 열린 하늘을 바라보며 상봉 정상에 다다르니 인제 쪽에는 운무가 계곡을 만들어 넘실대고 있고 동해 쪽에는 불바다를 이루고 있다. 보기 드문 장관에 환호하는 산우들의 모습이 내 가슴을 뜨겁게 한다. 각자 사진을 찍어 전송하기에 바쁘다. 그들에게 이런 광경을 보여줄 수 있어 기쁘다. 조식 후 신선봉으로 향하는데 너덜길과 급경사로 지연되고 무리해 버겁다. 일행들을 앞세우고 혼자 신선봉으로 가는 내내 지나온 대간길이 머릿속에 주마등처럼 스쳐 간다.

신선봉의 조망은 동서남북 어느 방향도 가려지지 않고 확 트인 조망처로, 말 그대로 신선들이 노닐던 신선봉이 아닌가 싶다. 대간령에서 인증 후 또다시 시작되는 업힐이 왜 이리 힘에 부치는지. 일행들 앞세우고 살랑살랑 오르고 쉬기를 번갈아 하며 병풍바위를 거쳐 마산봉에 다다르니 남한 대간의 마지막 봉우리라는 생각에 눈시울이 붉어지고 코가 시큰해진다. 흐르는 눈물을 들킬까 마산봉 표지석을 번쩍 들어 올려 인증 후 알프스 스키장으로 다운한다.

이제 남은 구간 4km. 일행들은 도로로 이동하고, 나는 백두대간 마지막 싱글길을 지나 몇 발짝이면 일행들이 기다리고 있는 종착지인 진부령에 도착한다. 그간 힘들 때마다 속으로 삼키며 울었던 눈물이 하염없이 흐른다. 아무도 하지 못한 자전거와 백두대간이라는 나만의 꿈을 현실로 만든 순간이다. 그간 말할 수 없이 힘들었지만, 해냈다는 성취감과 자부심으로 행복한 자아도취에 빠진다. 나의 백두대간 여정에 도움 준 모든 분들에게 가슴속 깊이 감사함을 표한다.

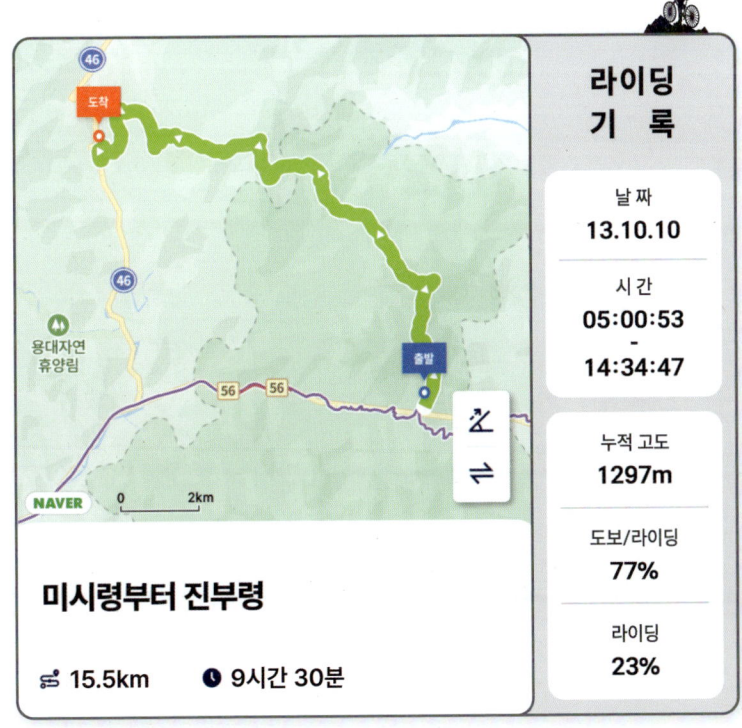

미시령에서 상봉까지 오르막길은 긴장감 속에 진행했기에 몇 배 더 힘들게 오른 듯했다. 상봉에 오르니 동해 여명이 밝아왔다.

상봉에서 화암재를 지나 신선봉에 오르니 정말 신선이 된 기분이고, 아름다운 조망과 단풍이 세상을 다 얻은 기분이 들게 했다.

우리나라에서 산꾼들이 갈 수 있는 마지막 봉우리 마산봉을 거쳐 진부령에서 백두대간 대장정을 마무리했다.

백두대간을 성공적으로 마치고 산우들과 제주도로 향했다. 왼쪽부터 필자, 장돌이, 타굴러.

제주 한라산

2013년 10월 14일

    어렵고 힘든 자전거와 백두대간길을 마치고 일행들과 가벼운 마음으로 마무리 여행을 떠난다. 백두산 천지는 2011년에 동호인들과 다녀왔기에 백두대간의 한 획을 긋고자 한라산 백록담을 밟아 보기로 마음먹고 이른 새벽 김포공항으로 향한다. 첫 비행기에 몸을 싣고 제주에 도착해 일행들과 일사천리로 차량 렌트하고 산행 준비물 챙겨 성판악에 도착한다. 진달래 대피소로 향하는 길이 녹록지 않았지만, 졸업 여행이라는 여유로움에 어깨를 짓누르는 자전거도 깃털처럼 가볍게 느껴진다. 분명 백두대간 때와 똑같은 무게인데 말이다.

    진달래 대피소에 도착해 라면을 끓이는데 대피소 지킴이 국공 직원이 버럭 화를 낸다. 아뿔싸! 여기선 불을 피우는 게 아니란다. 난감해하는 우리 일행들을 보더니 얼른 끓여 먹고 깨끗이 치우라고 한다. 빛의 속도로 먹고 주변 정리 말끔히 한 후 부리나케 백록담으로 향한다. 수학여행 온 학생들로 백록담 주변이 인산인해를 이루고 있어 자전거를 감히 꺼내놓지도 못하고 한쪽 귀퉁이에서 눈치 보기를 30여 분. 학생들 빠져나가고 한산해지자 동행한 장돌이 님이 용기 내 국공 직원에게 자전거 내놓고 사진 찍을 수 있겠냐고 문의하자 조립을 허용하고 단체 사진까지 찍어 준다. 한라산 백록담에서 자전거를 우뚝 들고 기념사진을 찍으니, 행복감이 말할 수 없다.

삼각봉 대피소에 이르러 장돌이 님이 다시 용기 내 고기를 구워 먹겠다고 사정하니 직원이 흔쾌히 허락해 준다. 일행들과 살치살로 두둑이 배 채우고 여유 있게 관음사에 도착하니 어둠이 짙게 깔려 있다. 통일이 되면 기필코 북한 땅 백두대간의 맥을 잇겠노라 다짐하며 숙소에서 고단한 몸을 뉘고 백두산에서 한라산까지 자전거와 같이 걸어온 백두대간길을 회상해 본다. 무모한 꿈처럼 여겨졌던 나의 도전이 마침내 완성되었음을 새삼 실감한다. 꿈은 이루어진다는 히딩크 감독의 말이 떠오른다. 다음에 어떤 도전을 해야 할지 차분히 생각하며, 꿈을 현실로 옮긴 나 스스로에게 찬사를 보낸다. 2013년 4월 30일부터 2013년 10월 14일까지, 백두대간 자전거 대장정의 일기를 마무리 짓는다.

한라산 오르막길에서 큰 배낭을 보고 등산객들이 무척 궁금해한다. 정상에 위성안테나 세우러 간다고 농담하며 여유롭게 올랐다.

한라산 정상에서 국립공원 직원에게 사정을 설명하니 흔쾌히 자전거 조립과 촬영을 허락해 주었다.

백록담에 올라 지난 여정을 생각하니 그동안 참고 도와준 가족들에게 감사의 마음이 솟구쳐 올랐다.

제2부

낙동정맥

2014.04.01~2014.06.10 (17구간)

한 해 전, 백두대간을 끝내고 고민 끝에 우리나라 등줄기인 낙동정맥을 시작했다. 경험해 보지 못한 미지의 산속이 부담되기는 했으나 부딪혀 보기로 했다.

낙동정맥 1회차, 태백 천의봉부터 석개재

2014년 4월 1일 천의봉 - 구봉산 - 우보산 - 백병산 - 면산

　꿈꿔왔던 백두대간을 마무리하고 5개월 휴식하는 동안 머릿속에 낙동정맥을 그어본다. 백두대간 자전거 종주는 과거 등산 경험을 바탕으로 코스와 난이도를 파악할 수 있었지만, 낙동정맥은 대부분 처음 가는 길이다. 어떠한 난관이 기다리고 있을지 걱정이 앞선다. 꼼꼼하게 지도 공부를 한 뒤 백두대간 자전거보다 한 달 이른 3월 30일 출발한다. 이른 시간 태백 시내에 도착해 해장국으로 조식 해결 후 매봉산 바람의 언덕으로 향한다. 그런데 도중에 차가 눈 속에 빠져 한 시간을 허비해야 했다. 천의봉에 올라 무사 라이딩을 마음속 깊이 빌고 인증사진 촬영 후 본격적인 낙동정맥길에 들어선다.

처음 900m가량은 등고 폭이 완만해 쉽게 생각하고 다운하는 순간 동물 이동을 막는 망사에 페달이 걸려 넘어져 무릎에 찰과상을 입었다. 09시 30분 통리역에 도착했는데 급한 마음에 중식과 식수 구매를 잊고 다시 정맥길로 들어서 버렸다. 500m가량의 멜바로 숨이 멎을 듯하다. 몇 번의 휴식 끝에 간신히 백병산 정상에 도착한다. 눈 녹은 물로 생수병 가득 채우고 나니 타이어 펑크를 기다리고 있는 듯한 칼날 같은 암릉들이 무수히 기다린다. 등산화가 아직 길들지 않아 발뒤축이 까져 갈 길을 더욱 힘들게 한다.

　태백시에서 면산까지는 등산로가 잘 정비되어 수월했는데, 면산 지나 석개재까지는 산죽과 철쭉이 뒤엉켜 있는 원시림이다. 그런데 해발 1천 미터 고산지대에 콘크리트 전주가 허리가 잘린 채 뿌리만 남아있다. 어떻게 그리고 왜 이런 곳에 콘크리트 전주를 설치했을까? 궁금증을 뒤로하고 기진맥진한 몸으로 전진한다. 전반부 시간을 비축했지만, 후반부에는 허기지고 떨어진 체력 때문에 통리재 업힐과 면산 업힐은 초주검으로 마쳤다. 6km 통과하는 데 3시간이나 걸렸고, 총 라이딩 시간은 10시간 40분이나 걸렸다. 나뭇잎이 무성해지기 전에 끝내야겠다는 작은 교훈으로 첫 번째 낙동정맥 구간을 마무리 짓는다.

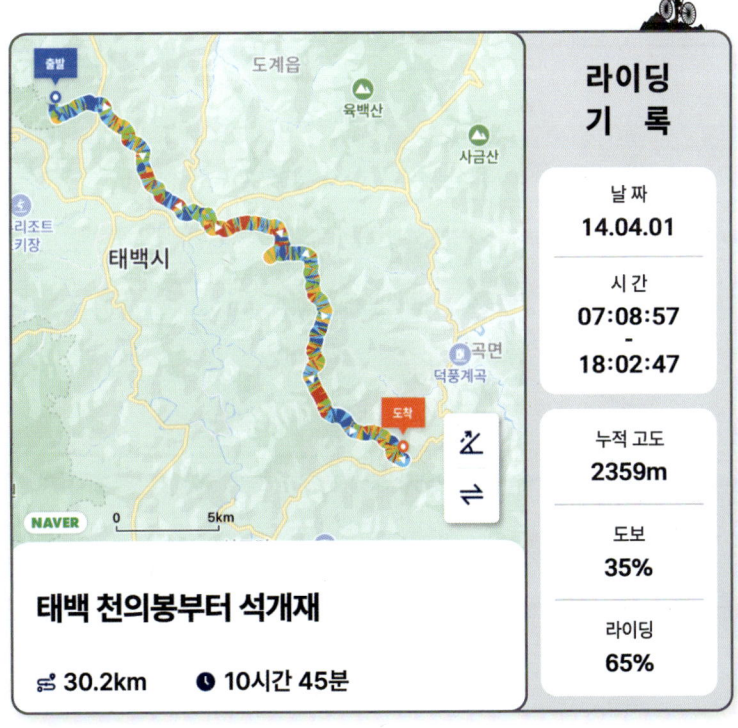

매봉산(천의봉)을 낙동정맥의 시발점으로, 부산 몰운대까지 무사 안녕과 끝까지 완주할 수 있기를 마음 깊이 빌며 출발한다.

라이딩 내내 잔설에 추위와 싸우다가도 오름에서는 땀으로 범벅이다. 면산은 덕풍계곡과 반야계곡을 발원하는 낙동정맥의 주산이다.

새벽에 출발해 잠도 부족한 상태에서 종일 추위와 땀과의 사투를 벌였다. 철조망에 상처도 입었지만, 무사히 낙동정맥의 첫 구간을 마무리한다.

꽃피는 고향과는 달리 이른 새벽 고한 시내에는, 어둠 속에 눈이 보인다. 두문동재 터널을 지나 내려보니 노면은 빙판이고 산에는 눈꽃이 피어 있다.

낙동정맥 2회차, 삼척 석개재부터 답운재

2014년 4월 5일   북도봉 – 용인등봉 – 삿갓봉 – 승부산 – 진조산

먼동이 트기 전, 정선 카지노 인근을 지나가는데 주위의 산들이 희뿌옇게 보인다. 눈이 아니길 바랐지만, 두문동재로 가면 갈수록 눈의 양이 점점 많아진다. 두문동 터널 이후 도로는 완전 얼음판이다. 오늘 출발지인 석개재에 도착하니 하얀 눈과 일출 운무가 장관이다. 라이딩을 진행해야 할지 말지 고민 끝에 지도 한 장 달랑 들고 동계 복장으로 갈아입고 라이딩을 시작한다. 라이딩 내내 하늘이 갰다 눈이 내리기를 반복한다. 전날부터 쌓인 눈에 바람이 불어, 눈이 모여 있는 곳은 깊이가 30~40cm를 넘는다.

눈 덮인 산죽밭을 어렵사리 통과하는 동안 머릿속에는 그만둘까 히는 악마의 유혹이 떠나질 않았다. 등산화가 얼었다 다시 녹기를 반복하여 두 발은 내 발인지 남의 발인지 감각 잃은 지 오래다. 자전거 타이어에 붙은 눈은 탱크 바퀴를 연상케 할 만큼 뒤둥그러졌다. 그로 인해 자전거는 상상도 못 할 만큼의 무게로 내 어깨를 짓눌러 내린다. 20.5km 8시간 30분 만에 답운재에 도착해 두 번째 구간을 마무리한다. 늘씬한 자태를 뽐내는 금강송과 중간에 맛보기 임도가 그나마 위안이 되었다. 끌기도 타기도 메기도 힘든 오늘 라이딩은 앞으로 가야 할 고생을 훤히 내다보여 주는 예고편 같았다. 두 번째 낙동정맥 구간을 마무리는 했지만, 과연 모든 구간을 완주해 낼 수 있을까 하는 의구심이 머릿속을 떠나지 않는다.

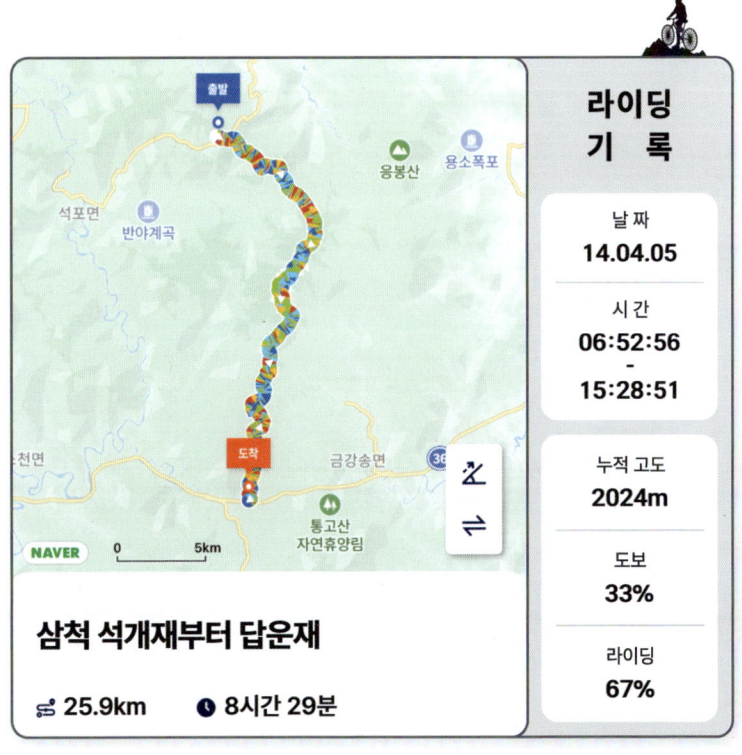

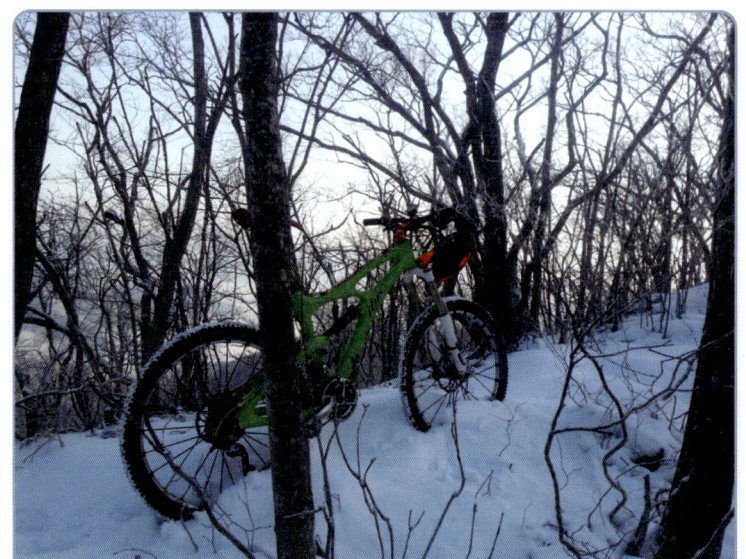

짧은 라이딩복에 여름용 워머를 신고 한겨울인 이곳에 잔차를 메고 가야 한다.
한참의 고민 끝에 마음 단단히 먹고 출발해 본다.

오르면 오를수록 많아지는 눈 때문에 되돌아서야 하나 고민도 많이 했다.
등산화는 젖고 손발 끝의 감각은 없어져 갈등 속에 지나간 구간이었다.

북도봉까지 오는 내내 손발은 얼어 감각이 없고, 몸에서는 땀이 비 오듯 쏟아진다.

장거리 운전이 피곤하고 경비도 만만치 않아 전날 근처에서 숙박 후 미지의 세계로 진입한다. 아무런 표시 없는 새하얀 눈밭을 밟는 느낌을 어떤 말로 표현하리오.

낙동정맥 3회차, 울진 답운재부터 에메랑재

2014년 4월 6일   답운재 - 통고산

  낙동정맥은 자동차 이동 거리가 만만찮아 가능하면 1박 2일로 다닐 요량이다. 덕분에 어제 일찍 잠자리에 들어 숙면 취하고 나니 몸이 거뜬하다. 답운재로 향하는 길은 밤새 내린 눈으로 하얀 세상이다. 어제와 같은 고민으로 잠시 멈칫해본다. 가야 하나 말아야 하나. 오늘은 12km 짧은 코스라 가는 쪽으로 결정하고 간식과 식수를 챙겨 출발한다. 등산로 초반은 정비가 잘되어 있다. 눈이 쌓여 있지만 쉽게 끝낼 수 있을 거란 생각도 들었다. 산불 망루에 오르니 어제 지나온 묘봉이 흰 눈을 쓰고 있다. 지나온 낙동정맥 1-2구간이 눈부시게 보였다. 동서남북 조망도 너무나 좋고, 더욱이 날씨까지 좋으니 쌓였던 눈이 빨리 녹을 것 같은 생각이 들었다.

그러나 고도가 높아질수록 눈의 양이 많아져 아무도 지나지 않은 길을 러쎌하며 길을 만들어 가는 형국이었다. 산불 망루를 지나서부터는 철쭉, 산죽, 참나무, 금강송 군락지가 오지의 자연 그대로를 보여주었다. 일반 등산객이 등산하기에는 별 무리가 없는 길이지만 자전거를 끌고 가기에는 두서너 배 체력이 소모되는 구간이다. 지도상으로는 완만했던 등고 폭만 믿고 별 무리 없을 거로 생각했지만 큰 오산이었다. 게다가 눈이 붙어 굳은 타이어는 굴러가기를 포기한 지 오래다.

그래도 잘 뻗은 금강송의 기를 한 몸에 받고 한 걸음씩 옮기다 보니 드디어 통고산 정상이다. 동서남북이 확 트인 시야가 파노라마처럼 들어와 오래간만에 안구 정화를 한다. 바닥 나무가 삭아서 내려앉은 산불 감시 망루에 올라 통고산의 조망을 마음껏 누렸다. 그러나 하산길은 탈바 멜바 끌바 모두 녹록지가 않다. 신암분교 삼거리까지 욕심내 가보려 했지만, 체력 고갈로 에메랑재에서 마무리한다. 12km를 5시간이나 걸린 구간이다. 시간과 속도가 말해주듯 고되고 힘든 정맥길이다. 오늘도 무사히 마침을 감사하며 하루를 마감한다.

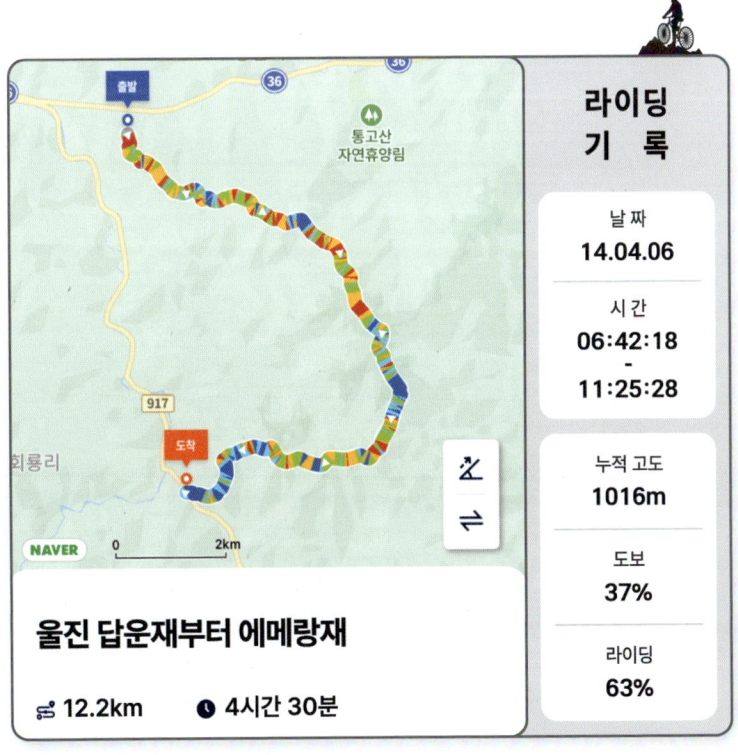

경사도 10% 내외인 오르막 싱글길도 많았다. 눈이 없었다면 그래도 타고 올라갔을 테지만, 눈밭이라 밀리고 헛바퀴 돌아 끌바와 멜바가 더 쉬웠다.

통고산 정상에 오르고 보니 무어라 형용할 수 없는 광경이 눈앞에 펼쳐진다. 짓눌리는 어깨 고통이 일순간 사라지는, 숨이 멎을 만큼 아름다운 장관이었다.

자전거보다 바퀴에 붙은 눈 무게가 더 나가는 듯했다. 어찌할 방법이 없어 그저 어깨에 올려놓고 진행하니 통고산이 아니라 통곡산인 듯싶다.

6일 만에 낙동정맥에 잔차를 올려본다. 지난주까지만 해도 온 산이 흰 눈으로 덮였었는데 갑자기 변한 날씨 때문에 몸이 적응하기 힘들다.

낙동정맥 4회차, 울진 에메랑재부터 덕재

2014년 4월 11일   칠보산 – 왕릉봉

　6일 만에 낙동정맥길에 다시 오른다. 길을 찾아 헤매다 우여곡절 끝에 에메랑재에 도착하니 날씨가 예사롭지 않다. 차에서 내리니 찬 기운이 온몸을 휘감지만, 장비 정리 후 배낭을 꾸려 바로 정맥길로 들어선다. 일주일 전엔 눈 때문에 지장을 받았는데 오늘은 진달래가 반겨준다. 고도차일까? 아니면 지역 편차인가? 비지땀을 흘리며 된비알치고 올라가니 이마에선 하염없이 노폐물이 쏟아지기 시작한다. 몇 번을 오르고 내렸는지 헤아릴 수조차 없다. 숲이 우거져 꽉 막힌 시야는 내 가슴을 옥죄는 것 같다. 지난 구간에서는 그래도 나무 사이로 가끔 시야가 보였는데, 오늘은 앞으로 이어 나갈 마루금이 보이질 않는다. 하늘을 찌를 듯 자태를 뽐내는 금강송만 바라보며 처음부터 끝까지 걸은 것 같다. 사진 속에 이 광경을 고스란히 담지 못해 아쉽다.

아름드리 금강송마다 일제강점기에 V자로 상처를 내서 송진을 채취한 흔적들이 남아 있다. 산불로 인해 살갗은 비록 그을렸지만 장구하게 흘러가는 세월을 바라보는 듯하다. 일부 구간에 아름드리 금강송들을 벌목해 무더기로 쌓아둔 광경을 보니 마음이 아프다. 귀한 소나무들을 그냥 두지 않고 벌목 허가를 내준 관계 공무원들이 원망스럽다. 짝짓기 시즌을 맞이한 고라니들이 자기 영역에 침범했다고 난리를 피우기도 하고, 봄을 알리는 뱀들도 슬슬 길 위로 나오기 시작한다. 어딘지 확실한 기억은 없지만 물이 있을 만한 곳이 아닌데 늪지가 형성되어 개구리알 도롱뇽알들이 가득 차 있었다. 한티재에 도착해서는 안테나 수리하러 온 KT 직원을 만났다. 자신도 한 때 낙동정맥에 도전했지만 중도 포기했다며, 자전거를 가지고 어찌 정맥종주를 하냐며 엄지손가락을 세워준다. 체력은 많이 떨어졌지만, 아직 시간이 많이 남아 덕재까지 욕심을 내본다.

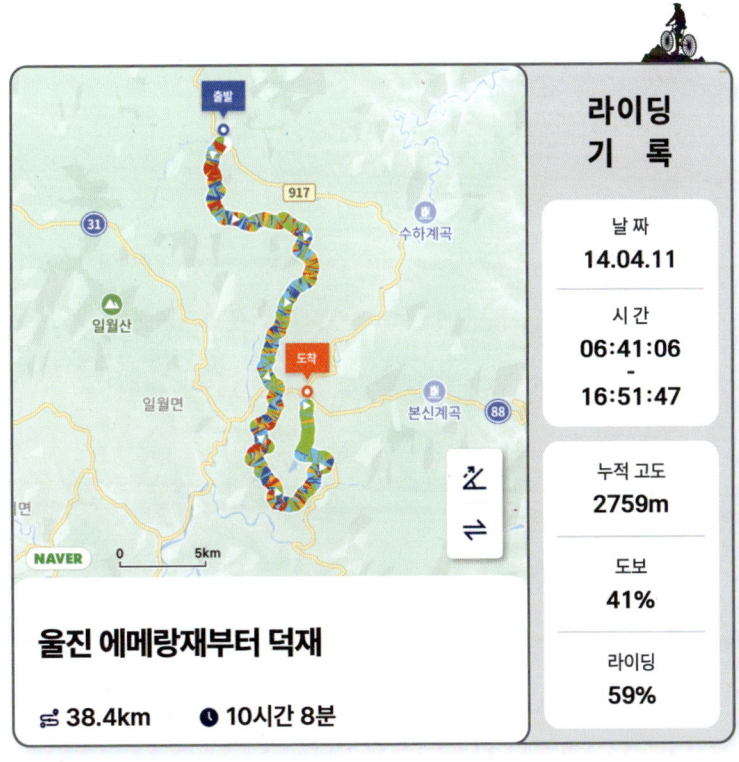

명품 소나무들 사이 사이에 진달래가 만발해 낙동정맥 칠보산 줄기에도 봄소식이 전해옴을 느낀다.

이 소소한 고갯마루에 이야깃거리가 숨겨져 있음을 누가 알리오. 인적 없는 산속을 헤매다 이런 고개라도 만나면 민가가 가까움에 반가움이 그지없다.

낙동정맥의 진수인 어마어마한 금강송들 사이를 하루 종일 누비었다. 26인치 자전거 타이어 직경보다 더 큰 목재들이 즐비했다.

어제 피로도 가시기도 전에 다시 힘겹게 검마산을 오르니 확 트인 시야와 앙증맞은 엘레지꽃 군락이 맞아준다. 봄의 전령이 한 발 더 다가옴을 느꼈다.

낙동정맥 5회차, 청송 덕재부터 아래삼승령

2014년 4월 12일   갈마산 - 검마산 - 백암산 - 매봉산

　흔히 강원도 두메산골을 오지라고 하지만 경북 영양 골짜기를 가보니 여기야말로 오지가 아닌가 싶다. 네이버 지도를 보고 오늘 들머리 덕재를 찾아 자동차로 가는데 임도보다 더 열악한 비포장 도로를 가야 했다. 움푹 파인 곳도 많고, 쓰러진 나무도 산재해 과연 여기가 길인지 의문이 든다. 앞으로 가지만 돌아설 길은 있는지도 모르겠고, 통신도 불능상태여서 답답하다. 수월치 않은 내리막길에는 영양댐을 막으면 고향을 잃게 될 지역민들이 반대 현수막을 여기저기 걸어 놓았다. 우여곡절 끝에 덕재에 도착하여 늦은 시간 라이딩을 시작한다. 어제 무리한 탓에 오늘은 몸이 천근만근이다.
　처음 1km는 그런대로 오르내리며 몸풀기 돌입하는데 급한 업힐에서는 자전거가 두서너 배 더 무거운 느낌이다. 된비알의 경사 구간을 거친 숨을 몰아쉬며 멜바로 오르려니 입에서는 단내가 난다.

갈마산을 치고 올라 조금 다운하고 나니 다시 서슬 퍼런 검마산이 앞을 가로막고 서 있다. 어제와 마찬가지로 멋들어진 금강송에 감탄을 연발하며 지나간다. 조금 움직이면 땀으로 목욕하고, 잠깐 쉬려니 추위에 체온이 내려가 발걸음을 옮겨야 한다. 다 왔다 싶으면 어느덧 또 다른 봉우리가 눈앞에 나타난다.

　검마산에 오르니 앞으로 가야 할 백암산과 낙동정맥 능선을 한눈에 볼 수 있는 데크가 나타난다. 시원한 조망을 보면서도, 백암산까지 계속되는 업다운을 통과할 힘이 남았을까 생각해 본다. 검마산 정상 부근에 군락을 이룬 야생화들의 향연을 잠시 넋을 잃고 보기도 한다. 낙동정맥길 중 처음으로 만나는 로프 구간도 나타난다. 예전에는 늠름하게 서 있었을 표지목들이 세월이 흘러 삭아 넘어져 흉물로 변해 있기도 했다. 921봉에서는 돌아온 길과 앞으로 가야 할 마루금을 그어보고 다시 출발한다. 위 삼승령과 아래 삼승령까지는 등고 폭이 장난 아니다. 삼승령을 내려와서 잘 뻗은 금강송을 바라보며 마침내 정맥길 라이딩을 마친다. 자동차 회수를 위해 죽을힘을 다해 15km를 더 달려 낙동정맥 5구간을 마무리한다.

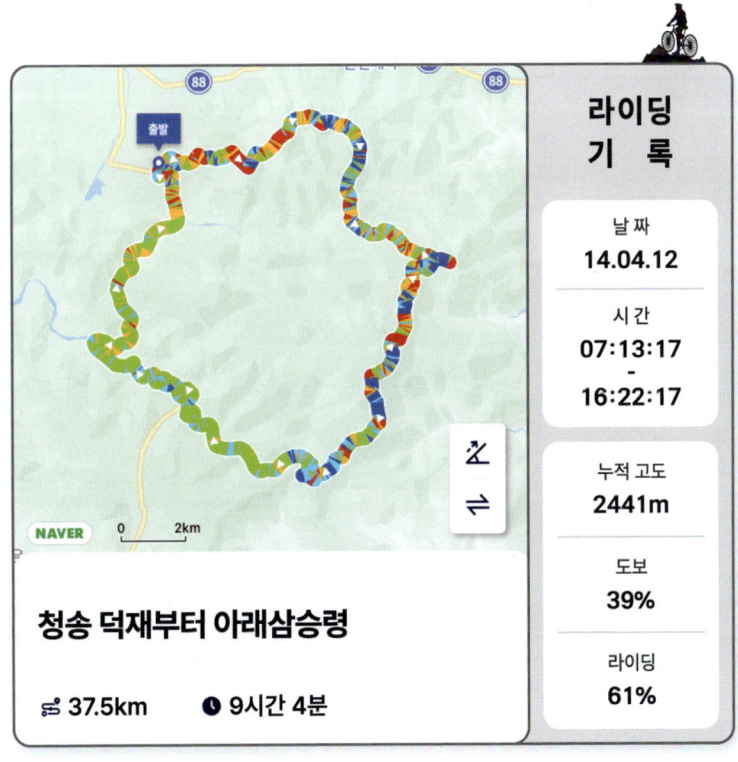

백암산은 낙동정맥의 곁봉으로서 정맥의 줄기는 아니지만 워낙 유명한 산이라 잔차를 세워놓고 배낭과 헬멧을 챙겨 500m를 추가로 다녀왔다.

우리나라 오지 하면 강원도 두메산골인 줄 알았는데 이곳 경상북도도 오지 중의 오지 같았다.

무수히 많은 산꾼이 이 험난한 낙동정맥길을 밟으며 무엇을 생각하고 또 어떠한 마음으로 걸었을까?

자동차로 300km를 4시간 만에 달려 들머리에 도착했다. 이른 새벽 졸음과 싸우며 어둠 속에 들머리를 찾기가 쉽지 않다.

낙동정맥 6회차, 울진 아래삼승령부터 박짐고개

2014년 4월 15일   동경산 - 맹동산 - 봉화산 - 명동산

　오늘의 정맥 들머리인 아래삼승령은 집에서부터 300km가 넘어 운전하는 데만 4시간이 걸려 도착한다. 앞으로는 경비도 줄이고 시간도 절약하기 위해 양일에 거쳐 두 구간을 끝내고 돌아가려고 한다. 출발 전 심상찮은 바람 때문에 몸이 위축됐던 것도 잠시. 어느덧 땀으로 목욕하는 수준이다. 오늘은 풀샥 모조에서 하드테일 룩으로 자전거를 바꿨다. 낙동정맥은 등고 폭이 심해 무게가 2.6kg 덜 나가는 룩으로 테스트해 보기로 한다. 멜바 할 땐 무게 감량으로 거저먹는 듯 수월했지만, 다운에선 하드테일이라 싱글길에 적응하기가 여간 까다로운 게 아니다. 그래도 자전거가 가벼우니 어깨의 짓눌림도 훨씬 덜했고 그로 인한 컨디션 상승 때문인지 11km를 의외로 빠른 시간에 주파했다. 라이딩 도중 만난 두릅나무는 나와는 인연이 닿지 않아 그냥 지나쳐야 했다.

정맥길 중 6km는 시멘트 길이라 살방하게 라이딩한다. 풍력발전단지 끝부분에 다다르니, 굴착기가 땅을 파놓은 것처럼 멧돼지들이 산을 발칵 뒤집어놓았다. 여기부터 등산길도 없는 지루한 진달래밭 숲속이다. 끝없이 가도 삼의교 임도는 보이지 않고 통신마저 끊겼다. 자전거 속도계를 확인해 보니 풍력발전단지를 지나 6km 넘게 왔다. 좁은 등산로를 가로막는 진달래와 고목들로 핸들조차 빠져나가지 못하는 빽빽한 숲을 간신히 빠져나오니 박짐고개가 나온다.

삼의3교로 다운 도중 백두대간 때도 한 번도 없었던 타이어 펑크가 발생했다. 큰 펑크는 아닌 듯하여 1km 정도 타고 내려갔지만, 도저히 타고 갈 수 있는 상태가 아니다. 남은 4km를 자전거 목덜미를 잡고 빠른 걸음으로 내려가는데 속도계를 보니 시속 8km대로 달려가고 있다. 하드테일이 아니고 풀샥이었으면 이런 펑크는 나지도 않았을 것이다. 하드테일이 쿠션을 받아주지 못해서 그런 듯싶다. 룩은 가벼워서 좋지만, 가변 싯포스트가 안 돼서 늘 불안하다. 일단 한 구간을 하드테일로 더 테스트해 본 후 결정하기로 한다. 그나마 정맥 구간 거의 끝에서 펑크 난 것이 다행이다. 귀갓길에 벚꽃이 만개한 가로수길을 달리며 무사히 마침에 행복한 미소를 지어본다.

울진 아래삼승령부터 박짐고개

34.2km   8시간 33분

라이딩 기록

날짜
14.04.15

시간
07:06:28
-
15:46:07

누적 고도
2805m

도보
43%

라이딩
57%

짓눌리는 무게의 부담을 조금이라도 덜기 위하여 모조 풀샥에서 하드테일 룩으로 잔차를 바꾸어 출발해 본다.

가시넝쿨과 잡목 때문에 용틀임하며 진행하다가 맹동산에서는 6킬로의 짧은 거리지만 콧노래 부르며 라이딩할 수 있었다.

풍력발전단지 시멘트 길을 쾌재의 노래를 부르며 달렸다. 최상의 컨디션에 셀카 놀이도 했다. 앞으로 정맥 라이딩은 하드테일로 도전한다.

낙동정맥 트레일 11구간으로 많은 등산객이 오가는 등산로다 보니 싱글길 잔차로는 최적의 코스인 듯싶다.

낙동정맥 7회차, 영양 박짐고개부터 황장재

2014년 4월 19일   여정봉 - 삼군봉

　삼의3교까지 오는 내내 졸음운전을 피하고자 여러 번의 휴식을 취해본다. 오늘이 7번째 정맥길인데 오가는 자동차 경비가 만만치 않다. 제법 쌀쌀하고 바람도 많은 날씨지만 들머리까지 수월하게 도착하고, 정맥 구간도 처음부터 탈바가 가능한 행운의 구간이다. 오늘 정맥길은 지금까지와는 비교가 되지 않게 탈바가 많은 실크로드다. 싱글길에 자전거 트레일도 한 곳 있었다. 스페샬로 자전거를 바꾸었는데, 초반 멜바 구간에서 군더더기 없이 자전거가 몸에 찰싹 붙는다. 낙동정맥 시작 후 처음으로 민가와 과수원 근처를 지나갔다. 영양 풍력발전단지기 아주 가까이 보이기도 했다. 그러나 정맥길이 철탑길이나 마을 진입로나 임도 등과 많이 교차하여 길을 잃을까 신경이 많이 쓰이기도 했다.

포도산을 들르려다 힘에 부쳐 못 가고 다시 돌아왔다. 오늘은 중간에 쓰러진 나무를 피하려 자전거에서 내리려는데 페달이 빠지지 않아 신발 클릿이 낀 상태로 넘어져 발목에 통증을 느꼈다. 이제 녹색 나무들이 자라서 시야가 많이 막히긴 했으나 그래도 나무 사이로 지나온 길과 앞으로 가야 할 주왕산을 한참이나 올려다보기도 했다. 중간중간 산불로 인한 피해가 보여 마음이 아프기도 했다. 금강송이 보이지는 않았지만, 흔히 볼 수 있는 소나무를 많이 볼 수 있는 날이었다. 언젠가는 낙동 트레일을 한 번쯤 타보고 싶다는 생각이 들었다. 오늘 정맥길은 낙동정맥 트레일이 많아 싱글길이 아우토반이 아니었나 싶다. 마음도 자전거도 거리도 가뿐하게 최적의 라이딩을 한 하루였다.

낙동정맥 트레일은 최북단인 봉화부터 최남단인 청도에 이르기까지 10개 시군 지역을 통과하는 총길이 594km 자연 친화적인 숲길이다.

청송에는 달기 약수 닭백숙이 유명하다고 한다. 택시 기사님이 약수통에 달기 약수를 담아 선물해 주셨다.

동해 해풍을 맞고 자란 금강송 들이 위용을 자랑하며 라이딩 내내 반겨주었고, 가벼운 하드테일 잔차 덕분에 수월하게 통과한 구간이다.

아침에는 다시 겨울이 오는 양 쌀쌀했지만 멀리 보이는 동해와 끝도 없이 펼쳐진 파도치는 산세 조망을 어디에서 볼 수 있으랴.

낙동정맥 8회차, 청송 황장재부터 피나무재

2014년 4월 20일   대둔산 - 먹구등 - 대권령 - 별바위봉

　어젯밤은 잠에 취해 단잠을 잤다. 미리 봐둔 24시간 오픈하는 김밥집에서 라면과 김밥을 먹고 도시락에 밥을 채운 후 출발한다. 아침 기온이 섭씨 1~2도는 되는 듯하다. 준비 과정에서 추위가 엄습해 온다. 정맥길에 들어서니 바람이 심하게 불어 몸에서는 땀이 나지만 손가락이 시려 브레이크를 잡기 힘들다. 처음 500m 멜바 구간은 숨이 턱까지 차오르고 손가락이 나무에 스치기라도 하면 통증이 엄습해 온다. 대둔산 정상부터는 구름이 걸쳐있어 이슬비가 내린다. 그래도 오늘도 오전 구간은 탈바가 제법 된다.
　주왕산 돌의 특색이 나타나더니 길 자체가 힘해지고 라이딩을 힘들게 한다. 두 다리와 팔이 긴장되어 배로 힘이 든 것 같다. 얼마나 긴장하며 다운했는지 느지미재를 통과한 사실도 잊고 지나갔다. 왕거암봉의 멜바는 숨이 멎을 것처럼 심장에서 펑펑 소리가 들린다.

왕거암봉을 지나서는 돌탱이길로 끌바와 멜바의 연속으로 복병이다. 돌무더기를 지나니 전망대가 나오는데 지자체에서 만든 건지 조망이 기가 막힌다. 영양 풍력발전단지, 울진 바닷가 풍력발전단지와 동해까지 다 보인다.

  별바위봉의 업힐은 진짜 별이 보일 만큼 급한 경사와 바위 때문에 여간 힘든 게 아니었다. 하지만 360도 기가 막힌 조망에 압도당했다. 인증사진을 찍고 능선 따라 내려오는데 중간 지점에 보이는 통천문이 마치 지옥문 같았다. 한 번 실수로 떨어지면 지옥 길일 것이 분명한 급경사의 구멍 암릉이다. 이것이 정녕 등산로인가? 어떻게 내려왔는지 믿어지지 않는다. 이후 탈바 구간이 나와 낙엽이 30cm 정도 쌓인 곳을 신나게 다운하는데 무엇인지 모를 장애물에 걸려 클릿도 빼지 못한 상태에서 자전거와 같이 텀블링하고 말았다. 푹신한 낙엽 담요 위에서 발버둥 치다 간신히 일어나 살펴보니 낙엽에 가린 고주박이에 걸린 것이었다. 이후 피나무재에서 청송까지는 20km 로드 라이딩이다. 청송에서 어제 탔던 택시 기사를 불러 황장재로 이동하는데 약수 한 통과 함께 택시요금도 많이 감해 주셨다. 기사님이 추천한 온천에서 목욕하고 주왕산 코스를 마무리한다.

라이딩 기록

날 짜
14.04.20

시 간
06:03:41
-
15:51:16

누적 고도
2821m

도보
48%

라이딩
52%

청송 황장재부터 피나무재

47.6km   9시간 44분

주왕산 국립공원에 입성했으나 정맥길은 변방의 끝이라 국립공원과는 거리가 멀리 떨어져 있다.

앙상했던 나무들이 어느덧 파릇파릇하다. 이 구간을 한여름에 통과했더라면 꽤 고생했을 구간일 것 같다.

무릎까지 빠지는 낙엽길을 내리 달리다 자전거와 같이 텀블링했다. 자전거는 하늘로 거꾸로 있고 클립을 못 빼 발버둥 치다 한참 만에 빼고 일어났다.

초반부에는 등산로와 임도가 수없이 교차 되는 구간이라 연신 확인 또 확인하며 진행한다. 임도를 따라 진행하다가 정맥길을 벗어나 알바하는 사태가 발생하기도 했다.

낙동정맥 9회차, 청송 피나무재부터 성법령

2014년 4월 24일   무포산 – 평두산 – 유리산 – 고라산

    피나무재에 도착하니 일출이 시작된다. 진입로는 찾았으나 자전거로는 진입이 불가능한 상태. 사람이야 개구멍으로 들어갈 수는 있는데 잔차는 통과가 불가하다. 다른 진입로를 찾으려 몇 번이나 왔다 갔다 하는 사이 공원 순찰차가 와서 뭐 하는 거냐고 묻는다. 분명 카메라는 못 봤는데 무얼 보고 쫓아왔는지 모르겠다. 주왕산 쪽으로 200m 이동해 임도 시작 지점에서야 진입로를 발견했다. 준비 완료 후 옆구리를 따고 들머리로 들어선다. 정맥길과 임도를 몇 차례 교차 후 평두산 정상에 도착하니 야생 산딸기 꽃들이 지천으로 피어있다.
    이름도 없고 특색도 없는 지루한 정맥길이라 경상도 산꾼들이 진정한 산꾼이고, 정말 산이 좋아서 산을 타는 사람들이라고 인정해 준다. 그래도 뒤늦은 진달래와 철쭉의 군락들이 날 반겨준다. 온종일 철쭉의 향연이다. 전망 좋은 곳에는 어김없이 산불 감시 초소가 있다.

초소 안에 먹을 것은 있는데 문이 잠겨있어 아쉽지만, 군침만 흘리고 인증사진만 찍고 출발한다. 이곳부터는 포항시 시계인 모양이다. 유리산 정상은 두릅이 지천이다. 배낭에 들어갈 여지가 있었다면 많이 따왔을 터인데 아쉬웠다. 오늘 정맥길은 낙동 트레일과 중간중간 만나는 지점이 많아 등산로 정비 상태가 양호했다. 포항기맥과 보현기맥이 연결되어 이곳 산꾼들이 자주 찾는 등산로인 모양이다.

 오늘은 가시령까지 목표로 잡았는데 의외로 진행이 빨라 성법령까지 연장한다. 그런데 3km 업힐이 사람 잡는 업힐이다. 성법령 삼거리 헬기장에서 성법령까지 다운거리도 장난 아니다. 내일 이곳을 다시 치고 올라올 생각을 하니 다운이 그리 반갑지 않았다. 성법령에 도착해서 숨 고르고 나니 자동차가 있는 피나무재까지 어떻게 가야 할지 암담하다. 오지이다 보니 택시가 없고 잔차로 갈려니 넘어야 하는 고개만 4개에다 거리는 20km가 넘는다. 일단 가는 데까지 잔차로 가기로 하고, 고개를 넘고 또 넘어 피나무재에 다다른다. 기북면에 도착해 목욕재계 후 숙소를 찾는데 여관은 없고 여인숙만 하나 있다. 눈물을 머금고 1박 하기로 한다. 저녁도 먹는 둥 마는 둥 그냥 곯아떨어진다.

잡목들이 진행을 방해하고 등고 폭도 심해 멜바가 많은 구간이었다. 다행인 것은 잔차를 하드테일로 바꾸니 무게가 3킬로나 줄어 어깨통증이 줄었다.

낙동정맥 트레일과 교차하는 부분이 많아 교차 지점마다 안내판이 잘 설치되어 있다.

정맥 라이딩을 마치고 기진맥진한 상태에서 자동차를 회수하는 것이 쉽지 않다. 오지라 택시도 없어 몇 번을 쉬고 몇 개의 고개를 넘어야 했는지 모른다.

허름한 여인숙에 들러 잠을 청하니 잠이 오질 않는다. 뜬눈으로 보내다시피 하고 아침 일찍 택시를 불러 어제의 끝이고 오늘의 들머리인 성법령으로 향한다.

낙동정맥 10회차, 포항 성법령부터 이리재

2014년 4월 25일　　사관령 - 침곡산 - 태화산 - 운주산

　성법령 정상에서 성법령 갈림길까지 업힐이 어제의 다운에 비할까. 때늦은 진달래와 철쭉의 고귀한 자태가 피로를 잊게 해준다. 사관령 정상에 오르니 미세먼지 때문에 조망이 흐릿하지만 앞으로 가야 할 정맥길을 긋기는 충분했다. 사관령 남쪽으로는 벌목한 곳에 취나물이 지천이다. 오래간만에 나타난 침곡산 표지석을 기점으로 원을 그리며 싸리나무 꽃이 만발해 있다. 철쭉군락을 얼마나 지났는지 태화산 정상에 다다른다. 미세먼지만 아니었다면 두말할 나위 없이 오늘 최고의 조망처가 됐을 성싶다.
　감시초소 밑에서 찬밥에 물 말아 먹고 있는데 빨간 제복에 빨간 모자를 쓴 사람이 올라온다. 여기 감시초소 주인인 듯싶다. 반갑게 서로 인사하고 났는데, 여기 잔차가 왜 있냐고 하며 놀란다. 잔차를 갖고 성법령부터 왔노라니 더욱 놀란다. 사람도 올라오기 힘든 곳에

잔차를 갖고 올라오다니. 이런저런 얘기를 나눈 후 인사하고 내려오는데 이곳이 219km 낙동정맥의 중간지점이라는 조그만 플래카드가 보인다. 벌써 반이나 지나왔으니, 앞으로는 더 줄어들 거라는 하는 기대감으로 전진한다. 한티재를 통과하여 오늘 목표 지점 블랫재에 도착했는데 남은 시간이 너무 많아 지도 펴 놓고 고민한다.

운주산까지는 근 600m 4.5km 업힐 구간이다. 이미 알고 나선 길이기에 마음 단단히 먹고 도전한다. 철쭉군락 지대를 땀 흘리며 통과하는데 까마득히 운주산이 보인다. 운주산 정상은 정맥길에서 400m 벗어난 곁봉이라 고민하다가 내가 언제 운주산 정상을 밟아 볼까 싶어서 가기로 한다. 정상에 도착하니 천제단도 있고, 낙동정맥에선 보기 드문 표지석도 있다. 만개한 진달래가 반겨줘 더 좋았다.

다음은 오늘의 하이라이트, 4km나 되는 운주산 다운길은 천하제일의 다운 코스다. 대간 때도 없던 신나는 다운길에 실크로드가 바로 여기라는 생각이 든다. 최종 목표 지점인 이리재에 떨어지니 원점회귀가 고민이다. 기북면까지 가야 하는데 체력은 고갈된 상태이다. 중간 휴게소에서 라면 먹고 겨우 기북면에 도착했다. 힘든 하루였지만 낙동정맥의 반을 넘겼다고 위로하며 피로를 잊는다.

지형도 산세도 모르는 오지 길을 걷고 타고 끌고, 진달래와 잡목들과 사투를 벌이며 벌목 지대에 입성하니 자연산 취나물이 얼마나 많은지 모르겠다.

낙동정맥의 곁봉인 운주산을 갈까 말까 망설이다가 자전거 걸어 놓고 몸만 이동했다. 멋진 조망과 흐드러진 진달래가 장관이었다.

등산화를 개조해 바닥에 클립을 달아 사용했다. 고어텍스 재질이라 이른 봄, 늦가을에도 아주 유용하고 또 돌탱이길과 끌바길에도 최적화된 신발이다.

봉좌산 갈림길의 멋진 조망을 지나 팔각정에서 아침햇살을 맞으며 자연과 함께 있음에 감사한다.

낙동정맥 11회차, 포항 이리재부터 한무당재

2014년 5월 2일   도덕산 - 자옥산 - 호국산 - 어림산 - 남사봉

    오늘의 출발점 이리재에 도착해 차에서 내리니 강풍과 추위가 엄습한다. 내리지도 못하고 차에서 준비해 출발하는데 처음부터 300m의 고도를 올린다. 금세 이마에서 솟는 땀방울에 눈을 뜰 수가 없다. 첫 번째 정자에 이르니 어렴풋이 동해와 이전 정맥 구간이 한눈에 들어온다. 신나는 다운길에 이어 도덕산 삼거리까지는 다시 업힐이라 멜바로 인한 피로가 몰려온다. 도덕산 정상에 도착해 멋진 조망을 배경으로 인증사진 찍고 한참을 있다가 출발한다. 명산임을 자랑하듯 잘 다져진 등산로가 날 반겨준다. 신나는 3km 다운이다. 잠시 쉬었다 지도를 보는데 아뿔싸. 등산로를 따라오다 보니 정작 찾아가야 할 낙동정맥길을 놓치고 3km 더 왔다. 백두대간 때도 이렇게 긴 알바는 안 했는데 자만심 탓이었을까. 다시 한번 지도 확인 후 정맥길로 들어선다. 그 덕에 도덕산에서 맘껏 조망하고 인증사진도 찍을 수 있었다.

오룡고개까지 다운은 급경사에 너덜 구간이라 위험했다. 시티재에 들러서 이온 음료와 이른 점심을 먹은 이후부터는 나지막한 등고 폭으로 탈바 구간이 많았다. 오늘은 알바 거리가 6km에 달해 목표지점까지 갈 수 있을지 자신이 없다. 싱글 1km가 이토록 멀고 지루한지 모르겠다. 어림산 250m 멜바를 힘겹게 오른 후에는 100m 멜바만 나와도 지레 겁부터 먹는다. 아마도 고갈된 체력 때문이었을 것이다. 마치재에 도착하여 한무당재까지 가야 할지 고민한다. 오늘 목표는 끝내야 계획에 차질이 생기지 않을 듯해 힘들어도 출발한다.

150m가량 멜바 구간인데 다리가 떨어지지 않는다. 우여곡절 끝에 한무당재에 도착하니 공사 중인 관계로 어수선하기 그지없다. 문제는 여기서 원점 회귀 라이딩을 해야 하는데 이 체력으로 갈 수 있을지가 의문이다. 송홧가루 때문에 몰골이 말이 아니다. 라이딩복, 등산화와 장갑, 얼굴까지 어느 한군데 봐 줄 만한 데가 없다. 도중에 민가 수돗가에서 상큼하게 닦고 나서 새로운 마음으로 원점 라이딩을 마친다. 알바의 충격에서 벗어나려면 얼마의 세월이 흘러야 할지 모르겠다. 오늘은 나에겐 매우 충격적인 라이딩이었다.

무려 3km에 달하는 알바를 했다. 이 길로 계속 내려가 정맥길에 붙어야 하나 고민하다 결국 정코스를 택하니 총 알바 거리만 무려 6km에 달했다.

도덕산은 등산로 정비가 잘되어 낙동정맥길을 놓친 듯했다. 이후에도 곁봉인 삼성산으로 가다가 되돌아서야 했다.

우여곡절 끝에 계획했던 한무당재에 도착은 했는데 자동차 회수가 문제이다. 오지다 보니 택시도 없고 오롯이 두발로 자동차까지 눈물을 흘리며 찾아갔다.

들머리 근처인 영천에서 숙소를 잡고 다음 날 출발했다. 경주에 가까워져 오고 있음을 만복산 마애불상과 석탑에서 느낄 수 있었다.

낙동정맥 12회차, 영천 한무당재부터 땅고개

2014년 5월 3일 　　관산 - 만불산 - 사룡산 - 대부산

　어제의 피로가 풀리기도 전에 한무당재로 오른다. 중간에 낙동정맥 트레일과 겹치는 실크로드 길을 만나기도 한다. 낙동정맥 트레일은 산림청이 조성한 도보 중심 숲길로 낙동정맥 일대의 마을을 연결해 준다. 그러나 정맥길은 대부분 낙동정맥 산꾼만 다니는 등로라 잡목이 우거지고 시작 고도도 200m에 이른다. 앞길을 방해하는 고사목들이 산재해 있고 등로 폭이며 급커브도 많아 자전거를 탈 만하면 내려야 하는 구간이 많다. 특히 관산 업힐은 200m인데 경사도가 장난이 아니다. 멜바 하면 잔차 바퀴가 닿아서 올라갈 수가 없다. 이런 곳은 흔치 않다. 이후에는 알바하기 딱 좋은 코스이다. 도로와 얽혀 정맥길을 정확히 가늠할 수가 없고, 또 양계장들이 산재해 있어 잘못 빠지는 길이 많다. 만불산 근처에서는 개 한 마리가 근 3km를 발맞춰 따라왔다. 이후에도 공장이 많아서 정맥길 찾기가 힘들었다.

4번 국도에 다다르니 자전거로는 건널 수가 없는 자동차 전용도로라 지하도를 찾아 갓길로 근 1km를 더 가 유턴해야 했다. 좀 이르긴 하지만 도로변 휴게소를 찾아가서 고추장 불고기로 점심 해결. 다시 심기일전하여 정맥길을 끊어놓은 과수원을 가로질러 우여곡절 끝에 이화고개 경부고속도로에 닿는다. 1km 더 가서 지하도를 건넌다. 이곳부터는 사룡산 등산로 정비를 해놔 멜바와 탈바 모두 수월했다.

　걱정했던 사룡산 정상을 찍고 숲재에서 건천 농장까지는 임도를 타고 오른다. 이후 성벽을 지나 고랭지 무밭 이후 산불 감시 초소에 다다른다. 감시초소 근무자가 요청해 인명부를 작성하니 오늘 산불 났다고 조심해서 가란다. 그림 같은 어두 목장을 지나니 200m 업힐이 나와 죽을힘을 다해 오른다. 682봉에서 어둔치까지 다운은 죽여줬다. 경사도가 세긴 했지만, 조심히 탈 만한 구간이었다. 마지막 멜바 구간에서는 피로가 몰려온다. 싱글 33km를 탄 날이다. 대간 때에도 이렇게 길게 탄 적은 그리 많지 않다. 송홧가루와 땀으로 뒤범벅된 내 몰골을 누가 볼까 무섭다. 휴게소 옆 수량 많은 약수터에 들러 세수도 하고 고글과 장갑을 닦고 로드 원점 한다. 다시 고개 넘고 물 건너 26km를 달려 오늘 일정을 마무리한다.

오늘은 4번 국도와 1번 고속도로를 건너야 하는데 우회로를 택해 1km를 가서 유턴 후 다시 정맥길을 찾아가야 한다.

사룡산 오름길 600m를 고스란히 멜바로 오르는데 고통은 그야말로 역대급 이었다. 사룡산 넘어 생식촌이란 종교 시설이 있어 의아해하기도 했다.

거미줄과 송홧가루와 땀이 범벅되어 온몸에 악취가 진동했다. 땅고개 휴게소 옆 약수터에 들러 온몸을 씻어 내리니 좀 살 것 같았다.

출발 500m 거리가 오르막이라 단석산 갈림길에서 갈등했다. 멜바가 너무도 힘들어 포기했는데 이후 13.5km 아기자기한 싱글길이라 단석산에 가지 않은 걸 후회했다.

낙동정맥 13회차, 경주 땅고개부터 운문령

2014년 5월 6일   삼강봉 - 백운산 - 고헌산 - 고헌산서봉 - 신원봉

빡센 업힐을 몸도 풀리지 않은 상태에서 시작한다. 얼마 안 가서 출발 전 추위는 온데간데없고 이마에서부터 시작해 등줄기로 시냇물처럼 땀이 흘러내린다. 이곳은 단석산은 경주 국립공원 지구라 등산로가 널찍하다. 단석산 삼거리까지 힘든 업힐을 올라가면 신나는 싱글길이 이어진다. 도면상에는 톱날 같은 등고 폭이라 겁이 났는데, 완전한 아우토반에 실크로드다. 그린 연수원 잔디밭 다운도 나름대로 특색이 있었다. 연수원을 지나니 동쪽으로 멋진 조망처가 나타나고 낭랑한 염불 소리가 마음을 비우게 한다.

오늘은 탈바가 왜 그리 많은지. 햇빛도 없는 철쭉 터널 속으로 빨려 가는 듯한 기분으로 탈바의 연속이다. 호소고개까지 13.5km인데 꿈같던 탈바 구간이 끝나니 백운산 업힐이 기다린다. 등산객이 많은 곳이 아니기에 등로가 넓지 않고 잡목들이 멜바를 방해한다. 지금껏 걸어온 길을 눈으로 직접 보며 백운산 정상에 다다르니 천하제일의 조망이다. 말로 어떻게 표현하리오. 간단한 간식으로 허기를 때우고 고현산으로 출발한다. 예전엔 방화선을 구축해 놓았었는데 지금은 복원된 상태이다. 그런데 산악 오토바이와 오프로드 차들이 자연을 훼손시켜, 출입 금지 안내판과 바리케이드로 막아 놓았다. 호소리 임도까지는 난이도 중급 이상의 다운길이고 고현산 정상까지는 자갈길 멜바를 해야 했다.

  고현산 정상에 서니 영남 알프스가 한눈에 들어오고 지나온 백운산과 낙동정맥길 역시 한눈에 들어온다. 말로는 형용할 수 없는 감정을 뒤로하고 난이도 최상급인 다운 2km 급경사에 돌탱이길로 두 팔의 고통을 참아가며 스릴을 만끽하고 외항재에 도착했다. 이후 불송골봉 갈림길 0.5km 업힐과 0.5km 다운도 죽이는 코스였다. 외항리에 도착하니 아직 해가 중천이다. 운문령까지 더 가기로 하고 출발하니 업힐 근 300m가 철쭉과 진달래 터널이다. 뜨거운 열기를 느끼며 신원봉에 도착하니 이곳 또한 조망이 일품이다. 신원봉 하산길의 2km 다운도 난이도가 초·중급 코스였다. 오늘 코스는 지금까지 대간과 정맥 통틀어 탈바가 제일 많았고 조망 또한 최상이었다.

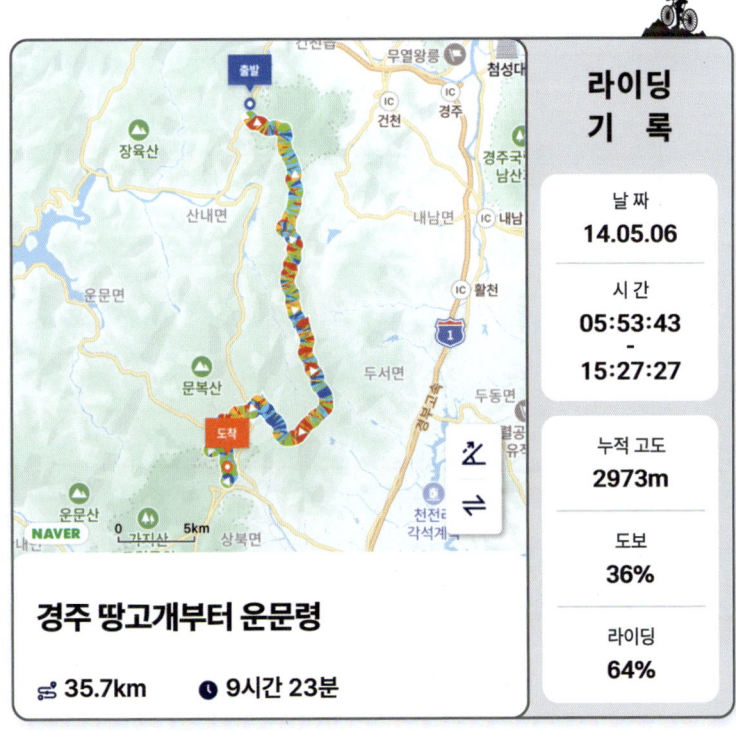

산 아래 불광사에서 들려오는 맑고 청아한 염불 소리가 귓가에 메아리로 들려 따라서 흥얼대며 통과했다.

오프로드 자동차와 산악오토바이로 등로가 훼손되어 안타까웠지만 고헌산 정상에서 지나온 길과 가야 할 길, 그 풍광을 보며 감탄했다.

고헌산부터 급경사 내리막이지만 즐겁게 내려왔다. 이후 기와골부터 문복산 갈림길까지 업힐, 문복산 갈림길부터 운문령까지는 환상의 다운길이다.

운문령 갓길에 주차하고 임도로 올라 상운산에 들러 인증사진을 찍고 쌀바위도 들러 무사안녕을 빌고 가지산에 올랐다.

낙동정맥 14회차, 울산 운문령부터 양산 지경고개

2014년 5월 31일   가지산 - 능동산 - 간월산 - 신불산 - 영축산

    새벽 1시 자동차 시동을 걸고 집을 나선다. 속리산휴게소를 지나자 갑자기 엔진 온도가 올라가고 경고음이 울린다. 냉각수 보충 탱크를 열어 생수를 붓는데 탱크 밑 고무파이프가 압력에 못 이겨 빠진 모양이다. 응급조치 후 구름의 문이라는 운문령에 도착하니 다행히 많이 늦진 않아 여느 때처럼 장비 챙겨 준비하고 출발.
    쌀바위까지는 임도를 타고 가기로 했다. 동트기 전인데도 날씨가 장난이 아니라 땀이 비 오듯 한다. 쌀바위에 올라 사진을 찍고 잔차와 한 몸이 되어 멜바 시작이다. 도중에 가지산휴게소가 있어 물은 1.5L만 갖고 간다. 이른 아침 가지산 정상에 오르니 어느 누가 부리울쏘냐. 천하가 내 것인 양 자연에 도취하여 얼마를 조망했는지 시간이 가는 줄 몰랐다. 가지산대피소에서 생수 한 병에 목마름을 잠재우고 때론 밀비, 멜비와 민지기까지 하여 산에서 나문안나. 식남고개에서 잠시 알바했다. 정맥길에서 벗어난 능동산 업힐도 장난이 아니다. 배네고개 도착해 민생고를 해결하고 출발하는데 배네봉 끝까지 멜바이다. 배네봉에서 간월재까지는 돌산이라 잔차가 짐짝에 불과하다.

　간월산 정상에 오르니 이곳 조망 또한 천하제일로 왜 영남 알프스라고 불리는지 실감하는 구간이다. 간월재휴게소에 도착해 식수를 보충하는데 MTB 라이더들이 많이 올라와 있다. 간월재에서 신불산 쪽 나무 계단에 눈앞이 캄캄하다. 신불산 정상을 찍고 신불재로 내려오는 내내 땡볕에 땀과의 전쟁이다. 영축산에 올라 멋진 조망을 맛보고, 이제부터 하산길이다. 임도 다운길이 얼마나 험한지 실란트 넣은 타이어에 펑크가 나 튜브로 수리 후 원점 운문령으로 회귀한다.

　기진맥진하여 운문령 입구에 도착해 본격적으로 오르려 하니 도저히 페달링이 되질 않는다. 주특기인 끌바를 시작하는데 끌바 업힐만 5km 죽을 맛이다. 도중에 지나가던 트럭이 후진으로 내려와 태워 준다. 눈물 날 지경으로 어찌나 고맙던지 몇 번을 인사하고 헤어진다. 가지산 온천에서 목욕, 언양에 들러 맛난 불고기로 저녁을 먹고 숙소로 향한다. 장장 13시간 35분이 걸렸는데 대간과 정맥을 통틀어 가장 긴 시간이었다. 이번 구간은 백두대간 축소판 같기도 했다.

가지산 정상 통과 후 능동산에 올라 인증하고, 배넷고개에서 식사 후 다시 간월산에 올랐다.

땡볕을 피할 길 없어 데크 밑으로 들어가 쉬었다가, 다시 지친 몸을 이끌고 오늘의 마지막 영축산에 다다른다. 죽을 만큼 힘들다는 표현을 실감한 날이다.

영축산에서 취서산까지 등로가 까칠했고 이후 운문령으로 가서 자동차를 회수하는 데까지 에피소드와 우여곡절이 상당히 많았다.

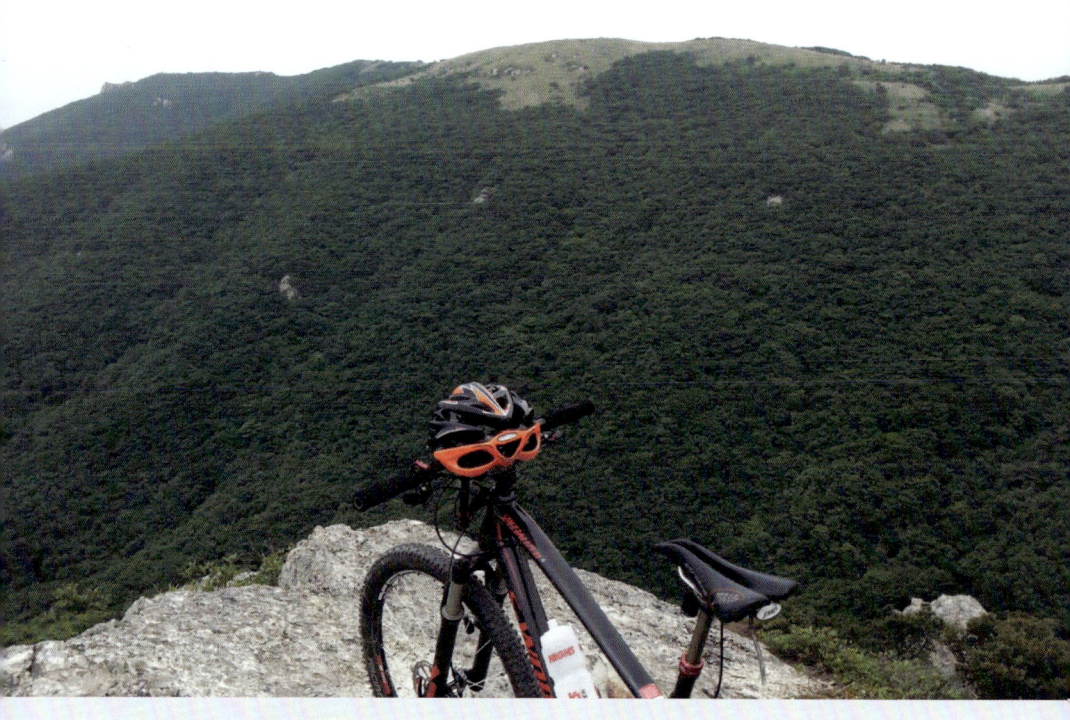

들머리를 잘못 들어 골프장으로 진입했지만, 다행히 골프하는 사람들이 없어 무사히 통과하여 정족산에 올랐다.

낙동정맥 15회차, 양산 지경고개부터 부산 지경고개

2014년 6월 1일   정족산 - 천성산2봉 - 천성산 - 운봉산

    어제의 피로감에 출발 자체가 힘겨웠다. 들머리인 지경고개에 골프장이 있어 정맥길이 어디인지 가늠하기 힘들어 우여곡절 끝에 산경표대로 소나무 쉼터를 거쳐 전망바위에 다다른다. 정족산 정상에 올라 조망에 감탄한다. 날씨가 얼마나 더운지 어제보다 더 더운 듯하다. 정족산에서 조금 내려오니 침대 바위에 멋진 소나무가 오늘 가야할 천성산을 마주 보고 있어 기가 막힌 조망처이다. 안적고개까지는 신나는 임도 다운길이다. 안적고개에서 천성산2봉까지는 임도로 가기로 한다. 천성산2봉에 거의 도착하니 갑갑했던 조망이 일순간에 트여 360도 파노라마가 펼쳐진다. 정상이다 보니 어디서 불어오는지 바람이 시원하다. 마침, 아이스크림 파는 아주머니가 있어 두 개를 사서 하나는 입으로 하나는 목덜미로 향한다. 천성산2봉 내리막 길에서 잠시 알바했다가 제 길을 찾아 천성산 주봉으로 오른다.

몇 년 전 산불의 흔적으로 고사목이 보이기도 했다. 지금은 지뢰밭 때문에 양쪽으로 철조망을 쳐서 옴짝달싹도 못 하고 지정된 통로로만 가야 한다. 천성산 주봉에 도착하니 여기서도 아이스크림을 판매하는 사람이 있다. 부부가 두 봉우리에서 각각 아이스크림을 팔고 있었다. 여기서도 두 개 사서 하나는 입으로, 하나는 등짝으로 밀어 넣는다. 멋들어진 조망을 뒤로 하고 정맥길로 접어드는데 철조망 문이 앞을 가로막는다. 등산객들은 밑으로 기어서 빠져나가는데 난 잔차 때문에 통과할 수가 없다. 간신히 철조망 문을 해체 후 통과했는데 처음에는 등산로가 나 있는 듯하다가 사라져 버렸다. 알고 보니 산세가 하도 험해 정맥꾼들이 죄다 천성산 도로로 정맥길을 택한 것이었다.

원효암 안부에서 도시락을 먹고 폐쇄된 군부대를 지나니 또 철조망이 3단으로 설치되어 있다. 철조망 너머로 정맥꾼들이 우회한 등산로가 보인다. 이후 2km 이상 탈바 구간이다. 전위봉부터는 급다운이다. 다행히 보수 공사를 한 지 얼마 되지 않아 내려오기 수월했다. 운봉산은 표지석 없는 산인데 탈바, 끌바, 멜바의 3박자가 고루 잘 갖춰진 산이다. 이후 운봉재까지는 급다운, 남락고개까지는 탈바다. 산세가 웅장한 이번 구간도 마치 백두대간 축소판 같은 느낌이었다.

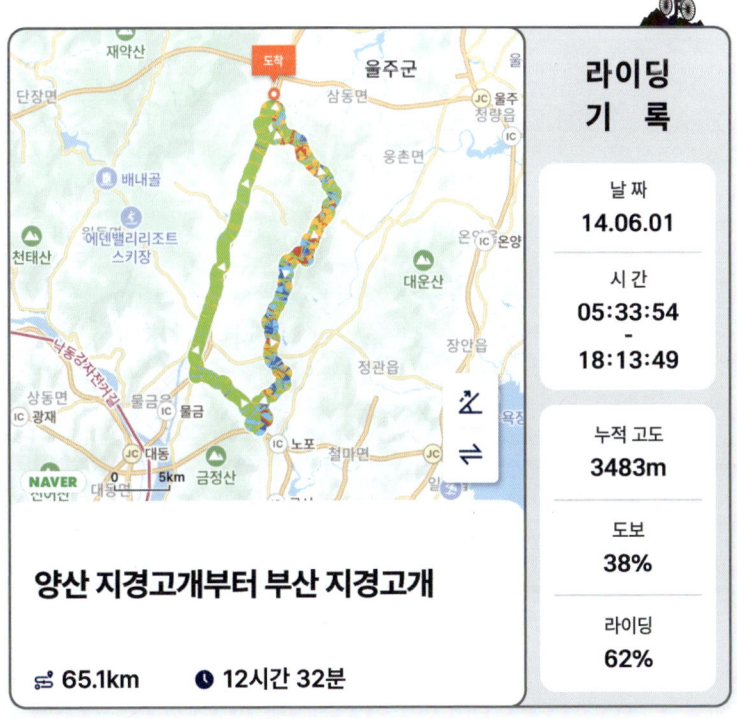

제1 천성산에는 한 여인이, 제2 천성산에는 그녀의 남편이 아이스크림을 팔고 있어, 무더운 여름날 아이스크림을 실컷 먹을 수 있었다.

천성산은 과거 군사 보호지역이었는데 철조망으로 막아 놓았다. 정맥꾼들은 밑으로 기어서 나가고 나는 자전거 때문에 부득불 문을 열고 통과해야 했다.

원효암 갈림길에서 군사 보호구역으로 잘못 들어가 철조망을 넘어야 했고, 급경사 오르막 내리막이 반복되는 까칠한 등산로였다.

언제나 그렇듯 출발부터 600m 오르막이다. 장군봉 찍고 되돌아서 정맥길을 타고 금정산 고당봉에 올라 부산시가지를 조망해 본다.

낙동정맥 16회차, 부산 지경고개부터 개림중학교

2014년 6월 6일   장군봉 – 금정산 – 백양산 – 삼각봉

날씨 예보를 보니 부산 지역은 밤새 비가 내리다 갠다고 해서 집을 나선다. 부산 근처에 이르자 자동차 앞 유리 와이퍼가 움직인다. 그래도 목적지에 도착하니 비가 가늘어져 준비 후 출발한다. 노면이 엄청 미끄러워 발 내딛기도 힘들다. 450m 빡센 오르막이지만 그래도 안개비 덕분에 시원하게 오른다. 오늘은 양산 지경고개에서 부산 시내로 이어지는 구간인데 도시지역이라 실제 산경표와 맞질 않는다. 부산 시내 권역에 있는 산이다 보니 갈림길이 수도 없이 많다. 시그널도 안 보여 일일이 길을 확인하고 또 확인해도 몇 번을 되돌아 나와야 했다. 운무로 인해 멀리 조망이 트이질 않는다. 장군봉은 정맥길은 아니지만 구름 사이로 보이는 산세가 아름다웠다. 금정산 줄기 자체가 물이 많은 산 같았다. 약수 꼭지에서 물이 철철 넘쳐난다.

금정산에 도착하니 이른 새벽이고, 안개비 탓인지 등산객은 거의 없다. 정상에는 등산로가 나무 계단으로 정비되어 있었다. 금정산 관리사무소 약수터에서 잔차도 사람도 같이 세차하며 까맣게 익은 버찌를 따 먹었다. 이곳 북문부터는 성곽이 잘 보존되어 있고 조망 좋은 곳마다 망루가 있었다. 성벽 옆에는 따로 등산로가 되어있어 별 무리 없이 신나는 다운이었다. 북문부터 등산객들이 나타나기 시작하더니 만덕고개부터 만남의 숲 사이는 인산인해였다. 백양산의 빡센 300m 업힐은 전체가 나무 계단이라 땡볕에 올라가기가 괴로웠다.

　다음 내리막은 지도상 완만한 경사 구간이라 신나게 다운할 수 있을 것으로 예상했는데 오산이었다. 탈바도 꽤 됐지만 암산이라 녹록한 산은 아니었다. 라이딩 도중 몸이 가렵기 시작해 살펴보니 황충에 쏘여 두드러기가 생겼다. 계림중학교 운동장 수돗가에서 대충 세수한다. 이제부터는 부산 시내를 가로질러 부산 지경고개까지 원점 로드 라이딩이다. 약국에서 약을 사서 바르고 시내로 달리는데 버스가 고의인지 날 못 봤는지 큰 사고가 날 뻔했다. 부산 시내를 통과해야 했던 이번 구간은 정맥길 시그널이나 안내 표시가 없어 힘들었다. 산세는 좋았지만, 등산객이 많아 곤욕을 치르기도 했다.

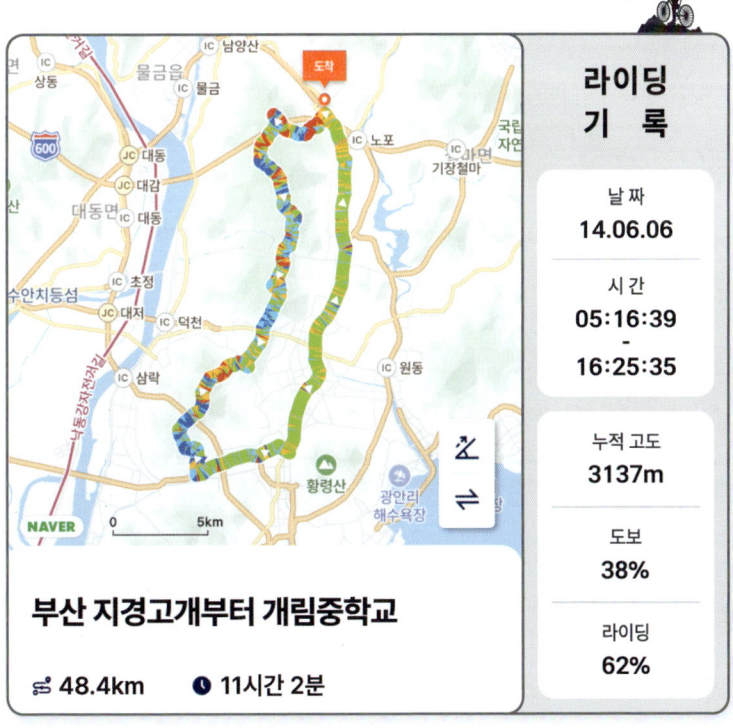

라이딩 기록

날짜
14.06.06

시간
05:16:39
-
16:25:35

누적 고도
3137m

도보
38%

라이딩
62%

부산 지경고개부터 개림중학교

48.4km　11시간 2분

산성길 따라 유유자적 탈바와 끌바와 멜바를 해가며 여유로운 산행이었지만, 운동 나온 등산객들이 많아 미안한 마음이 들었다.

성벽길과 암릉길의 조화로움과 귀암귀석의 아름다움을 눈으로 담는다. 이산봉에 걸터앉아 옛 선조들의 기슬력에 다시 한번 감탄힌다.

서울에 북한산과 도봉산이 있다면 부산에는 금정산 줄기가 있어 비교된다. 그런데 라이딩 마치고 자동차 회수하러 시내권 통과하기가 만만치 않았다.

드디어 낙동정맥의 끝을 맺는 날이다. 부산 시내권 통과하다가 공단 골목길 아파트 지하 주차장까지 들어가는 웃지 못할 일까지 벌어지기도 했다.

낙동정맥 17회차, 부산 개림중학교부터 몰운대

2014년 6월 10일   엄광산 – 구덕산 – 시약산 – 천마산 – 봉수대

   오늘은 낙동정맥 완주를 축하해 주기 위해 오오환, 정한섭, 박미라 산우들이 아산에서부터 동행한다. 들머리인 개림중학교 앞에 나를 내려주고 일행들은 부산 관광을 하고 도착지 몰운대에서 만나기로 한다. 오늘 구간은 산경표상의 낙동정맥길로 갈 수가 없다. 도시 개발로 길이 막히고 집이 들어서고 도로와 철로가 막고 있기 때문이다. 나뿐만 아니라 모든 정맥꾼이 헤맨 흔적이 여기저기에 있다. 그래도 산경표를 근거로 최대한 비슷하게 정맥길을 이어본다. 엄광산까지 긴 업힐을 올라 힘겹게 정상에 오른다. 구름 낀 날씨가 시야를 흐리게 한다. 구덕마을까지 다운은 탈바와 끌바를 번갈아 한다. 구덕 꽃마을부터는 포장도로와 등산로를 거쳐 구덕산 정상에 오른다. 우측으로는 낙동정맥과 나란히 내려온 낙동강이 흐르고 좌측으로는 부산항이 마치 한 폭의 풍경화처럼 아름답게 보인다.

기상관측소에서 몰운대까지 이어지는 낙동정맥의 마지막 마루금을 그어 보고 내려왔지만 얼마나 많이 알바했는지 모른다. 공동묘지가 즐비하게 늘어선 길도 지나고, 공장지대 골목길을 헤매고, 군부대를 우회하고, 학교 운동장을 지나고 아파트 단지 지하 주차장까지 잘못 들어갔다 나와야 했다. 약 100m 나지막한 산들이 왜 그리 많은지 거기가 거기 같다. 산우들과 몰운대에서 만나기로 약속한 시각마저 넘기니 더욱더 초조해진다. 어찌나 헤매었는지 몰운대 표지석도 지나쳤다. 간신히 다시 길을 찾아 낙동정맥 완주를 축하해주러 미리 와서 기다리던 산우들과 만날 수 있었다.

　낙동정맥 끝자락 바닷가에서 산우들이 조촐한 축하 파티를 열어주었다. 눈 쌓인 태백 천의봉에서 시작해 강원도와 경상도의 오지를 지나고, 영남알프스를 거쳐 금정산에 이르기까지 지금껏 지나온 아름다운 낙동정맥과 거기서 흘린 땀을 돌이켜 본다. 종주 도중에 무거운 풀샥 대신 가벼운 하드테일로 자전거를 바꾸어 멜바의 부담이 조금 줄었다. 이제는 하드테일로도 싱글길 라이딩이 익숙해졌다. 응원해 준 모든 분께 감사함을 전하며 낙동정맥을 마무리한다.

태백 천의봉에서 몰운대까지 오는 과정이 아주 힘들었지만, 곳곳에 환상의 조망처가 있기에 위로가 되었다. 몰운대에 두 발을 담그며 낙동정맥을 마친다.

오늘은 <자전거와 백두대간> 카페 운영진들이 낙동정맥 완주를 축하해 주기 위해 부산 몰운대까지 같이 간다.

낙동정맥이 낙동강 물줄기와 만나는 몰운대에서 낙동정맥 종주를 마무리한다.

제3부
한북정맥

2014.07.21~2014.09.19 (7구간)

나머지 정맥까지 완주할 수 있을지 생각해 보았다. 힘은 들어도 낙동정맥을 완주했으니 9정맥을 끝낼 수 있겠다는 생각으로 도전의 불씨를 피워본다.

한북정맥 1회차, 화천 수피령부터 광덕고개

2014년 7월 19일   복계산 - 복주산 - 회목봉 - 광덕산

　낙동정맥을 마치고 다음 코스로 한북정맥을 선택했다. 이른 새벽, 집을 나서 시작점인 수피령에 도착하니 금방이라도 비가 퍼부을 것 같아 잠시 고민하다 재빠르게 출발한다. 군사지역인 이곳은 벙커와 철조망이 곳곳에 설치되어 있다. 200m 업힐을 오르고 나니 심한 박무로 30m도 허락질 않는다. 밤새 내린 소나기로 숲에 묻었던 물방울은 등산화를 흥건히 적시기에 충분하다. 정맥에서 벗어난 복계산을 다녀오기 위해 갈림길에 자전거를 세워 두고는 혼자 걷는다. 철퍽철퍽 걸어 박무로 가득 찬 복계산 표지석과 군사시설을 확인하고 삼거리로 돌아온다.
　그런데 등산화 클릿의 볼트가 빠져서 클릿이 페달에서 빠지질 않는다. 가까스로 수리하고 출발하지만, 만만한 곳이 하나 없다. 칼바위가 너 해볼 테면 해보라는 식으로 노려보며 탈바를 허락하지 않는다. 새벽의 소나기로 약이 바짝 오른 로프 구간 바위들은 미끄럽고 우거진 억새 수풀은 두 다리에 상처를 낸다. 비상통신용으로 등로에 깔아놓은 일명 삐삐선과 군사시설물인 벙커 통로가 수풀에 가려져 자빠지기 일쑤다. 박무로 길을 찾지 못하는 등산객에게 하산길을 인도해 주고 나는 복주산 정상에 도착했다.

   점심 후, 탈바 없이 끌바와 멜바로만 500m 다운이다. 움직이는 호박돌에 낙차가 큰 바위도 산재해 있어 안전사고 우려도 있다. 화목봉을 거쳐 화목령에 도착하니 기상청으로 올라가는 도로가 한참 공사 중이다. 상아봉 삼거리를 지나 광덕산으로 신나게 달린다. 정상에 다다르니 등산객들이 보고 화들짝 놀란다. 앞으로 가야 할 광덕고개와 백운산 줄기가 한눈에 보이는 조망처에서 멋들어진 인증 사진을 담는다. 땀과 흙과 상처로 만신창이가 된 몸을 이끌고 오늘 목적지 광덕고개까지 탈바로 도착한다. 광덕고개에서 출발점 수피령까지 돌아가는 도로 길은 25km. 고개 하나를 넘으니 녹다운이다. 다목리 편의점에 들러 이온 음료로 갈증을 해소한 뒤 남은 거리를 보니 5km 정도이다. 도저히 갈 수가 없어 택시를 불러 오늘의 한북정맥 첫 구간을 무사히 마무리 짓는다.

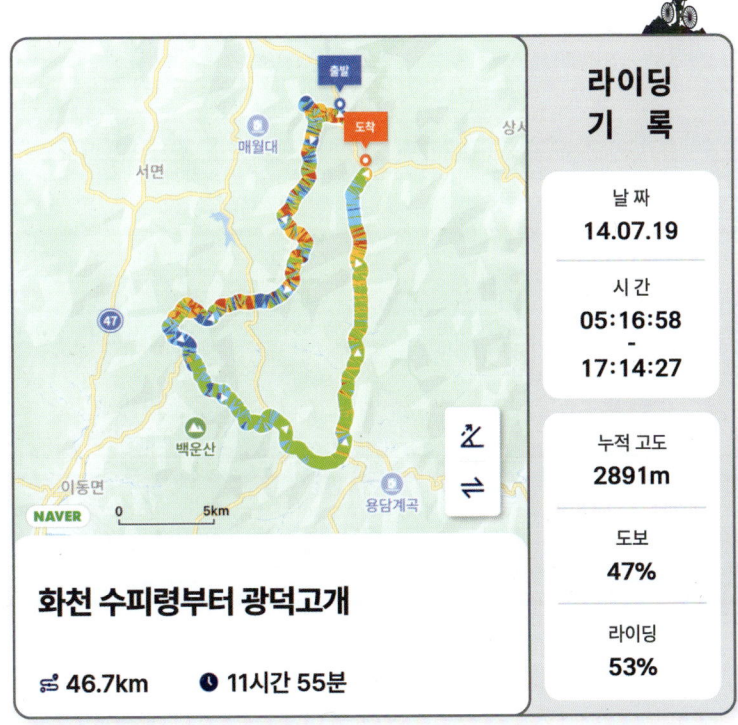

수피령에 한번, 한북정맥의 곁봉인 복계산 정상에서도 다시 인증하고 한북정맥을 본격적으로 시작한다. 산중 벙커와 군사시설들이 긴장감을 더한다.

복주산 정상에서 점심을 해결하고 나니 험준한 암릉길과 물먹은 내리막길에서 몇 번이나 미끄러지고 자빠지고 고꾸라졌는지 모른다.

광덕산 조망 좋은 곳에 앉아 쉬며 망중한에 빠지기도 했다. 다목리까지 가다 도저히 갈 힘이 없어 택시를 불러 한북정맥 첫 구간을 무사히 마쳤다.

봉우리들이 즐비한 이번 구간은 백운산, 삼각봉, 도마치봉, 도마봉, 견치봉, 민둥산, 토성고개, 강씨봉 등 그야말로 땀과의 전쟁을 치르는 극기 훈련 같았다.

한북정맥 2회차, 포천 광덕고개부터 오뚜기령

2014년 7월 20일   백운산 - 국망봉 - 견치봉 - 민둥산 - 강씨봉

어제 1구간의 피로를 뒤로하고 물이 꽉 차 묵직한 등산화를 신고 광덕고개로 다시 향한다. 백운산 등산로엔 12일 전 실종된 등산객을 찾는 전단지가 곳곳에 붙어있다. 나 같은 경우는 산에 오르기 전에 지형과 지리에 대해서 충분히 공부하고 위급상황을 대비해 비상탈출로까지 확인해 둔다. 쉴 새 없는 업힐로 힘은 배로 들고, 가도 가도 거리는 줄지 않는다. 3km를 가는 데 2시간이나 걸린다. 날씨는 어제처럼 운무로 꽉 차 있고 높은 습도로 흐르는 땀을 주체할 수가 없다.

기진맥진 백운산 정상에 오르니 부부 산꾼이 날 반겨주고 서로 인증사진을 찍어준다. 도마치봉까지는 칼바위 암릉이 산재해 있다. 등산 내내 12일 전 실종됐다는 등산객 생각이 뇌리를 떠나지 않는다. 발바닥의 통증은 점점 심해진다. 신로령을 지나 경기의 3봉이라는 국망봉에 도착한다. 더 이상 갈 수 없을 정도로 체력이 바닥났다.

광덕고개부터 백운산 강씨봉으로 이어지는 능선은 고도가 1,000m 이상으로, 지리산 종주길과 비교해도 손색없다. 국망봉에서 견치봉을 지나 안부에서 등산객 한 사람을 만나 잠시 이야기를 나누었다. 도마치고개에서도 3명의 산꾼과 앞서거니 뒤서거니 하며 도성고개까지 같이 이동했다. 도마치봉에서 민둥산까지는 암산이라 탈바 를 할 수가 없다. 민둥산에서 도성고개까지는 군부대 방화선으로 사람 키를 넘는 억새 구간이 2km 이상이다.

체력의 한계를 인정하고 도성고개에서 끝내야 했는데 욕심을 내어 오뚜기령으로 출발한다. 온종일 시야가 확보되지 않다가 12시가 되니 여전히 뿌옇지만 약간의 조망이 허락된다. 강씨봉에 오르니 지나온 길과 앞으로 가야 할 길이 뿌연 연무 속에 희미하게 모습을 드러낸다. 바닥난 체력으로 오뚜기령에 도착하기까지 11시간 걸렸다. 오뚜기령 돌탑에서 인증사진을 찍고 포천 이동 쪽으로 탈바와 끌바를 번갈아 하며 7km 남짓 군사 도로를 내려오니 시멘트 포장 공사 중이다. 원점 회귀 광덕고개까지 25km, 1시간 이상 소요될 듯하다. 체력 저하로 더 이상 페달링이 불가능해 택시로 돌아간다. 악조건 속에서 산적의 발자국을 한북정맥 두 번째 구간에 남기고 마무리 짓는다.

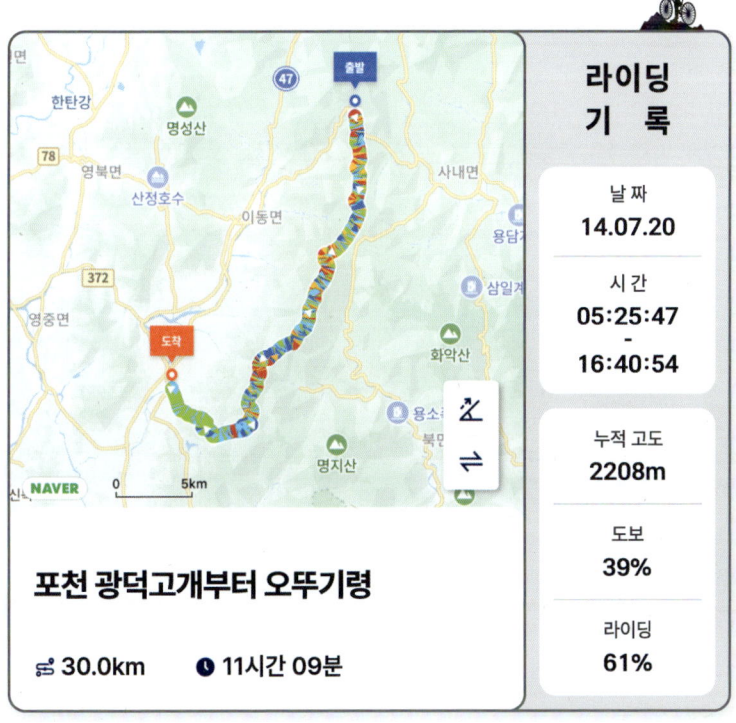

라이딩 기록

날 짜
14.07.20

시 간
05:25:47
-
16:40:54

누적 고도
2208m

도보
39%

라이딩
61%

포천 광덕고개부터 오뚜기령

30.0km　　11시간 09분

백운계곡 숙소에서 광덕고개로 이동해 500cc 물 8개를 배낭에 넣고 다시 도전한다. 이번 구간은 거리나 난이도가 지리산 종주 구간과 흡사하다.

국망봉에 실종자를 찾는다는 전단이 곳곳에 붙어 있다. 가족들은 얼마나 애가 탈까 하는 생각에 가슴 한구석이 아파온다.

오뚜기령에서 마지막 내리막길 7km는 산사태로 훼손된 군사도로라서 몸은 만신창이, 두 다리는 상처투성이가 되었다.

부득이 북진할 수밖에 없는 상황이 됐다. 47번 국도에서 시작해 운악산을 거쳐 청계산으로 가는 길을 택하기로 했다.

한북정맥 3회차, 가평 45번 국도부터 오뚜기령

2014년 7월 30일 망경대 - 운악산 - 원통산 - 갈매봉 - 청계산

    열흘 만에 한북정맥의 길에 다시 오르는데, 해가 많이 짧아졌다. 새벽이슬을 털며 오늘도 걱정을 안고 시작한다. 군부대 지역 철책을 따라가며 경사된 암릉을 오르는데 초장부터 멜바로 순식간에 땀이 온몸을 적신다. 힘은 들지만 오름 내내 조망은 빼어나다. 산이 구름을 뚫고 그 위에 떠 있는 것 같아서 운악산이라 불린다고 한다. 가끔 숨도 돌리고 시원한 바람 맞으며 구름에 가린 운악산을 마음의 눈으로 그려본다. 한 봉우리를 오르니 남근석이 부끄러움을 무릅쓰고 구름 속에서 살포시 자태를 뽐낸다. 동봉과 서봉에서는 조망 없는 인증 사진으로 대신한다. 노채고개로 향하는 데 100m가량 알바 후 다시 돌아와 정맥길을 찾아 입석 바위 쪽으로 이동한다.
    수년 전 지나갔던 옛 능선길은 폐쇄되고 새로 길이 났는데 폭이 좁고 낙차가 커 자전거를 메고 통과하기가 거의 불가능하다. 500m

가량 빠져나오는 데 1시간 이상 소요됐다. 노채고개에서 원통산으로 오르는 암릉길도 시간을 지체하게 만든다. 포천에서 가평으로 이어지는 지방도에 도달해 청계산 약수터에서 중식을 해결한다. 체력이 바닥나 그만 가고 싶지만, 마음 가다듬고 갈매봉으로 다시 출발한다.

갈매봉에 도착하니 표지석이 산세에 걸맞지 않게 소박하다. 갈매새 로 내려가는 정맥길이 훤히 펼쳐진다. 백두대간의 희양산, 대양산 직벽과 흡사하다. 얼마나 긴장하며 내려왔는지. 다시 청계산 업힐 암릉 구간이 나타나는데 안전로프도 설치되어 있지 않다. 업힐 300m를 다 올라와서 밑을 내려다보니 경사가 어찌나 센지 기가 꺾였다. 귀목봉 갈림길에서 오뚜기령까지 1.5km는 지루한 잡풀 구간이다.

오늘은 원래 오뚜기령에서 시작해 남진하는 코스였는데 이동으로 내려가는 군사도로 7km 중 500m 이상이 산사태로 유실됐다. 여기를 올라 가기보단 방향을 바꾸어 내려가는 것이 나을 것 같아 북진을 택했다. 오뚜기령에 도착할 때쯤엔 벌에 쏘여 따갑고 가려워 고생했고, 오뚜기령을 넘다가 호박돌에 미끄러져 엔도를 했지만, 다행히 큰 상처는 없었다. 일동 편의점에 도착해 시원한 맥주 한 캔으로 오늘 나 자신의 나약함을 달래며 한북정맥 한 구간을 마무리한다.

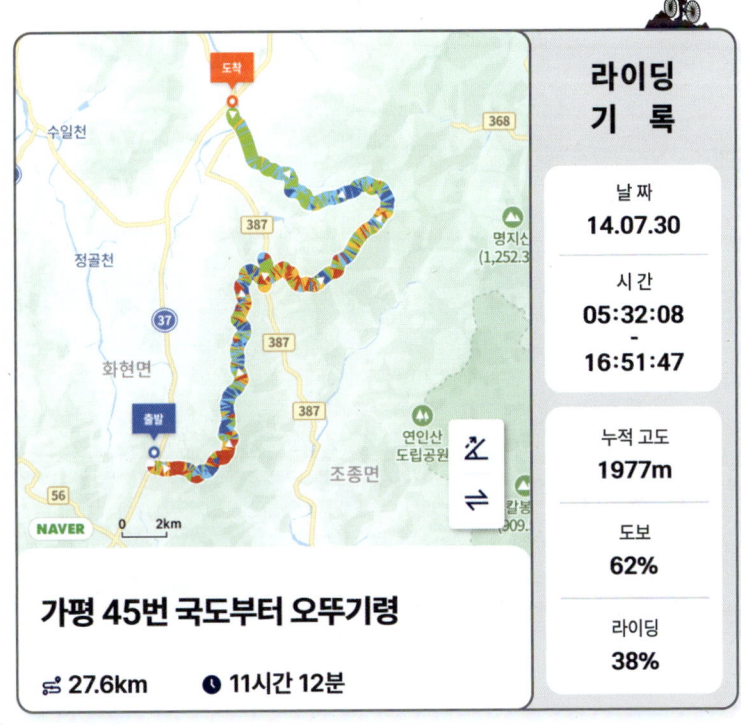

오르다 만난 산우님 덕택에 모처럼 사진도 찍을 수 있었고 말동무가 되어 심심치 않게 운악산을 오를 수 있었다.

청계 약수에서 갈매봉을 향에 오르는데 무뎌진 두 다리가 속도를 내지 못한다. 한계점에 도달해 오뚜기령에서 7km 내려가 숙소인 일동으로 귀환했다.

아무리 가도 줄지 않는 거리. 운악산은 업힐과 다운이 암릉으로 이루어져 있어 체력 소모가 몇 곱절이다.

한북정맥은 군부대 때문에 정맥길 찾기가 매우 어려웠다. 새로 생긴 도로와 사유지 펜스에 막혀 길을 잃기도 했다.

한북정맥 4회차, 가평 45번 국도부터 축성령

2014년 7월 31일   수원산 - 불청산 - 국사봉 - 죽엽산 - 고모산

　수원산 업힐이 오늘 시작 지점이다. 아침부터 찌는 듯한 무더위가 올해 들어 가장 더운 날일 듯싶다. 그리 높지 않은 산인데도 더위와 땀 때문에 피로감이 빨리 몰려온다. 어제 3구간과 달리 오늘 정맥길은 순한 흙길로 이어져 있다. 가평 인근이라 그런지 인공 조림한 잣나무들이 빼곡히 박혀있고 등로에도 잣송이가 널브러져 있다. 노면 상태는 좋으나 잡풀과 가시넝쿨들이 산재해 있어 두 다리가 벌겋게 상처투성이다. 수원산 정상은 군부대 철책으로 막혀 있고 정상석은 보이지 않는다. 그래도 데크에서 바라보는 가평 쪽 산하들이 어느 사진작가의 작품처럼 아름답다. 수원산 정상까지는 군사 도로가 이어져 MTB로 다운힐하기 좋은 코스 같았다. 아직도 전방 지역인지 군사용 벙커들이 흩어져 있다. 수원산 정상에서 국사봉으로 가는 길부터 큰넙고개까지도 계속 탈바가 이어진다.

육사생도 6.25 참전 기념비에서 시원한 냉수박으로 더위와 갈증을 해소하고 다시 나서는데 공장들이 정맥길을 점령하고 4차선 도로가 정맥을 끊어 놓았다. 돌고 돌아 정맥을 가까이 붙어서 진행한다. 작은 넙고개에서 죽엽산으로 오르는 업힐이 나를 나약하게 만든다. 450m 의 업힐을 힘겹게 올라 도착한 죽엽산 정상부에는 그 흔한 표지목 하나 없고 어디에 견주어도 뒤지지 않을 아름드리 소나무들이 즐비하다. 비득재까지 다운하다 100m 알바를 했다. 비득재 정상엔 위성 송신소와 이곳이 옛 고모리 산성터임을 알리는 표지판이 설치되어 있다. 비득재에서 노고산 정상까지는 정글 숲이나 다름없다.

문제는 이곳부터다. 노고산을 내려오니 군부대 철책이 정맥길을 끊어놓았다. 보초병에게 물어보니 오른쪽 울타리로 가란다. 산봉우리 찾아 8부쯤 오르니 또 군부대 철책이 앞을 가로막는다. 지도를 펼쳐 길을 찾아보는데 순찰 중인 군인이 나타나 물어보니 길이 없단다. 일단 축성령까지 가기로 하고 더위에 기진맥진. 돌고 돌아 마침내 314번 지방도에 도착한다. 정맥길을 찾아 헤매 허비한 시간이 2시간 정도는 된 듯하다. 무더운 삼복더위에 끊어진 정맥길을 잇는 데 총 12시간 걸렸다. 오늘처럼 나약한 생각을 많이 한 날도 드물다.

군부대를 우회해 좌측으로 가야 했는데 착오로 우측으로 이동해 상당한 시간을 허비하고 몇 번을 우왕좌왕하다 간신히 날머리에 도착했다.

날머리에 당도하여 오기가 생겨 다시 역으로 한북정맥을 찾아 들어갔다. 도로로 지나와도 누구 뭐라 할 사람 없지만 정코스로 마무리하고 싶었다.

군사시설 보호지역으로 민간인은 들어갈 수 없기에 47번 국도를 타고 4km를 달려 서파교차로에서 우회하여 한북정맥에 연결했다.

초반 낙엽 속 웅덩이를 못 보고 진행하다 엔도로 무릎 찰과상을 입었다. 액땜으로 삼고 테크닉한 다운길 요리조리 내려오며 싱글길의 참맛을 즐겼다.

한북정맥 5회차, 양주 축령고개부터 울대고개

2014년 8월 12일   임꺽정봉 - 호명산 - 한강봉 - 챌봉

　오늘 구간은 거리가 길지 않다. 다음 도봉산 구간을 대비해 짧게 잡았다. 출발지인 축령고개에 도착하니 여느 때처럼 두려움과 긴장감이 맴돈다. 하기 싫은 것 억지로 하는 기분이 든다. 출발 후 얼마 안 되어 엔도를 해서 무릎 찰과상을 입었다. 앞타이어가 낙엽에 가려진 웅덩이에 빠진 것이다. 무명봉 정상 능선에 오르니 잔잔한 암릉이 이어져 자전거 연습코스로는 제격일 듯하다. 장애물을 요리조리 피하면서 즐겁게 다운한다. 다시 암릉 업힐이 나타나는데 철책이 여러 겹으로 설치되어 있다. 웬만하며 비집고 들어가련만 도저히 들어갈 수 있는 상황이 아니다. 우회로를 찾아보니 근 1km를 지나 골프장 옆에 닿는다. 정맥길을 다시 찾긴 했지만, 골프장, 자동차도로, 아파트 등으로 가로막혀 정맥길 잇기가 여간 어려운 게 아니다. 길 찾는 데 허비하는 시간이 만만찮다.

양주 시내 편의점에 들러 먹거리로 배낭을 채우고 다시 임꺽정봉을 향해 정맥길로 들어선다. 이곳 등산로는 시내권이라 동네 주민들이 이용하는 탓에 잘 정비되어 있다. 청엽굴 고개로 가야 하는데 군부대가 가로막아 진행 방향을 바꿔야 한다. 임꺽정봉까지는 임급에 로프 구간도 상당하다. 정상에 올라서니 암릉의 조화가 멋진 조망을 보여준다. 한 등산객이 건네준 자두 한 개가 그렇게 맛날 수가 없다. 오산삼거리 식당에서 시원한 열무국수로 체내 열기를 냉기로 바꾼다.

양주산성으로 향하는 정맥길로 다시 들어선다. 호명봉까지 300m 업힐 등산로는 잘 정비되어 크게 힘들지 않다. 정상에 오르니 노인이 누워 독서하고 있다. 호명봉을 내려오니 다시 한강봉 업힐 300m가 기다리고 있다. 한강봉 정상의 8각 정자는 바람에 기와가 날아가 훼손되어 있다. 조망 확보를 위해 주변 큰 나무들을 베고 철쭉으로 대체해 놓았다. 시원한 바람이 땀을 식혀 준다. 한강봉부터는 완전 실크로드이다. 말로만 듣던 벽제공원 묘지를 지나 울대고개까지도 역시 신나는 다운이다. 울대고개로 내려서니 오랜 다운으로 두 팔이 저려온다. 온종일 군부대의 총소리가 들린 하루였지만 무사히 한 구간 끝난 것에 감사한다.

양주 축령고개부터 울대고개

30.0km 9시간 58분

라이딩 기록

날짜
14.08.12

시간
06:27:38
-
16:26:13

누적 고도
1369m

도보
42%

라이딩
58%

호명산, 한강봉, 챌봉 등 500m 남짓의 고만고만한 봉우리들이 진을 빠지게 했다.

원래 한북정맥길은 임꺽정봉에서 보이는 벙커까지 가야 하는데 군부대로 가로막혀 안부에서 양주 오산삼거리로 내려가야 했다.

골프장 펜스 때문에 천보산 능선길을 1km 더 지나 다운해야 했고, 동두천 시내로 접어들어서는 우수관로를 지나야만 했다.

지도상 장명산은 쓰레기 매립장이 되어 있었다. 한참을 헤매다 군부대 벙커길 위에서 장명산 표지석을 발견했다.

한북정맥 6회차, 양주 석굴암 입구부터 일산 장명산

2014년 9월 13일   노고산 – 옥녀봉 – 견달산 – 고봉산 – 장명산

　　오랜만에 한북정맥을 다시 이어본다. 오늘이 주말이라 등산객이 많은 6구간을 다음으로 미루고 7구간을 먼저 하기로 결정하고 출발한다. 이곳 들머리도 군부대가 가로막아 정맥길을 제대로 이어갈 수 없다. 무명봉 정상에 올라 군부대의 담장을 따라 계속 진행한다. 담장에 핸들이 자꾸 걸린다. 노추산 오르려는데 군인이 제재하며 길이 없으니 돌아가란다. 내 보기엔 틀림없이 이 길이 정맥길인데 돌아가라고 하니 난감하다. 한참을 옥신각신하다 결국엔 통과. 조금 올라가니 군사 도로가 나온다. 노추산은 전체가 군사지역이다. 군사 도로에서 좌로 틀어 조금 지나니 헬기장이 나온다. 북한산과 도봉산이 한눈에 들어오지만, 역광이라 눈이 부시다. 간 큰 비박꾼들이 비박을 즐기는 곳인 것 같다.

아기자기한 싱글길은 MTB 타는 이들이 좋아할 만한 코스이다. 싱글길 자체가 완만하고 도시에 인접해 등산객들도 많다. 간간이 편의점에 들러 물과 간식을 보충하는데 갈림길이 많아 정맥길 찾기가 쉬운 게 아니다. 인내를 갖고 길 찾는 데 유의경을 써야 한다. 잔차의 앞샥 에어가 빠져 다운이 원활치 않다. 일산 시내에 들어오니 인공폭포가 보인다. 넓찍한 도로, 잘 정리된 조경, 고층 아파트들이 한북정맥을 차지해 정맥길의 의미가 사라진 듯하다.

고봉산 정상은 군사시설이라 트랭글 뱃지를 획득할 수가 없어 울타리 밑까지 올라가서 획득해야 했다. 한북정맥의 끝자락인 장명산 근처까지 왔는데, 있어야 할 장명산이 보이지 않는다. 서운한 마음 주체 못하고 혹시나 해서 옆에 보이는 작은 봉우리를 올라서 보니 장명산 정상석이 보인다. 버림받은 자식같이 애처롭게 자기 자리에서 밀려나 이곳에 외로이 서 있는 게 아닌가. 한북정맥 종주자 대다수가 이 조그만 정상식을 보지 못하고 끝맺음을 하는 것 같다. 장명산 정상서에서 한북정맥 마지막 타종을 친다. 오늘 거리는 45km 이상으로 지금까지 정맥길 중 가장 긴 거리였다. 원점 회귀까지 합쳐 11시간 동안 총 80km 넘게 페달링을 한 날이다.

한북정맥 마무리하려면 일산 시내를 관통하여 인공 주상절리와 인공폭포를 보며 아파트단지 사잇길도 통과해야 했다.

노고산에서 좌로 틀어 조금 지나니 비박꾼들이 점령한 헬기장이 나왔다. 가야 할 도봉산 북한산의 조망이 말할 수 없이 아름다웠다.

도봉산에서 바라본 서울시내의 조망이다.

한북정맥 완주를 축하하기 위해 동행한 오오환, 박미라 님 덕분에 더욱 즐거운 라이딩이었다. (7구간을 먼저 마치고 6구간에서 한북정맥을 완주했다)

한북정맥 7회차, 양주 울대고개부터 석굴암 입구

2014년 9월 16일   사패산 - 도봉산 - 상장봉

　한북정맥의 마지막 구간이다. 서울 근교 국립공원 지역이라 등산객이 많고 암릉으로 이루어진 험로를 잔차와 함께 무사통과할 수 있을지 걱정이다. 오늘은 오오환, 박미라 산우가 함께 나선다. 군사시설인 벙커를 여러 개 지나 육산으로 된 비등로를 오른다. 걱정과 달리 탈바 구간이 많아 제법 수월하다. 일행들보다 한발 앞서 둘레길까지는 달려 나간다. 이내 바위들이 나오고 업힐이 시작되어 조금 오르니 사패산 정상이다. 멋진 조망에 넋을 잃는다. 한북정맥이 한눈에 들어온다. 두 눈으로 한북의 맥을 이어본다.

　사패능선과 포대능선은 가는 곳마다 확 트인 시야가 장관이다. 겹겹이 쌓인 능선 사이 골짜기마다 운해가 들어서 더욱 아름답다. 오늘은 산우들과 함께하니 더없이 즐겁다. 간혹 만나는 등산객들도 위로와 격려의 말을 건네준다. 계속되는 업다운 속에 마침내 도봉산 정상에 오르니 360도 파노라마가 펼쳐진다. 잠시나마 도봉산 주인이 되어 기세등등하게 사방을 돌아보다 갈 길이 급해 서둘러 내려온다. 잦은 등고 폭을 얼마나 오르고 내렸는지 발목이 시큰거린다. 오봉 삼거리에서 일행들이 가져온 플래카드를 펼쳐놓고 한북정맥 종주 기념 인증사진을 찍는다.

　한북정맥 도봉산 구간 중 우이령부터 우이암까지는 비등로라서 감시초소를 피해 지나야 한다. 암릉으로 이어진 상장봉 능선은 비등로여서 안전로프가 설치되어 있지 않다. 손에 잡을 것 하나 없이 깎아지르는 암릉을 잔차 메고 통과하는 것이 때론 섬뜩하기도 했다. 상장봉에 다다르니 이곳 또한 천하제일의 조망처이다. 하산하는데 대포 소리와 총소리가 바로 아래에서 들린다. 오늘 구간은 걱정했던 것보다 쉽게 끝냈다. 같이해준 일행들 덕분이다. 오늘로써 힘겨운 한북정맥을 마무리한다. 군부대 골프장 사유지 등에 막히고 도시 주거 지역을 통과하느라 길을 잃고 헤매느라 우여곡절도 많았다. 점점 더 훼손되어 가는 이 땅의 자연을 보고 가슴이 아프기도 했다. 사소한 쓰레기 하나도 함부로 버리지 말아야겠다고 다짐하며 한북정맥을 마무리 짓는다.

가끔 만나는 등산객들이 깜짝깜짝 놀라고 한참씩 쳐다보며 묻고 또 묻는다. 그러거나 말거나 나는 나대로 자아도취에 빠져 멋진 라이딩 행복감을 즐긴다.

우이령을 지나는 와중에 다람쥐 밥을 훔쳐 먹은 일행들이 사레가 들어 연신 기침을 한다.

사패산, 도원봉, 우이암, 상장봉을 지나 북한산 국립공원에서 한북정맥 완주를 자축했다.

제4부

한남금북정맥

2014.10.06~2014.10.22(6구간)

속리산 천왕봉을 어디로 올라야 하나 고심끝에 거리가 짧고 원점회귀가 쉬운 삼가저수지에서부터 오르기로 했다.

한남금북정맥 1회차, 상주 천왕봉부터 말티고개

2014년 9월 20일   속리산 - 서원봉

　오늘은 한남금북정맥길의 첫째 날이다. 과연 한남금북은 어떤 모습을 하고 있을까 걱정 반 근심 반이다. 들머리인 천황사로 내비게이션을 찍고 집을 나선다. 삼가저수지 댐 공사로 길이 막혀 우회하는 소동 끝에 출발점에 도착한다. 천황사부터 천왕봉까지는 2.6km인데 고도는 1,000m가 넘는다. 빡센 업힐을 마치고 천왕봉에 올라서니 맑고 청렴한 가을 하늘이 날 반긴다. 내 눈에는 낯설지 않은 속리산 능선과 백두대간이 이어진다. 끝도 없이 펼쳐진 수많은 봉우리가 백두대간 마루금을 잇는다. 가까이는 청화산, 대미산, 희양산, 멀게는 월악산, 황장산까지도 조망된다. 한남정맥과 금북정맥도 보이는데 제대로 이었는지 모르겠다. 백두대간은 봉우리들이 높아서 잇는 데 무리가 없었지만, 한남금북정맥은 뚜렷한 봉우리들이 보이지 않기 때문이다.

인증사진 찍고 무사 완주를 빌며 한남금북정맥길에 본격적으로 들어선다. 정맥꾼들만 다니는 비등로라서 거친 암릉과 깎아지르는 내리막길을 지나야 한다. 숲 사이로 간간이 구병산이 보인다. 그러나 꽉 들이찬 숲에 밀려 조망도 없고, 경사가 급해 딜바가 어렵다. 암릉에 자갈밭이 섞여 있어 위험하기 그지없는 와중에 다운하다가 인징에 갈비뼈가 부딪쳐서 통증을 느낀다. 아침 식사도 못 하고 출발한 터라 구병산이 보이는 조망터에서 도시락을 먹으며 허기를 달랜다.

갈목고개에서 말티고개까지는 오르막 내리막이 반복되어 힘이 두세배는 더 든다. 화엄이재부터는 신설된 임도가 보여 그리로 가고픈 유혹도 들었다. 547봉에 이르니 지금까지 지나온 봉우리들을 볼 수 있다. 속리산 묘봉부터 문장대를 비롯해 천왕봉을 어우르는 주능도 멀리 한눈에 들어온다. 말티고개에서 인증사진 찍고 다음 들머리 확인하고 원점 회귀하는 10km 로드 다운 시작이다. 소나무 사이로 레일바이크와 관리가 잘된 숲 체험관, 돔으로 된 이색적인 펜션 건물도 보인다. 수백 년을 속리산과 함께 지켜온 소나무가 아름답다. 정원수로 어울릴만한 소나무들 사이를 온종일 끌바와 멜바로 지나간다. 탈바 구간은 전체 구간의 50% 정도 안 된 듯하다.

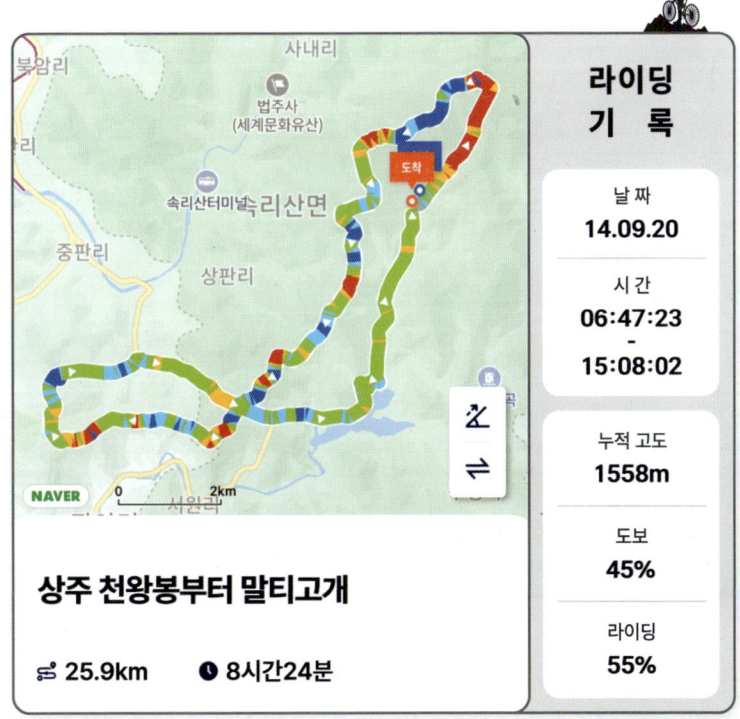

라이딩 기록

날 짜	14.09.20
시 간	06:47:23 - 15:08:02
누적 고도	1558m
도보	45%
라이딩	55%

상주 천왕봉부터 말티고개

25.9km　8시간 24분

1,058m 천왕봉은 탈바 없이 오롯이, 거기다 배낭까지 짊어지고 올랐다. 고행길을 무슨 생각을 하며 올랐을까 다시 반문하고 싶을 뿐이다.

낙동정맥에 금강송이 있다면 이곳 한남금북정맥 등산로에는 멋진 한옥에서나 볼 수 있는 소나무들이 아름다운 자태를 뽐내며 지나가는 날 반겨주듯 했다.

한숨 돌리니 그제야 세상을 벗어난 승천길 같은 천왕봉 파노라마가 펼쳐진다. 대야산, 희양산, 월악산 등 발아래 산들이 이리도 아름다울 수가 있을까.

근 3km 이상 신나는 탈바 이후부터는 정맥꾼들의 등산로이다. 낮은 등고 폭이지만 길이 험해 힘은 몇 곱절 들고 두 다리의 상처는 점점 더 늘어만 간다.

한남금북정맥 2회차, 보은 말티재부터 대안삼거리

2014년 10월 1일   탁주봉 - 시루봉 - 구봉산

　열흘 만에 다시 정맥길을 나선다. 새벽 4시 40분 기상해 좀 늦은 감이 있지만 서두른다. 자동차 주유도 안 해 놓고 출발하려니 어딘가 모르게 불안하다. 아침은 고속도로 휴게소에서 먹으려고 했는데 지나치고 말았다. 오늘 들머리 말티재에 도착해 대충 장비를 정리해 출발한다. 빡센 업힐 한 피치 오르는 것도 벅차게 느껴진다. 출발할 때는 추웠는데 금세 땀으로 범벅된다. 무명산 정상에 오르니 산야초 재배지에 철책을 만들어 길을 가로막는다. 철책 따라 3km 넘게 이동해야 했다. 업다운이 많아서 쉽게 지친다. 나지막한 산들이 이어져 있는 한남금북정맥은 일반 등산객들보다는 정맥꾼들의 등산로라서 폭이 좁고 잔차를 탈 만한 곳이 없다. 이리 치이고 저리 치이고 꼬불꼬불한 등산로가 사람을 지치게 만든다.

10km를 거의 끌바만 하다시피 해 10시 좀 지나 구티재에 도착했다. 1km쯤 내려가 산외면 소재지에 당도하니 식당이 보인다. 그중 한 식당에서 아침 겸 점심으로 시골밥상 한 상 거하게 받고 다시 힘든 오르막으로 향한다. 이곳 정맥길은 유난히 쓰레기가 많고 수풀이 꽉 차 조망도 없다. 그지 떨어진 도토리만 바라보며 진행한다. 탁주봉에 오르니 비로소 조망처이다. 속리산 능선을 바라보며 잠깐 휴식을 한다. 시루봉 가기 전 어느 무속인이 소나무 밑에 기도 터를 만들어 놓았다. 나도 마음으로 정맥길 여정의 무사함을 빌어본다.

　밥을 먹고 나니 진행 속도가 더욱 느려진다. 걸리고 자빠지고 고꾸라지고 어느 곳 한 군데 안장에 앉을 만한 데가 없다. 급업힐과 급다운에 힘은 몇 배로 더 들고 거리는 줄지 않는다. 해지는 저녁은 다가오는데, 가야 할 목적지는 까마득해 결국 계획한 목적지까지 못 가고 대안삼거리에서 끝내기로 한다. 말티재까지 원점 회귀해야 하는데 일단 보은까지는 라이딩하기로 한다. 6km 정도는 그런 데로 갈 만하더니 그 이후로는 페달링이 안 된다. 보은 시내로 들어와 편의점에 들러 갈증부터 달래니 도저히 계속 갈 힘이 없다. 택시를 불러서 말티재로 이동해 오늘 하루를 마무리한다.

탁주봉에서 망중한에 빠진다. 속리산 천왕봉, 신선대, 문장대, 묘봉, 상학봉, 비로봉 등 많은 봉우리가 심장을 요동치게 만든다.

산내면 한 식당에서 따듯한 시래깃국에 밥 말아 뚝딱하고 공깃밥 수가해 게 눈 감추듯 먹어 치우고 다시 구티재로 오른다.

한남금북정맥은 유난히 물병과 캔 종류의 쓰레기가 등로 곳곳에 있어 마음이 안 좋았다.

전 구간 체력 고갈로 1km가량 진행을 못 한 덕택에 오늘 이렇게 환상적인 운해를 볼 수 있었다.

한남금북정맥 3회차, 보은 대안삼거리부터 산성고개

2014년 10월 4일   국사봉 – 대항산 – 선도산 – 것대산

　오늘은 대안삼거리가 출발점이다. 지난 회차에서 체력 고갈로 남은 1km를 채우지 못하고 중도 포기해야 했던 지점이다. 대안삼거리까지 운전해 가는 내내 안개가 심해 속도를 낼 수 없다. 라이딩 시작하는데 안개가 너무 짙어 나뭇잎에서 물방울이 낙숫물처럼 쏟아져 등산화도 금세 젖는다. 기온이 낮은 데다 옷까지 젖으니, 체온이 뚝 떨어진다. 그렇게 한 피치 오르니 운해가 펼쳐진다. 숲 사이로 비치는 운해가 가는 내내 장관이다. 등산로에 시그널이 덕지덕지 붙어 있는 거로 보아 지나간 정맥꾼들이 적지 않은 듯하다. 오전 내내 운해를 보며 라이딩하며 13km를 지났다.

점심을 해결해야 나머지 구간을 완주할 수 있을 듯싶어 미원면으로 이동해 뼈다귀해장국으로 해결한다. 점심 후에는 해발 500m 되는 산들이지만 탈바가 되어 속도가 제법 났다. 일부 구간에서는 등로가 너무 좋아 신나게 속도를 내어 달리다 망개넝쿨에 핸들이 걸려 대형 사고가 날 뻔했다. 오늘은 컨디션이 다른 날보다 좋아 업힐 멜바도 힘든 줄 모르고 오르막 라이딩도 힘차게 달린다. 한남금북정맥에 들어와서 처음으로 정맥꾼들의 모습을 본 날이기도 하다.

　업힐 탈바가 많은 탓에 엉덩이가 땀으로 쓸려 통증이 엄습한다. 청주 현암리에 도착하니 오늘 목표 구간은 완성했는데 체력과 시간이 넉넉해 조금 더 가보기로 한다. 것대봉에 도착하니 패러글라이딩 이륙장이 있고 청주 시내가 한눈에 들어온다. 인증사진 찍고 조금 더 가니 여러 개의 나지막한 봉수대가 잘 보존 되어있다. 그런데 봉수대 안이 온갖 쓰레기들로 꽉 차 있다. 유난히 한남금북정맥길에는 정맥꾼들이 버린 쓰레기들이 많았다. 봉수대에서 정맥길을 따라 산성고개로 이동하니 구름다리가 나오고 한남금북정맥이란 표지목이 눈에 보인다. 이후 10km를 잔차로 원점 회귀하는 도중에 엉덩이가 아프고 체력도 소진되어 택시를 불러 오늘 구간을 마무리한다.

이름도 없는 봉우리를 향해 등로도 없는 길을 헤쳐 나간 정맥꾼들의 흔적을 따라가면서 과연 그들은 무엇을 위해 이 길에 나섰을까 생각해 본다.

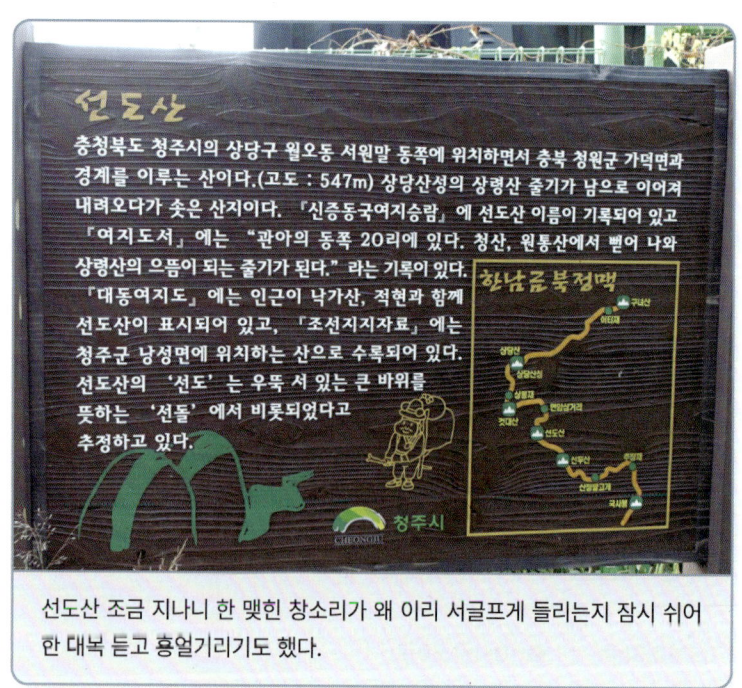

선도산 조금 지나니 한 맺힌 창소리가 왜 이리 서글프게 들리는지 잠시 쉬어 한 대복 듣고 흥얼거리기도 했다.

한남금북정맥 이정표가 큼지막하게 세워져 있다.

지도상 확인하고 찾아간 식당이 폐업하여 허기진 배로 구좌산까지 가야 했다. 다행히 등산객으로부터 김밥 한 줄 얻어먹을 수 있어 감사하기 그지없었다.

한남금북정맥 4회차, 청주 산성고개부터 모래재

2014년 10월 7일   상당산 - 구좌산 - 칠보산 - 쪽지봉

　요즘 정맥하기 좋은 날씨라 3일 만에 다시 정맥길에 들어선다. 청주 상당고개 들머리에서 준비하고 출발한다. 600m가량 올라갔는데 물병이 안 보인다. 그냥 갈까 하다가 나의 생명수이기에 다시 돌아가 시작부터 1km 넘게 알바했다. 한참을 오르니 상당산성이 나온다. 인증사진 찍고 성벽을 따라 2km 정맥길을 잇는다. 잘 보존된 정교한 성벽이지만 성벽에 정맥길 표시가 없어 길 찾기가 쉽지 않다. 조금 더 가면 멋진 조망처가 나올까 기대감에 오르지만, 멋진 운해를 보지는 못하고 이티재에 다다른다. 오늘 구간 13km쯤 식당이 있어 밥을 준비하지 않았는데, 식당에 도착하니 문을 닫아버렸다. 다른 식당에 가려면 한참을 가야 하기에 식사를 포기하고 정맥길로 돌아간다.
　율리고개 위 구좌정에 오르니 증평 율리 대회 코스가 한눈에 들어오고, 밥을 못 먹어서 갈 수 있을지 불안한 마음으로 다시 출발한다.

535봉까지 빡센 업힐이다. 천문대에 다다르니 일반 등산객들이 산에 오른다. 대충 물로 배를 채우고 등산객을 앞서가 구좌산 정상에 도착한다. 벤치에 앉아 점심 먹던 등산객들이 식사를 권한다. 염치불고하고 얻어먹은 뒤 깍듯이 예의를 갖추고 다시 출발한다. 여기부터는 일반 등산로가 아니라 정맥꾼들만 다니는 길이다. 가시넝쿨로 가로막혀 앞도 잘 보이지 않는다. 간신히 쪽지봉 정상에 닿았지만, 휑하니 길만 있고 아무것도 보이질 않는다.

　송인산 갈림길 정상에 오르니 이 높은 산에다 가축을 방목하는 듯하다. 이후 채석장도 보이고 개인소유 산인지 철조망이 진행을 가로막는다. 보광산 관광농원에 내려서니 잘 정비되어 아름답다. 농원 정문을 빠져나와 다음 들머리를 찾는데 보이질 않는다. 지치고 허기지고 쓰러지기 일보 직전이다. 조금 가다가 택시를 부를 요량으로 증평 쪽으로 가니 증평 청주 안내판이 보여 따라 오른다. 43번 지방도로라 쓰여 있었는데 도로 끝에 다다르니 자동차 전용도로라 쓰여 있다. 택시를 부르려고 해도 보이질 않아 상당고개 밑까지 왔다. 정맥길을 마치고 원점 회귀하는 도로 라이딩이 너무 힘들었다. 앞으로 무조건 택시를 이용하기로 마음먹는다.

신나는 다운길 앞에 염소, 돼지, 양 등을 방목하는 듯한 농장이 나타났다. 나무껍질이 벗겨지고 뿌리가 다 드러나 산이 완전히 초토화되어 있었다.

오늘의 목적지 모래재에 도착하니 아무것도 없는 고갯마루이다. 개통이 얼마 안 된 듯한 자동차 전용도로를 신나게 내달려서 원점 회귀했다.

많은 정맥꾼들이 무엇을 찾으려 이곳을 통과했을까? 각자의 목적과 생각은 다르겠지만 적어도 완주라는 목표 한 가지는 똑같지 않을까 한다.

300m 고도를 단숨에 치고 오른 큰산에 멋진 팔각정이 있다. 지나온 한남금북 정맥을 그어 볼 수 있는 천상의 조망터이다.

한북정맥 5회차, 괴산 모래재부터 음성고속휴게소

2014년 10월 9일 보광산 - 큰산 - 보현산 - 소속리산

　이틀 만에 한남금북정맥에 자전거를 올린다. 피로가 덜 풀린 듯하지만, 마음을 다잡고 출발한다. 새벽 땅거미가 걷히는데 뒤에는 아직 둥근 달이 떠 있다. 모래재에서 출발하며 철저히 준비한다고 했는데 헬멧을 빠트렸다. 700m 가서 되돌아가니 오늘도 시작하자마자 1.4km 알바이다. 보광산 빡센 오르막길 오르는데 뒤에서는 골재공장의 파쇄 기계 소리가 요란하다. 보광사에서는 청아한 염불 소리가 들린다. 이른 새벽 염불 소리가 마음의 평온함을 갖게 한다. 이색적인 석탑을 지나고 암자 터가 나오는데 예전에는 꽤 유명한 절이었던 것 같다. 오늘도 운무로 조망이 좋지는 않다. 이후 등산로는 인생사만큼이나 다채롭다. 아우토반 같은 시원한 등산로가 있는가 하면, 가시넝쿨 동물 이동로 같은 길도 있다. 등산로 어디에나 밤 가시가 산재해 있다.

등산로 자체가 육산으로 이루어져 위험부담은 적은 산이다. 음성 군청에서 한남금북정맥길을 정비하고 있는 듯하다. 휴게소에 들러 김치찌개 백반으로 민생고 해결하고 다시 가파른 산길을 오른다. 정맥길 우측에 반기문 전 유엔 사무총장의 생가가 있는데, 그의 집이 한남금북정맥을 끼고 있어 좌청룡 우백호 명당이라 한다.

　신나게 다운하다가 어디에선가 물병을 떨어뜨렸다. 회수하러 가야 하나 말아야 하나 고민하다 그냥 가기로 한다. 대신 500ml 생수병을 꺼내 잔차 물병꽂이에 꽂고 라이딩했는데 얼마 안 가 다시 빠져 나갔다. 남은 생수 500ml 갖고 앞으로 13km를 버텨야 한다. 그런데 인생 죽으라는 법은 없는지 약수터가 나온다. 남은 물병 가득 채웠지만 해는 저물고 거리는 아직 많이 남아 마음이 급하다. 다운하다가 펑크가 나 응급조치 후 출발하려는데 앞쪽도 공기압이 낮아 다시 주입한다. 음성 꽃동네 뒷산의 싱글길을 지나 음성고속도로 휴게소에 다다르니 다운하는 급경사 나무 계단이 보수가 안 되어 위험하다. 다시 음성 시내로 15km 이동하니 어두워지기 시작해 택시를 불러 원점 회귀하니 깜깜한 밤이다. 허기진 배를 순대국밥으로 해결하고 온양에 도착해 피로한 몸을 온천욕으로 달랜다.

5회차, 괴산 모래재부터 음성고속휴게소

운무 깔린 보광사의 맑고 청아한 염불 소리에 장단 맞추며 업힐을 비교적 쉽게 할 수 있었다.

행치마을은 큰산과 보덕산이 좌우에서 감싸고 있는 좌청룡 우백호의 명당 자리라 한다. 이곳에서 찌개백반 거하게 먹고 출빌한다.

물병이 어디선가 빠져나가 되돌아가 찾아야 하나 망설이다 생수병 다시 꽂고 출발했지만, 그 또한 사라져 버렸다. 다행히 생명수인 약수터가 나타났다.

험악한 싱글길을 지나다 보니 자전거 잔고장이 잦아진다. 브레이크 패드는 보통 4~5회차, 짧으면 2~3회차 마치면 갈아야 하고 타이어 펑크는 일상이 된 지 오래다.

한남금북정맥 6회차, 음성고속휴게소부터 죽산휴게소

2014년 10월 18일 갈미봉 - 대야리산 - 마이산 - 삼막골산 - 칠장산

　　한남금북정맥을 마무리하는 날이다. 시작점 모래재에 도착했는데 출발하기에는 너무 이른 시간이라 다시 한번 지도 공부를 하며 오늘 구간을 숙지한다. 철저히 준비하고 1.5km쯤 갔는데 뒤 브레이크가 잡힌 채 풀리질 않는다. 바퀴를 분리해 살펴본 뒤 새 브레이크 패드로 교체하고 다시 출발한다. 음성 시내 구간은 정맥길로 도로가 나 있어 산업단지를 지나야 한다. 그런데 막다른 길이거나 담장이 가로막아 정맥길 찾기가 보통 어려운 게 아니다. 도로로 가다 보니 도랑이 나와 다시 돌아간다. 대간과 정맥의 원칙상 물을 건너는 길은 대간길이나 정맥길이 아니다. 비산비야 도로로 이어지는 정맥길로 근 17km 지나서야 다시 싱글길과 만난다.
　　잠깐의 알바를 거쳐 대야리산 정상에 도착하니 아까운 소나무들이 솔잎혹파리로 완전히 고사목이 되어있다. 마이산 정상에는 옛 산성터

가 있는데 흔적만 있다. 정맥길에서 드물게 15명의 단체 정맥꾼을 만났다. 한남정맥에 관해 물어보니 길 찾기가 매우 난해하다다. 음성 땅을 벗어난 정맥길은 도솔산으로 이어진다. 높지도 않고 조망도 없는 산인데도 트랭글 배지를 준다.

 제비월산까지는 안성CC를 끼고 계속 오르막이라 이곳에서 시간을 너무 많이 잡아먹었다. 칠장산에 다다르니 정맥 3분기 지점이라는 표지복이 가슴을 뭉클하게 만든다. 지나온 한남금북과 앞으로 갈 한남과 금북이 갈라지는 지점이다. 인증사진을 찍은 뒤 조망 좋은 칠장산 정상 헬기장에 오른다. 지나온 한남금북정맥길을 바라보며 무탈하게 마침을 감사한다. 정상에서 인증사진 찍고 트랭글을 재조정한다. 이제 한남금북정맥을 마무리하고 한남정맥 구간으로 들어서기 때문이다. 철탑로를 따라 7km를 다시 멋지게 다운한다. 오전에 많이 타 둔 탓일까 오후 시간이지만 마음의 여유가 있고 기분이 좋다. 죽산휴게소 날머리 지점에서 길을 잃어 고생해야 했다. 편의점에 들러 목마른 갈증을 해소하고 나니 여느 때와 달리 시간상 여유도 있고 남은 체력도 충분하다. 로드 라이딩으로 30km를 원점 회귀한다.

안성 칠장산에는 고려 현종 5년에 해소 국사가 이곳에 머물면서 7명의 악인을 현인으로 만들었다는 고찰 칠장사가 있다.

백두대간에서 내려오다 속리산 천왕봉에서 분기한 한남금북정맥을 이번 구간으로 마무리한다.

> 한남금북정맥을 칠장산에서 마무리하고 한남정맥으로 이어 나간다. 38번 국도 휴게소에 들러 갈증을 해소하고 오늘 힘겨운 라이딩을 마친다.

제5부
한남정맥

2014.10.27~2014.11.14 (5구간)

안성 추모 공원을 지나며 누구는 자손을 잘 두어 좋은 곳에 묻히고 누구는 그보다 못한 곳에 묻히니 이 무슨 의미일지 생각해 본다.

한남정맥 1회차, 안성 죽산휴게소부터 무네미고개

2014년 10월 24일 뒷산 - 국사봉 - 달기봉 - 구봉산 - 문수봉

    안개가 자욱한 새벽, 들머리인 안성 죽산휴게소를 찾아간다. 10m 앞도 보이지 않는 안개 속에서 길을 찾기가 여간 힘든 게 아니다. 죽산휴게소 도착하니 5시 40분. 시간이 너무 일러 차에서 기다린다. 6시 30분에 출발했는데 나무에서는 빗방울이 떨어지고 바닥에서는 이슬에 냉기가 엄습한다. 그래도 국사봉까지 경사가 완만해 탈바가 많아 진행은 빠른 편이다. 국사봉을 지나 가현치까지도 신나는 탈바다운이다. 천주교 공원묘지를 올라가는데 벌목 지역에 산초나무와 아카시아가 무성하다. 조심한다고 했는데도 산초나무 가시에 타이어 펑크가 났다. 공원 묘역부터도 탈바의 연속이다. 구봉산은 멜바를 하고 힘들게 오른다. 무인 산불 감시 초소에서 길을 착각해 1킬로 알바를 했다. 다음 구봉산까지 완만한 경사도 때문에 수월하게 올라가고 구봉산 내리막길도 연속 탈바 구간이라 진행이 빠르다.

위성 기지국을 지나고도 낮은 야산으로 이어지는 탈바 구간이다. 20km 지점에서 청국장으로 미생고 해결하고 문수봉을 향해 오른다. 오늘 봉우리 중에는 최고로 가파른 구간을 지난다. 규모가 어마어마한 현대식 사찰도 나타난다. 현대식 건물로 축조한 범류사가 문수산 오르는 초입에 자리 잡고 있다. 다시 가파른 멜바 구간을 지나니 약수터가 보이고 특이한 마애불상도 지나친다. 이후 펼쳐진 산죽밭이 마음에 여유로움을 준다. 문수봉에 오르니 등산객이 잔차 보고 놀란다. 문수봉 이후에도 약간의 등락 폭은 있었으나 계속되는 탈바라 수월하다. 어마어마한 유류 저장 창고도 지난다. 망루에 벙커까지 경비가 삼엄하다. 가시나무에 두 번째 펑크가 나서 다시 수리해야 했지만, 오늘은 백두대간과 정맥 통틀어 평속이 가장 빠른 구간일 것 같다. 탈바 구간이 많았기 때문이다. 힘이 남아 원점 로드도 그리 어렵지 않았다. 논둑길도 지나고 자동차 전용도로도 지나며 최대한으로 짧은 거리를 질주해 오늘 한남정맥의 첫 구간을 마무리한다.

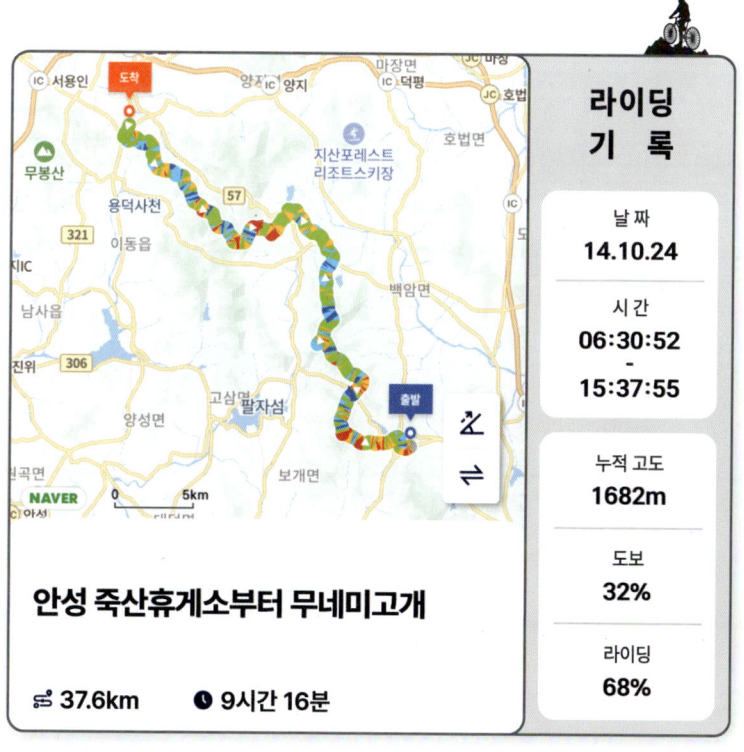

신원 CC 가로질러 정맥길 따라 라이딩하는데 누군가가 쫓아온다. 뒤돌아보니 관리인인 듯하다. 골프장을 전속력으로 통과했다.

청국장으로 중식 해결 후, 용인시 원삼면 법륜사 염불 소리에 한 발짝 한 발짝 박자 맞추며 조금이라도 힘듦을 잊으려 한다.

바위에 불상이 새겨져 있다. 신체에 비해 얼굴이 크고 손과 발이 단순하게 표현된 점 등을 볼 때 고구려 초기 작품으로 추측한다고 한다.

함박산에 오르니 공들여 쌓은 돌탑이 보인다. 무슨 연유에서 쌓아 올린 돌탑인지는 모르나 이곳 돌과 파쇄석 및 강돌로 하나하나 운반해 쌓아 올린 돌탑이다.

한남정맥 2회차, 용인 무네미고개부터 버들치고개

2014년 10월 26일 함박산 - 부아산 - 금박산 - 석성산 - 매봉

오늘은 용인 시내를 통과해야 하는 구간이다. 출발이 늦어 휴게소에서 우동과 김밥으로 허겁지겁 아침 먹고 들머리 도착하니 9시 40분이다. 연무로 시야가 좋지 않다. 엠바와 탈바로 함박산에 오르다 길을 착각해 잠깐 알바를 했다. 늦게 출발해 다급한데 알바까지 하니 오늘 계획한 대로 완주할 수 있을지 걱정이 된다. 불안한 마음에 휴식도 없이 무리한 탈바를 강행한다. 학고개 터널을 지나 315 지방도를 횡단해야 하는데 6차선 도로에 통행량이 너무 많아 500m 지나 지하도에서 유턴해 다시 돌아온다. 용인 전철 에버라인에 막혀 또다시 지하로를 찾아왔다 갔다 해야 했다.

석성산 업힐은 경사가 완만해 탈바로 올라가는데 정상 부근에는 군부대 시설이 있는 듯 우회도로가 나온다. 석성산 정상엔 일요일이라 그런지 등산객이 엄청 많아 조망을 감상할 여유도 없어 사진 한

장으로 아쉬움을 달래고 급경사 암릉 구간을 내려온다. 다운 중 뒷드레일러가 나무에 걸려 벗겨져 정비하고 다시 출발했는데 이번엔 신발 클릿이 말썽이다. 클릿 수리 후 마성 톨게이트까지 내리막길을 달린다. 들머리를 찾지 못해 할미당 산성까지 길도 없는 길을 통과해 도착한다. 늦은 걸음을 재촉하며 급하게 다운하다 갈림길에서 길을 잘못 들어 알바를 하기도 했다. 골프장 따라 신나게 다운하니 용인 수지 아파트 지역이다. 정신 바짝 차리고 길을 찾아 경부고속도로에 접하니 그제야 하늘이 보인다. 땀으로 뒤범벅되어 편의점을 찾으나 보이질 않는다. 배는 고프고 날은 어두워지는데, 갈 길은 아직 멀다.

   정수장을 지나 초등학교를 끼고 돌아 시내권에 들어서니 애타게 찾던 편의점이 보인다. 그러나 시간도 부족하고 몰골도 흉측해서 들어가길 포기하고 싱글길로 들어선다. 매봉초등학교와 아파트 현장 사이 정맥길은 담장으로 막혀 있어 담치기로 정맥길을 잇는다. 오늘 목적지 버들치 고개에 도착해 다음 구간인 광교산 안내판을 머릿속에 새겨 놓고 경기대 쪽으로 다운한다. 오늘은 근 40km를 쉬지도 먹지도 못하고 달렸다. 광교사거리에서 택시를 불러 원점으로 회귀하며 안전하게 정맥길 한 구간 마무리함을 감사한다.

한남정맥길은 수지를 지나서 경부고속도로 신갈분기점 지하통로를 통과해야 한다.

영동고속도로 마성IC에서는 튀르키예군 참전비를 지난다. 그들의 희생에 감사하며 경건한 마음으로 묵념하고 지난다.

수도권 도심 속 정맥길은 많은 구조물로 막혀 훼손되어 있다.

형제봉, 광교산, 백운산, 수암봉 등은 한북정맥의 꽃이라 불리는 산들이다. 용인 수지에서 낮은 지역을 어우르다 이곳에 와 경기 북서부로 맥이 이어진다.

한남정맥 3회차, 용인 버들치고개부터 목감사거리

2014년 10월 29일 형케봉 - 비로봉 - 광교산 - 백운산 - 수암산

    고속도로 휴게소에서 늦은 아침을 먹고 난 후 버들치고개에서 시작한다. 광교산으로 향하는데 탈바, 끌바, 멜바로 이어진 능선길이 나온다. 380계단을 지나 형제봉 정상에 오르니 수원시 일원을 조망할 수 있다. 문안재까지는 등산로 정비 중이라 노면은 거칠지만, 재미있는 탈바 구간이다. 광교산 정상에 올랐는데 정상석이 정맥길에서 50m 벗어나 있다. 뿌연 운무로 시야가 확보되지 않아 조망은 별로였다. 백운산 오르막은 계단과 거친 암릉이라 쉽지 않다. 정상에 도착하니 지지대고개에서 수암산까지 정맥길 능선이 한눈에 들어온다. 버들치고개에서 백운산 정상까지 2시간 조금 더 걸린 것 같다. 대략 7km였는데 빠른 진행이다.
    이후 지지대고개까지 계속되는 탈바 다운 싱크로드 싱글길이다. 지지대고개에서 4차선 도로를 횡단해야 하는데 차량이 많아 어렵다.

1km쯤 가서 유턴해 돌아와서 정맥길로 다시 들어선다. 이후도 계속되는 싱글길이다. 30년 전에 건설업 하면서 내가 공사한 현장을 지나가기도 했다. 철로도 넘어야 해서 진철역을 통과했는데 정맥꾼이 봐서는 안 되는 물을 보며 지나갈 수밖에 없었다.
　점심을 소문난 추어탕집에서 해결하고 수리산 쪽 중간 쉼터끼지 탈바와 끌바를 번갈아 하며 오른다. 중간 전망대에 도착하니 지나온 광교산과 백운산이 시야에 들어오고 다시 빡센 업힐 끝에 도착한 정상에는 쉴 만한 공간도, 정상 표지석도 없다. 수리산 내리막길은 군부대 우회로를 찾아 확인하고 또 확인하며 지나간다. 수암산은 암릉으로 이루어져 올라가는 내내 힘들었지만 수암산 정상에 오르니 확 트인 시야로 지나온 백운산과 광교산 능선이 잘 드러난다. 소나무 전망대 쪽은 육산으로 이루어져 한참을 탈바 할 수 있었다. 마지막 다운은 군부대 철책이 가로막고 일반 등산로가 아닌 정맥꾼들의 등산로라 힘이 들었다. 경사진 돌탱이길을 3km 정도 끌바 한 듯하다. 이후 목감사거리까지 제대로 된 등산로는 없고 온통 가시넝쿨이다. 그마저 도로 공사로 정맥길이 막혀 우회할 수밖에 없었지만, 예상보다 빠르게 8시간 40분 만에 36.5km 정맥길을 완주했다.

혹시나 하는 마음에 근 30년 전에 머물렀던 하숙집을 찾아가 본다. 그때나 지금이나 변함없는 하숙집에서 한동안 옛 시절을 회상하기도 했다.

경부선 철도가 끊어 놓은 정맥길은 당정 역사를 통과해야만 한다. 골프장 철조망에 가로막혀, 보아서는 안 될 시냇물을 억지로 외면하며 걸어야 했다.

지지대고개 한북정맥 등산로에는 프랑스 참전 전적비가 있다. 변방의 작은 나라를 위하여 희생해 준 그들에게 깊은 감사의 마음을 전하며 통과했나.

도심 속 한남정맥을 찾아가기 위해 몸부림을 친 날인 듯싶다. 나지막한 등산로에는 운동하러 나온 사람들이 너무 많아 자전거를 타고 내리기를 수십번 반복해야 했다.

한남정맥 4회차, 시흥 목감사거리부터 경인고속도로

2014년 11월 3일   운흥산 - 청주산 - 거마산 - 철마산 - 만월산

　목감휴게소에서 아침 식사하고 출발한다. 시내 권역이라 길 찾기가 쉽지 않아 시작부터 30분 우왕좌왕해야 했다. 들머리를 겨우 찾으니 정맥꾼들이 어디로 갔는지 아무런 흔적도 보이지 않는다. 고속도로 갓길로 잔차를 타고 가서 간신히 굴다리를 찾아 통과한다. 운흥산으로 가는 길도 정맥꾼 자취를 찾아보기 힘들다. 운흥산 정상에서 인증사진 찍고 내려오는 길에도 시그널을 보기 힘들다. 아마도 많은 정맥꾼이 운흥산은 건너뛰는 모양이다. 8km 지점에서는 군부대와 고속도로 방음벽에 막혀 지나갈 수가 없다. 높지 않은 산이기에 쉬울 줄 알았던 오늘 정맥길은 장애물이 많아 더 힘들다. 고속도로가 막히고 국도에 막혀 갈팡질팡한 곳이 한두 군데가 아니다. 도심지역 등산로를 지나다 보니 산책하는 사람들이 많아 부담스러웠다. 나무 계단을 많이 만들어 놓아서 탈바도 할 수 없었다.

18km 지점에서 산책로가 나타나고 정맥꾼 시그널도 보이기 시작한다. 방금 지나온 난해한 구간을 피해 갔거나 아니면 보다 쉬운 길이 있는 것 같다. 거나 부천 지역에 들어와서는 정맥길이 확실하게 나타난다. 시야도 좋아 한북정맥인 도봉산과 북한산이 보이지만 아파트 빌딩 숲에 산이 있어 어색하다. 길 찾는 데 시간을 많이 허비해 계획했던 아라뱃길까지 가지 못하고 서인천IC에서 돌아서야 했다.

　오늘은 암과 사투를 벌이고 있는 친구의 전화 때문에 하루 종일 무거운 마음으로 정맥길을 이어갔다. 그 친구가 오후에는 문자도 보내왔다. 주는 것도 받는 것도, 또 남은 인생도 하나님이 만들어 놓은 수순을 밟아갈 뿐이라는 장문의 문자를 보고 항시 때가 있음을 느꼈다. 두 번 다시 오지 않을 인생이기에 이 어렵고 험난한 1대간 9정맥을 하는지도 모른다. 나를 보고 왜 그 힘든 것을 하냐고, 나이 50 넘어 뭐하냐고 비아냥거릴 사람도 있겠지. 그러나 다시는 돌아오지 않을 인생이기에, 꼭 한번 해보고 싶은 인생 마지막 숙제 같은 것이기에 이 고행을 감수하는 것이다. 내 직업과 가정, 부모님께 소홀할지라도 스스로 꼭 이루고 싶은 숙제이기에 온 힘을 다하는 것이다.

날씨가 좋아 북동쪽으로는 도봉산과 북한산이 돋보이는 하루였다. 서북쪽으로는 앞으로 갈 계양산이 손에 잡힐 듯 조망되었다.

고속도로 갓길을 자동차와 경주하듯 온 힘을 다해 400m를 달려야 했다. 같이 달리는 자동차들이 경적을 울려댔지만, 어쩔 수가 없었다.

고속도로 지하통로를 찾아 헤매야 하는 구간이다. 군부대도 많았고 사유지 철조망을 넘어가거나 기어들어 가야 했다.

경인 운하로 한남정맥의 맥이 끊겨 있다.

한남정맥 5회차, 인천 경인고속도로부터 김포 보구곶리

2014년 11월 11일   천마산 – 계양산 – 가현산 – 수안산 – 문수산

감기 때문에 갈까 말까 망설이다 출발하기로 한다. 경인고속도로 서인천에서 잘못 빠져 유턴을 3번이나 하고 들머리인 아나지골에 도착한다. 출발 초장부터 군부대 철책을 따라 오르는데 경고안내판이 등로마다 붙어있다. 멜바로 천마산 정상에 오르니 해가 떠오르기 시작한다. 256봉까지도 탈바가 거의 없고 돌탱이길에 꾸준한 업힐이다. 중구봉에서 인증사진 찍고 다시 돌탱이길을 한참 다운한다. 계양산까지 상당한 업힐이다. 초빈에 힘을 너무 소진했는지 성상부에 이르니 누 다리의 힘이 다 빠져 계양산까지 2시간이 걸렸다.

출발 3시간 만에 경인 운하 아라뱃길 휴게소에 도착했다. 잠시 휴식하는데 남은 50km를 어찌 끝내야 할지 걱정이 앞선다. 자장면으로 중식 해결 후 다시 출발한다. 타잔 MTB 파크를 지나고 할매산을 지나 세자봉 들머리까지는 정맥길을 제대로 이어갈 수 없고 최대한

정맥길에 붙어 가는 걸로 만족한다. 세자봉 빡센 멜바 후 다시 가연산 나무계단 어힘이다. 가연산 트랙글 뱃지가 없어 성상에 찾아갔지만 뱃지는 받을 수 없었다. 표지석은 정상에서 소급 내려온 곳에 있다. 가연산을 뒤로하고 수안산성까지 가는 길도 군부대 때문에 성백길을 찾을 수가 없다. 간신이 문수산 들머리를 찾고 이후 문수산 정상까지 근 300m는 멜바 구간이다.

  잔차를 왼쪽과 오른쪽으로 번갈아 가며 올라간다. 날이 어두워지고 있어 쉬지도 못하고 땀으로 목욕하며 오르는데 반쯤 오르니 우측에서 올라오는 다른 길이 보인다. 후들후들하는 다리와 비 오듯 땀에 젖은 몸을 이끌고 문수산 정상에 다다른다. 해는 뉘엿뉘엿 넘어가기 일보 직전이고 보수 중인 성벽과 아직 보수가 안 된 성벽이 대조를 이룬다. 시야 좋은 날 다시 한번 오르고 싶은 산이라 공사가 끝나면 다시 오마 약속하며 걸음을 재촉한다. 하산지점에 근접하자 어둠이 내린다. 오늘은 감기로 인한 체력 저하와 끊어지고 잘린 정맥길로 인해 오랜 시간이 걸렸다. 총거리도 무려 60킬로로 대간과 정맥을 통틀어 최장 거리이다. 우여곡절도 많았지만, 오늘로써 안성 칠장산에서 김포 보구곶리까지 한남정맥 다섯 구간을 마무리한다.

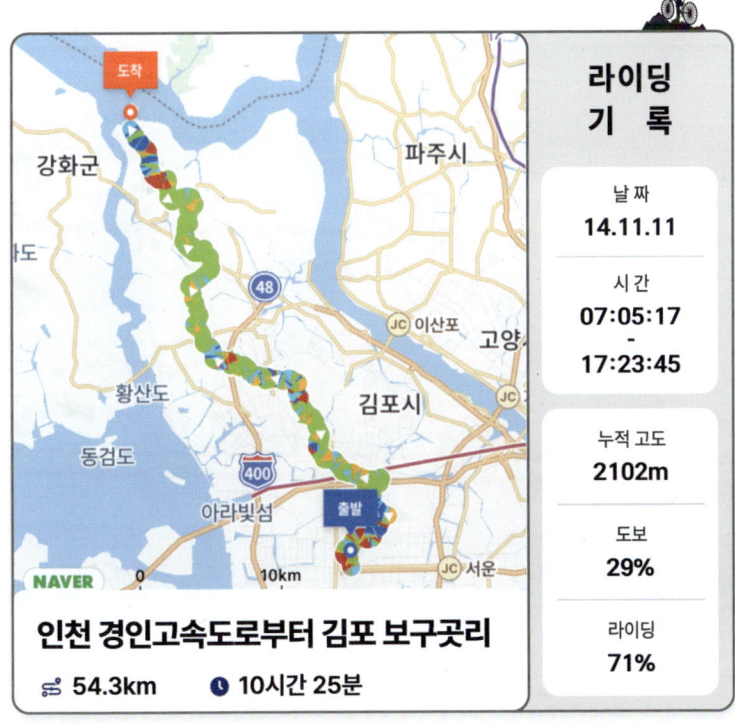

한남정맥은 도시개발로 정맥길 찾기가 어려웠고 군부대 주둔으로 인해 통제되는 구간도 많았다.

한남정맥 끝지점 보구곶리 넘어 아스라이 보이는 북녘땅이 아버님의 고향이다.

제6부
금북정맥

2014.11.20~2016.09.08 (11구간)

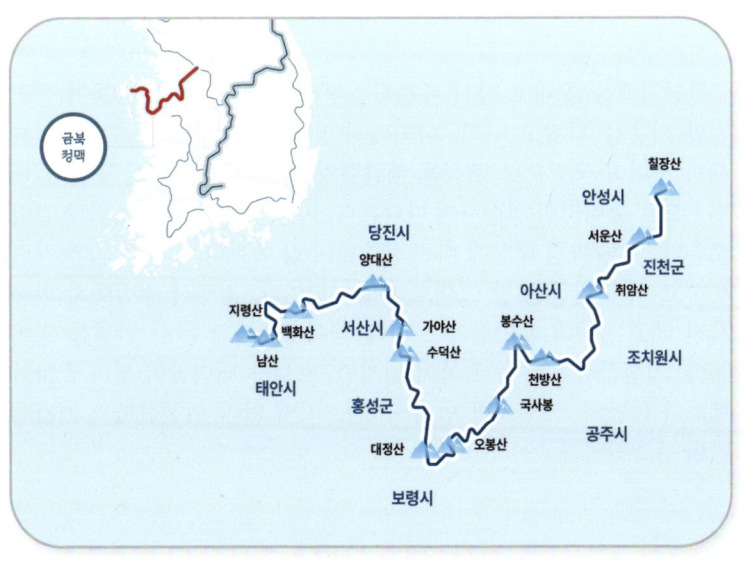

산죽 양쪽 잎새에 내린 하얀 서리가 태양 빛에 만개하여 하늘로 솟아오르는데 마치 선녀가 날개 달고 승천하는 듯한 기운이 느껴진다.

금북정맥 1회차, 안성 칠장사부터 부수문이고개

2014년 11월 19일   칠현산 - 덕청산 - 무이산 - 서운산 - 부소산

　한남정맥을 끝내고 잠시 주춤하는 사이 잠시 마음의 갈등이 생겼지만 마음을 다잡고 나의 '나와바리'인 금북정맥을 시작한다. 이른 새벽 소머리 국밥으로 조식을 해결했지만, 중식을 준비할 곳이 없어 빈손으로 들머리인 칠장사에 다다른다. 아침 일찍 등산객을 만나 같이 오른다. 이른 아침 태양에 비친 산죽밭이 참 예쁘다. 손끝이 약간 시린 듯하고 이제 단풍은 말 그대로 추풍낙엽이다. 칠장산 정상에서 인증사진 찍고 3정맥 분기점에 도착해 금북정맥길의 무사 안녕을 빌어본다. 칠현산까지는 등로 폭이 넓지만, 오르막 내리막이 잦아 갈바와 멜바가 많았다. 그렇지만 탈바 구간도 적지 않아 덕성산까지 시간이 많이 단축되었다.

덕성산 이후 150개의 계단을 지나는 내리막길도 신나는 탈바구산이나. 그러나 신악오토바이가 파놓은 돌길에 낙엽이 쌓여 여러 차례 넘어졌다. 아넬디 골프장에 도착하니 라이딩 거리가 20km가 넘었다. 점심을 먹어야 하는데 식당이 없어 계속 직진이다. 정성 들여서 쌓은 돌탑을 지나 무이산에 오르니 칠장산과 칠현산이 한눈에 들어오는 멋진 조망처이다. 서운산을 오르는 도중에는 배낭을 뒤져 영양갱 하나와 에너지바로 허기를 메꾸었다.

서운산 정상에 오르니 70대쯤의 부부가 꼬마김밥을 먹으면서 같이 먹자고 권한다. 생각 같아선 두 분을 기절시키고라도 뺏어서 먹고 싶은 생각이었다. 염치 불고하고 꼬마김밥 두 개를 게 눈 감추듯 해치우니 보온병에서 커피까지 나눠준다. 깍듯이 인사하고 조금 내려가니 막걸리 장사가 나온다. 달걀과 김밥까지 팔고 있어 여기서 제대로 점심을 먹었다. 서운산에서 엽돈재까지는 6km 이상 죽이는 다운코스이다. 중간마다 업힐은 있지만 환상의 싱글길이다. 엽논재에서 부소산 구간도 능선 구간은 모두 탈바 구간이다. 오늘 목표 지점 부수문이고개에 도착해 다음 들머리를 확인하고 나서 로드 다운한다.

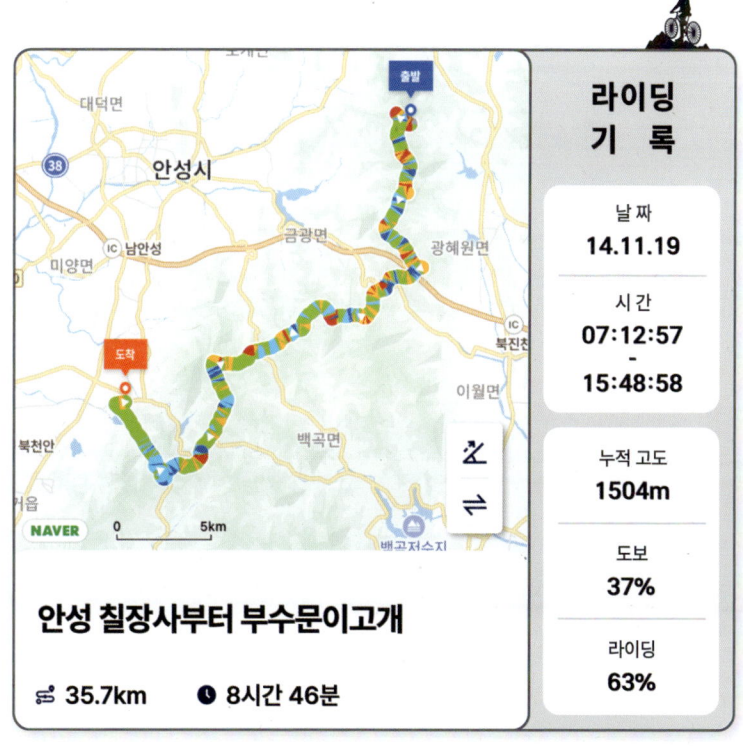

안성 칠장사부터 부수문이고개

35.7km　8시간 46분

라이딩 기록

날짜
14.11.19

시간
07:12:57
-
15:48:58

누적 고도
1504m

도보
37%

라이딩
63%

무이산은 금북정맥길에서 150m 벗어난 곁봉이다. 진천 광혜원 쪽에는 국가대표 선수촌이 있어 이곳 무이산을 체력 단련장으로 사용한다.

등고 폭도 심하지 않고 등로 폭도 넓어 탈바가 상당히 많은 구간이다. 서운산 정상에서 등산객이 고맙게 나눠준 김밥 한 줄로 배고픔을 달랬다.

칠장산에서 운무 위로 솟은 일출을 바라보며 금북정맥의 첫발을 내디딘다.
한남금북정맥, 한남정맥, 금북정맥의 분기점이 표시된 표지목이 시작점이다.

이른 새벽 천안의 한 김밥집에 들렀다. 시간에 쫓겨 허겁지겁 김밥을 먹는 근로자들을 보며 나도 저렇게 부지런히 살았던 과거가 생각나기도 했다.

금북정맥 2회차, 천안 부수문이고개부터 천의 덕고개

2014년 11월 21일   위례산 - 성거산 - 장태산 - 취암산 - 고려산

　오늘 들머리는 집에서 비교적 가까워 아침 6시에 출발한다. 김밥집에 들렀더니 건설 노동자들로 초만원이다. 라면에 김밥 한 줄로 조식 해결하고 두 줄 포장해 부수문이고개로 이동한다. 7시가 좀 넘어 출발하니 동쪽 하늘이 붉어지고 1km쯤 올라가니 시야가 트여 일출이 보인다. 휴대전화를 열어보니 트랭글을 켜지 않고 올라왔다. 위례산 정상부터는 계속되는 탈바 구간이다. 사리목 삼거리까지도 신나는 내리막 다운길이고, 성거산까지 약 2km 오르막은 포장도로라서 쉽게 오를 수 있었다. 성거산 정상은 군부대가 있어서 정상석까지 우회해야 하고, 성거산에서 만일고개까지는 급경사 내리막 멜바와 끌바 구간이다.

만일고개에 도착하니 잔차 타이어 자국이 보이기 시작한다. 조금 오르니 완만한 경사도에 잘 다져진 널찍한 황톳길이다. 천안 일대 싱글길의 참모습을 보여주는 下산이나. 이른 아침이라 등산객도 거의 없이 밑껏 속도를 낼 수 있다. 감탄사를 연발하며 유량 지하차도까지 내려왔다. 취암산 터널을 지나서 쉬암산에 닿으니, 지형은 육신에서 암신으로 변한다. 정맥길 아파트 상가 김밥집에서 점심을 먹고 나서 경부고속도로 횡단 지하 통로를 찾느라 갈팡질팡해야 했다. 옥지봉 들미리를 간신히 찾아 올라가는데 산은 낮지만, 산악오토바이가 길을 파놓아 탈바가 불가능하다. 다행히 철탑 보수공사를 위해 임도를 개설해 그나마 탈바가 있었다.

고려산에 오르니 고려 산성 안내문과 정자가 설치되어 있다. 전의산 정상에서 급경사를 내려오니 전의산 연수원이 나오고 철조망이 정맥길을 막고 있다. 연수원에서 만들어 놓은 등산로가 골프장까지 이어지고, 이후 오늘 목적지 덕고개까지 800m는 싱글 구간이다. 덕고개에서 다음 들미리 확인하고 북면 연춘리까지 20km는 로드 라이딩하고, 나머지 구간은 콜밴을 어렵게 불러 자동차를 회수했다.

천안 부수문이고개부터 전의 덕고개

56.4km　　8시간 42분

라이딩 기록

날 짜
14.11.21

시 간
07:30:14
-
16:07:26

누적 고도
1498m

도보
39%

라이딩
61%

취미생활은 누구나 할 수 있지만 산림을 훼손하는 산악 오토바이가 원망스러웠다. 깊이 파인 똘창에 낙엽이 쌓여 상당히 위험하고 난해한 등산로였다.

취암산 정상에서 천안 시내를 조망하고 아파트 단지 내 분식집에서 중식을 해결했다. 장거리 정맥길로 체력이 고갈되어 자동차 회수가 끔찍했다.

오늘 초반부는 산악 오토바이의 등산로 훼손이 심각하다. 중후반부는 산악오토바이 접근조차 힘든 구간이라 체력이 많이 소진되었다.

금북정맥 3회차, 전의 덕고개부터 문금리고개

2014년 11월 25일 국사봉 – 국수봉 – 봉수산 – 까막봉 – 태화산

  1번 국도 기사식당에서 청국장으로 조식을 해결하고 오늘 출발지 전의면 덕고개에 도착하니 7시인데도 아직 깜깜하다. 일단 주택가 골목에 주차하고 들머리를 찾는데 안개로 인해 찾기가 힘들다. 철길을 횡단해 조금 오르니 정맥 시그널이 보이기 시작하고 금방 기도원에 도달한다. 이곳부터는 군부대가 등로를 가로막아 양곡리 다리까지 도로로 우회해야 했는데, 차라리 군부대 울타리를 끼고 올랐으면 하는 후회가 군부대 끝 지점에서 들었다. 점심거리를 구하러 양곡마을 슈퍼에 들러 빵 3개를 사 배낭에 넣었다. 오늘 구간은 등산로 폭이 좁고 어제 내린 비로 바닥이 물러 타이어가 푹푹 빠진다. 가로막은 나무를 넘다 미끄러져 양쪽 종아리에 타박상을 입어 걸음걸이가 불편하다.

엎친 데 덮친 격으로 지체되는 시간을 만회하려 속도를 내다 낙엽 구덩이에 빠져 크게 넘어졌다. 낙엽 속에 파묻혀 한동안 숨도 못 쉬고 누워 있어야 했다. 오른쪽 허벅지가 참을 수 없을 만큼 통증이 심하다. 서서히 움직여 보니 뼈는 이상 없는 듯하다. 아주 천천히 손으로 몸을 받치고 일어나 지도를 꺼내 탈출로가 있는지 확인한다. 개치고개를 조금 전에 지났으니, 기기로 비상탈출은 가능할 것 같다. 마음을 가다듬고 〈자전거와 백두대간〉 카페 산우 오오환에게 SOS를 친다. 문금리 고개에서 16시쯤 만나기로 하고 다시 출발한다. 비상약으로 가져온 진통제 1알을 빵과 함께 먹고 파워젤도 하나 먹는다.

이제는 정신력으로 버텨야 한다. 고통을 참아가며 기어가다시피 전진한다. 도대체 왜 이 고행을 하는지 온갖 생각들이 뇌리를 스친다. 눈물이 난다. 아프기도 하지만 날씨만큼이나 마음이 무겁다. 업힐은 왜 이리 많은지 톱날 같은 등고 폭을 멜바로 나아간다. 곡두고개부터 400m 멜바 오르막을 여러 차례 쉬어가며 천천히 오르니 태화산 천자봉에 다다른다. 마지막 급경사 구간을 끌바로 내려가니 산우 오오환과 박미라 님의 모습이 보인다. 고통을 감추며 반가이 맞이하고, 문금리 고개부터 광덕사까지 다운해 오늘 구간을 마무리한다.

라이딩 기록

전의 덕고개부터 문금리고개

34.5km　8시간 50분

날짜　14.11.25
시간　07:10:59 - 15:57:57
누적 고도　1789m
도보　61%
라이딩　39%

양곡리 구판장에서 구입한 빵 3개가 오늘의 점심이다.

<자전거와 백두대간> 팀들이 시간을 내어 지원을 나온다고 한다. 차령 고개부터 난이도가 극심한 업힐로 시간이 자꾸 지체된다.

정맥길 일과 중 하나가 펑크 수리이다. 아마도 지금까지 펑크난 횟수가 30회를 넘을 듯싶다.

오늘은 유구읍 차동고개까지 가기로 한다. 유구에 사는 촌사람님이 고생한다며 소고기를 사주시고 자동차 회수까지 도와주셨다.

금북정맥 4회차, 문금리고개부터 차동고개

2014년 11월 29일 봉수산 - 천방산 - 부엉산 - 국청봉 - 명우산

    3000km에 달하는 1대간 9정맥 중 내 고향 충남 아산을 지나는 거리는 7km에 불과하다. 이미 내 머릿속에 모두 들어있는 구간이라 오늘은 여유롭게 출발한다. 출발지 문금리고개에서 각흘고개까지는 산악오토바이가 파놓은 똘창에 낙엽이 덮여있어 위험한 구간이 많다. 각흘고개부터 봉수산까지는 약 400m 수직 업힐이다. 젖은 땅에 낙엽이 덮여서 미끄러워 빨리 지나갈 수가 없다. 안개가 온 산을 뒤덮고 있고 기온은 완전 여름처럼 더워 땀으로 목욕한다. 지난 구간 사고의 후유증이 아직도 조금은 남은 듯하다. 봉수산 정상 표지석에서 동호회 플래카드를 들고 인증사진을 찍었다. 맞은편 광덕산이 보여야 하는데 안개 때문에 볼 수가 없다. 아쉬움을 남기고 정맥길로 접어들어 1km 정도 가서 되돌아보니 어느새 하늘이 열려 있었다.

이후 천방산까지는 길 상태가 양호한 편이다. 그러나 천방산에서 인증사진 찍고 다운하려니 길 상태가 엉망이다. 산악오토바이가 아예 연습장을 만들어 놓은 듯하다. 듬고 폭도 심하여 발바 구간이 전혀 없다. 거리는 짧았지만 힘은 몇 배로 든 것 같았다. 아마도 정맥 구간에서 이렇게 짧은 거리는 낙동정맥 이후 처음인 듯싶다. 공주 멍곡리에서 2012년 280랠리 이산대회 코스를 통과한다. 내가 묻어둔 비상식량을 함께 먹으며 수지 MTB의 탱크, 부산의 못 안개와 함께 결승점에 같이 선두로 들어간 기억이 난다. 오늘 유구에 사시는 온양 아산 MTB 동호회원 촌사람님이 점심을 사 주기로 했는데 딱 시간에 맞추어 차동고개에서 라이딩을 끝냈다. 소고기와 된장찌개로 맛난 점심을 먹고 맥주 한 잔으로 갈증을 해소했다.

봉수산에서 남쪽으로 뻗은 금북정맥은 등고 폭은 크지 않으나 천방산을 중심으로 급경사 업힐이 존재하고 있어 만만히 볼 산은 아니다.

산악오토바이의 산림훼손이 극치에 달하는 구간이다. 예산군에서 경고문과 함께 철 구조물을 설치했지만, 소용이 없어 보였다.

내 고향 땅 아산을 통과하는 정맥 구간 길이는 대략 7km 정도이다. 수없이 다녀 아는 길이라 심적으로 편안했지만, 봉수산 오름길은 까칠해 힘들었다.

오전 내내 안개비로 등산화와 라이딩복은 흠뻑 젖고 쓰러진 풍해목들이 널려있어 어려움이 많았다.

금북정맥 5회차, 유구 차동고개부터 청양 여두재

2016년 4월 14일   장학산 – 천종산 – 국사봉 – 금자봉 – 문박산

   17개월 만에 금북정맥 완주를 위해 다시 잔차에 오른다. 동막골 산장 건축공사도 해야 했고 무릎도 수술하느라 유구 차동고개 이후 정맥길을 잇지 못했다. 내 고향이고 익숙한 지형이라 배낭에는 최소한의 행동식과 식수만 챙겼다. 오랜만의 장거리 산행이다 보니 긴장감이 더욱 크다. 유구 차동고개에 오르니 날씨는 완전 곰탕이다. 어렴풋이 보이는 장학산이 왜 이리 높아만 보이는지. 그래도 맘먹고 오르니 오를 만하다. 등로는 전날 비로 인하여 매우 미끄럽다. 두릅도 피기 시작하고 보기 드문 할미꽃이 한 묘지 앞에 잔뜩 피어있다. 고만고만한 이름 없는 무명봉들이 구름 너머로 어렴풋이 보인다.
   645 지방도 와고개 도착해 식당에 들어서니 주인아주머니가 장사를 접었다고 한다. 여기서 밥을 못 먹으면 못 간다고 하소연하자 내 몰골과 행색을 보고 불쌍하게 느꼈는지 라면과 밥 한 공기에 김치와

반찬을 내어준다. 등산하는 사람들은 산혹 뵀는데 자전거 딘 사람은 처음 보다며 주인이 주머니는 고향은 어디냐, 정맥이 뭐냐, 정맥 종주는 왜 하냐, 자전서로 할 수 있냐며 식사 내내 옆에 앉아 무엇이 그리 궁금한지 묻고 또 묻는다. 식사를 마치고 식비를 주려는데 그냥 가라며 물통에 얼음물까지 챙겨준다. 옥신각신 줄다리기하다 결국 내가 지고 말았다. 감사히 잘 먹었다며 배꼽인사 깍듯이 하고 출발한다. 문박산 다운길을 신나게 내려와 청양 학당리 29번 지방도에 도착했다.

　오랜만의 라이딩이라 이곳까지 거리를 짧게 잡았었는데 점심을 건하게 먹어 체력과 시간이 남아 더 가보기로 한다. 청양 장례식장 뒤로 들어서는데 앞도 보이지 않는 잡목지대가 곧바로 나의 체력과 의지를 시험한다. 조금만 더, 조금만 더 하며 망개넝쿨과 칡넝쿨을 헤치고 나아간다. 육두문자를 써대며 어렵게 청양 여두재에 도착해 오늘 일정을 마무리한다. 오랜만에 시도하는 장거리 정맥이라 힘은 몇 곱절 들었고 무릎 통증도 여전했다. 체력 고갈로 원섬 로드는 꿈도 못 꾸고 택시로 이동했다. 1년 6개월 장기 휴가의 후유증을 혹독히 치른 하루였다.

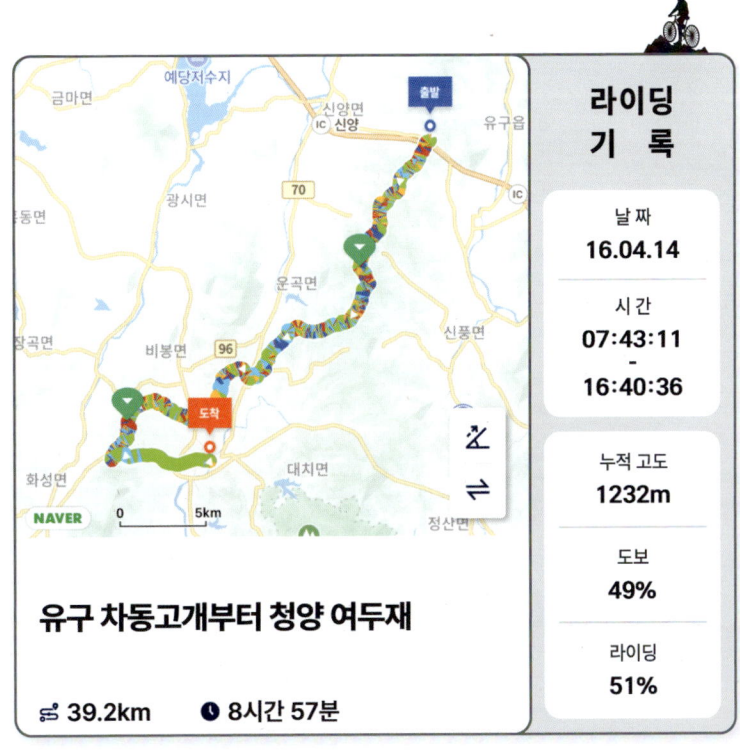

산장 공사로 인해 한동안 정맥을 잊고 살았는데 17개월 만에 금북정맥 차동고개에서 다시 시작한다.

등고 폭은 크지 않으나 잡목의 방해로 체력 소모가 컸다. 식당에 도착하니 폐업 상태이다. 주인에게 사정하여, 라면과 밥 한 공기로 허기를 해결했다.

칠갑산 금지봉 외에는 유명산이 없어 등산로가 명확지 않아 알바가 상당히 많은 하루였다.

청양 고운식물원 정맥길 능선에는 봄나물의 전령사인 고사리와 취나물이 산재해 있고 식물원에서 관리하는 수목들이 아름다운 자태를 뽐내고 있다.

금북정맥 6회차, 청양 여두재부터 홍성 장곡면

2016년 5월 4일   천마봉 - 구봉산 - 백월산 - 대정산 - 금자봉

　어제의 비와 바람으로 오늘 정맥 라이딩은 포기하려 했는데, 늦은 아침에 정맥길을 떠나기로 마음을 바꾼다. 어제에 이어 오늘도 바람이 여전히 심히 분다. 청양 여두재에 도착해 처음부터 고된 멜바를 한다. 청양 고운식물원을 통과하는데 고사리들이 키 재기 하듯 일렬로 서 있지만 끊어갈 시간이 없다. 어제의 비바람이 얼마나 셌는지 나무들이 여기저기 쓰러져 라이딩을 방해한다. 백월산 정상에 오르니 병 치료차 날마다 올라온다는 등산객을 만났다. 소나무가 많은 백월산에서 요양하며 모든 걸 내려놓고 자연과 대화하니 훨씬 나아졌다고 한다. 얼굴엔 근심도 욕심도 없어 보이고 아주 평온한 인상이다. 인증사진 찍고 서로의 안녕을 빌며 헤어진다. 삶 자체의 기준점을 어디에 두고 살아야 할지 많은 생각을 하며 아름드리 소나무 숲길을 내려와 스무고개에 당도했다.

점심을 먹으려 식당을 찾아갔지만 문이 닫혀있다. 동네 사람이 공단 구내식당으로 가보라기에 찾아갔더니 일반인에게는 밥을 안 판단디. 힘을 못 쓰기 시작하는데 주변에서 지켜보던 한 사람이 시권을 건네준디. 얼마나 고맙고 반가웠던지 배낭에서 1만 원 지폐 한 장 꺼내 건네주려니 극구 사양한다. 점심을 먹고 출발해 내정산 오르는 중간 지점에 재선충에 감염된 소나무가 보인다. 사진 찍어 위치와 함께 보령시청 산림과에 신고했다. 오서산까지는 등산로가 상당히 넓었으나 체력이 많이 소진되었다. 오서산을 내려서니 가시넝쿨이 상난이 아니다. 그 바람에 3번의 펑크가 났고 다리에는 영광의 상처가 생겼다. 오늘의 끝지점은 비산비야로 마루금 찾기가 힘들었고 축사에서 풍기는 가축분뇨 악취가 고통스러웠다. 오늘은 그리 높은 산은 없었으나 등고 폭이 심해 체력 소모가 많은 라이딩이었다.

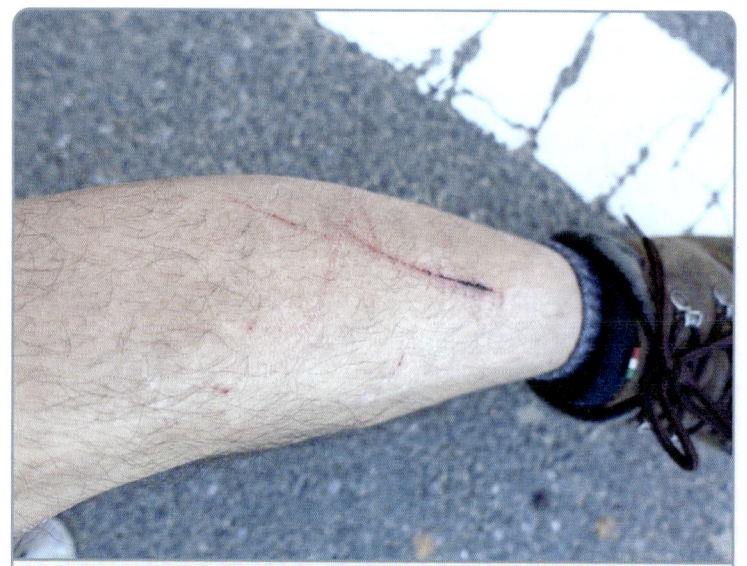

이러한 상처는 예사로운 일이 되어 버렸다. 대정산에서 재선충에 감염된 소나무를 발견하여 보령시청에 신고하고 오서산으로 향한다.

수없이 일어나는 펑크. 정맥길에서 마음 편히 쉴 수 있는 시간이 그나마 펑크 수리 시간이다.

이번 구간은 <세상에 이런 일이> 촬영 때문에 한 구간을 건너뛰어 가야산 권역에서 라이딩 하기로 한다. 촬영 도중에 피디가 쥐가 나서 오도 가도 못했다.

금북정맥 7회차, 덕산 남은들고개부터 가야산 석문봉

2016년 5월 18일   뒷산 – 가야산 – 가야봉 – 석문봉

  이번 정맥 구간은 SBS <세상에 이런 일이> 888회차 촬영 때문에 한 구간을 건너뛰어 덕산 남은들고개에서 가야산 석문봉까지 구간을 완주하기로 한다. 가야산은 충남에서 네 번째 높은 산이지만 각양 각색의 등산로와 멋진 조망과 일출, 일몰 모든 것이 금북정맥의 최고 산이다. 피디 두 사람과 함께 들머리로 오르는데 급경사라 피디들이 바로 힘들어한다. 탈바 구간에서는 뛰어서 나를 따라오느라 금방 지친다. 급기야 도중에 퍼져 더 이상 못 가겠다고 한다. 간신히 설득해 조금 더 갔는데 그중 한 명이 다리에 쥐가 나 촬영 포기하겠다고 한다. 이제는 내려가나 올라가나 힘든 것은 마찬가지라고 설득해 간신히 함께 나아갔다.

가야봉 송신탑에 올라 비박을 하기로 했다. 통비닐과 6mm 보조자일을 이용하여 간단히 텐트치고 석양의 낙조를 바라보니 그야말로 장관이다. 맛난 저녁 시사를 마치고 내일을 위해 잠을 청한다. 일출 시각에 맞춰 일어나니 장관인 일출을 촬영하기 위해 피디들이 분주히 움직인다. 조금 후 드론 영상팀이 합류하여 금북정맥의 멋진 장관을 촬영했다. 가야산 낙차 큰 안릉길은 보조자일을 꺼내 자전거 안장에 묶어 끌어올려야 했다. 실제 상황을 촬영하며 진행하려니 시간이 많이 지체된다. 드론 팀들은 무거운 드론 장비 때문에 힘들고, 탈바를 뛰며 촬영하느라 지친 피디들도 매우 힘들어한다. 촬영 장비 운반도 내가 도와줘야 했다. 나는 덕분에 유유자적 여유롭게 갈 수 있었다. TV 촬영에 협조하느라 많은 거리는 주파하지 못했지만 모처럼 비박을 하면서 평생 잊지 못할 추억을 남겼다.

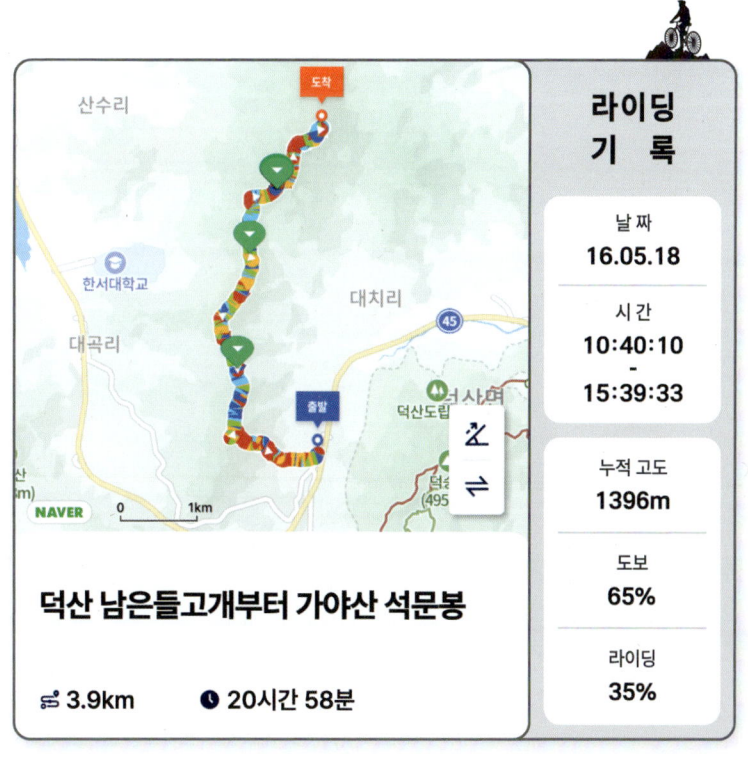

라이딩 기록

날짜	16.05.18
시간	10:40:10 - 15:39:33
누적 고도	1396m
도보	65%
라이딩	35%

덕산 남은들고개부터 가야산 석문봉

3.9km　　20시간 58분

촬영진들의 낮은 체력으로 석문봉까지 가기로 한 일정이 지체되어 가야산까지만 가서 비박을 하는 것으로 계획을 수정한다.

가야산에서 비박 후 조망 좋기로 유명한 석문봉까지 왕복하기로 하는데 방송국 피디들이 따라오질 못해 답답했다.

똥 비닐 3m와 부직지일 5m면 최상의 비박 장비가 된다. 바닥엔 낙엽이나 풀을 깔고, 더우면 마구리 양쪽을 열고 추우면 닫으면 된다.

덕숭산 오름길에 체력이 고갈되고 핸드폰 배터리까지 방전되었다. 있는 힘이 다 소진되어 바닥에 누워 하늘만 바라볼 뿐이다.

금북정맥 8회차, 홍성 장곡면부터 예산 남은들고개

2016년 8월 23일   남산 - 백월산 - 홍동산 - 덕숭산

    나의 보금자리 동막골 산장을 수리하느라 여름내 바빴는데 드디어 공사가 마무리되어 오랜만에 정맥길을 이어본다. 홍성 장곡면에서 출발하니 독립운동기념비가 눈에 들어와 잠시 들러본다. 정맥길이라기보다는 동네길 마실 온 기분이다. 산은 높지 않지만, 아카시아 찔레 넝쿨 산초나무 등이 산재해 있다. 이 지역은 축산의 메카답게 돈사, 우사, 양계장 들이 많아 파리와 각종 벌레가 무수히 많고 악취로 인해 숨쉬기도 힘들다. 한창 패러글라이딩할 때 많이 갔던 백월산을 오르는데 만만치가 않다. 하산로도 참 거시기하다. 홍동산은 수년 전 산불로 큰 나무는 사라지고 이제 막 자라난 어린나무들이 등산로를 가로막아 길 찾기가 힘들었다. 여름 라이딩이라 땡볕과 거미줄도 고통스럽다.

5번의 펑크가 가시넝쿨을 얼마나 많이 헤집고 나왔는지 말해준다. 역대 라이딩 중 최고로 많은 펑크가 난 날이다. 더위가 한풀 꺾인 줄로만 알았는데 민둥산에 내리쬐는 땡볕을 감당하기가 쉽지 않다. 마신 물만 해도 5리터에 달한다. 수덕고개에서 덕숭산 오르는 길은 높은 펜스로 막아놔 한참을 내려가 정맥길로 다시 들어서야 했다. 덕숭산을 오를 때에는 체력의 한계점에 도달해 얼마나 자주 멍을 때리고 쉬었는지 모른다. 되돌아 내려갈까도 수없이 생각해 보았다. 배터리가 방전되어 통신조차 두절되었다. 디카로 간단히 인증사진만 찍어야 했다. 모든 게 여의치 않은 끝 여름 라이딩이었는데, 덕숭산 하산길에 우리나라의 최상층 맹금류인 삵이 빛의 속도로 도망간다. 이런 곳에도 삵이 사는 것이 놀라웠다.

덕숭산 수덕사는 조계종 제7교구 본사로 충남 일원의 36개 말사를 관장하고 있다. 만해 한용운의 동상도 근처에 있어 잠시 쉬었다 간다.

홍성 일대에는 우사, 돈사, 양계장 등이 산재해 있어 라이딩 내내 악취와 달려드는 파리 떼로 곤욕을 치렀다.

홍동산 일대는 수년 전 산불로 큰 수목들은 없어지고 새로 심은 어린 소나무들이 이제야 자라고 있다.

이 무더운 여름날 우거진 수풀과 칡넝쿨들이 계속 바퀴에 걸려 가는 길을 막아선다.

금북정맥 9회차, 서산 일락사부터 성황산고개

2016년 8월 25일   일락산 - 용현산 - 구은봉산 - 간대산 - 성왕산

　해미 일락사를 들머리 삼아 석문봉까지 오른다. 업힐이 만만치는 않았지만, 정상의 조망으로 보상받는다. 일락산 정상에 올라 남서쪽의 멋들어진 조망을 감상하고 개심사 싱글길이 환상적인 다운이다. 그러나 뒤 브레이크 라이닝에 문제가 생겨 앞브레이크만 이용하며 온종일 라이딩을 해야 했다. 서해안 고속도로 지하통로와 32번 국도 밑을 통과하여 칡넝쿨과 가시밭길을 따라 구은봉산에 겨우 다다른다. 아담하고 귀여운 표지석이 인상적이다. 풀숲을 헤쳐 나온 후에는 그늘이 없는 땡볕 등산로가 계속 이어졌다. 더운 날씨에 땀과의 전쟁에 죽을 맛이다.

오늘은 도로와 가까운 거리에 있는 구간이라 어딘가엔 식당이 있을 줄로만 알았는데 결국 점심은 사과 2개와 가루가 되어버린 초코파이 2개로 해결해야 했다. 오늘 종착지인 성황산 고개에 내려와 한참을 정신 놓고 철버덕 땅에 주저앉아 있었다. 서령중학교 운동장 개수대에서 몸을 대충 닦아내고 편의점에 들러 이온음료 두 병을 사서 하나는 바로 마시고 하나는 배낭 옆구리에 넣고 택시를 불렀다. 오늘은 산이 낮아 자전거를 탈 수 있으리라 예상했지만, 등산로가 거의 다 끌바였다. 초반부 일락산 임도와 개심사 싱글길 그리고 이어지는 일명 서산 김종필 목장 싱글길은 MTB 타는 사람이라면 한 번쯤 꼭 가 보라고 추천하고 싶다. 그러나 이후 구간은 역대급으로 힘든 구간이었다. 날씨, 장비, 등로, 식사 등 무엇 하나 원활치 않아 고생을 많이 한 날이었다.

일락산 개심사 싱글길을 지나 상왕산에 이르니 일명 김종필 목장 지대가 펼쳐진다. 우리나라에도 이러한 목초지가 있다는 것이 놀라웠다.

서산 양대산 오르기 전 팔각정에서 낮잠을 청한다. 삼복더위 여름날 땀과의 전쟁에서 잠깐 휴전이다.

맞춤 촬영 때문에 뒤죽박죽이 된 구간을 다시 재정비해서 일락사에서 출발해 석문봉에 올랐다.

서산시 금강산은 서산의 해돋이 명소로서 지역민들의 사랑을 받는 산인데 자그마한 표지석이 앙증맞다.

금북정맥 10회차, 서산 성황상고개부터 태안교육청

2016년 8월 30일   비룡산 - 금강산 - 장군산 - 백화산

　오늘은 이동 거리가 꽤 길어서 이른 새벽에 출발한다. 잔차는 모조로 출정한다. 전날 소나기로 인해 가시거리가 상당히 좋다. 서산시를 통과하는 정맥길은 원시림같이 방치되어 있어, 많은 투자와 정비를 하는 타지역과 비교된다. 산초나무와 아카시아, 칡넝쿨로 앞도 보이지 않는 터널 속을 헤집고 나와야만 했다. 정맥 우측면 방대한 채석장도 금북정맥을 훼손하고 있다. 반면 태안군은 금북정맥 등산로가 너무나 잘 정비 되어 있다. 정자, 데크, 표지석, 표지목 모두 적재적소에 잘 설치되어 나로서는 크나큰 도움이 되었다. 태안군에 접어드니 금북정맥도 거의 다 끝나가는 듯 바다가 보인다.

아담한 오석으로 표지석을 만들어 놓은 금강산을 지나니 지척에 팔봉산이 눈앞에 아른거린다. 체력이 남았으면 가볼 만도 한 곁봉이지만 꿈도 못 꾼다. 장군봉을 내려오는데 토종 말벌이 바위 밑에 집을 지어 깜짝 놀라 우회한다. 이후 물래산을 통과하는데 집채만큼 크고 기이한 바위에 무속인들이 길어 놓은 오방색 헝겊들이 보인다. 진장2리 도착해 편의점에 들러 이온음료로 목을 축이고 컵라면 2개를 먹어 치웠다. 아이스크림은 몇 개나 먹었는지 기억하지 않는다. 이후 농로를 지나 나지막한 오석산에 오른다. 금북정맥이 끝나가는지 가로림만이 코앞에 보인다. 잘 정비된 등로를 따라 백화산에 올라 정자에서 상의를 벗어 던지고 누워 무상무념으로 휴식을 취했다. 이후 태을암에 들러 태안마에삼존불을 알현하고 태안초등학교를 지나 태안여자고등학교에서 오늘의 정맥길을 마무리한다. 오늘은 상당히 많은 물적 손실을 본 날이다. 속도계와 물병이 칡넝쿨 터널에서 떨어져 나갔다. 가장 큰 손실은 뒤 드레일러가 고주박이에 걸려 부러지고 휘어져 못쓰게 되었다. 결국 체인을 잘라 기어비를 1:1로 고정해 구간을 마쳐야 했다.

10회차, 서산 성황산 고개부터 태안교육청

이번 구간도 칡넝쿨 때문에 체력 소모가 많고 진행이 더디다. 땀과의 전쟁을 치르며 징그러운 정맥길을 빠져나가려 몸부림쳤다.

몇 차례 분실 이후 강력 본드로 붙인 속도계가 어디서 떨어졌는지 알 수 없다. 사나운 금북정맥 서산 구간이다.

나지막한 오석산에 오르니 금북정맥의 끝이 다가온 듯 가로림만 서해가 보이기 시작한다.

얼마나 많은 산악인들이 무엇 때문에 그리고 무엇을 찾으러 이 험한 정맥길을 뚫고 태안반도 안흥진항에 당도했을까 생각해 본다.

금북정맥 11회차, 태안교육청부터 안흥항

2016년 9월 6일   퇴비산 – 남산 – 구청봉 – 지령산

　오늘은 금북정맥의 마지막 라이딩이다. 100여 미터의 나지막한 산들과 농로길로 이어진 비산비야의 정맥길에 등산로 표시가 없어 되돌아서는 길이 한두 번이 아니다. 등로 자체가 일반 등산로가 아니라 정맥꾼들의 등산로라 명확한 표지가 없다. 구간 시작 지점부터 군부대가 가로막고 있었고, 군부대 울타리 때문에 많은 정맥꾼들이 지령산을 결국 통과하지 못하고 되돌아 나오는 듯싶다. 나지막한 퇴비산과 대왕산을 지나 농로를 한참 달려 다시 매봉산, 부흥산, 남산을 차례로 통과했다. 근흥면 식당에 들러 순댓국을 한 사발 들이키고 편의점 들러 배낭을 채운 후, 쭈쭈바 히니를 목덜미에 넣고 정맥길을 이어 나간다.

지령산 정상에 다다르니 군부대 정문에 가로막혀 통과할 수가 없다. 결국 올라온 길로 내려가 반대쪽으로 오르기로 하나. 어렵게 지령산 정상을 밟고 군부대 철책을 따라 내려오는데 철책 넘어 망루에서 경고 방송이 나온다. 그러거나 말거나 내달려 내려온다. 군부대를 지나니 두 다리 맥이 풀려 음료로 달래 본다. 가름이봉 오르는 길목에 정맥길 시니어들이 그간 지나간 정맥꾼들의 노고를 말해주듯 걸려있다. 금북정맥의 끝지점인 이곳은 비사비야 지형으로 나지막한 싱글길과 논밭길이 이어져 있고, 동네 한가운데를 넘나들기도 해서 정맥길 찾기가 여간 힘들지 않았다.

이후 해안길의 군부대 초소와 방공호들을 지나 안흥진항에서 금북정맥을 마무리한다. 정말 어렵게 끝난 금북정맥이다. 햇수로는 무려 3년이나 걸렸다. 중간에 지금의 보금자리인 동막골 황토산장 공사 관계로 정맥 종주를 중단해야 했고, 〈세상에 이런 일이〉 TV 출연 경험도 했다. 3구산까지는 재미있고 환상적인 탈바 구간 이었으나 이후 마무리 구간까지는 가시넝쿨과 칡넝쿨, 잡목들 때문에 고난의 연속이었다.

오늘 점심은 편의점에 들러 컵라면, 아이스크림, 이온 음료, 쏘시지, 에너지바 등 조금이라도 체력에 도움 되는 건 죄다 먹고 안흥진항에 마침내 도착했다.

마지막 하이라이트인 지령산 군부대 철책길을 따라 걸으니 머리 위로 CCTV가 돌아가며 경고 방송이 나온다.

> 동막골 황토산장 공사로 인해 도중에 중단해야 했던 금북정맥 완주는 햇수로 3년의 긴 세월이 걸렸다. 초반부는 등산로 상태가 양호했지만, 중후반부터는 잡목과 가시넝쿨로 체력 소모가 많이 힘들었다.

제7부
금남호남정맥

2016.09.12~2016.09.23 (3구간)

무릉고개에서 영취산에 들렀다 다시 내려와 장안산 들머리를 올라간다. 장안산 정상의 억새 군락이 이제 막 피기 시작하고 있다.

금남호남정맥 1회차, 장수 영취산부터 서구이치재

2016년 9월 11일   영취산 - 장안산 - 시루봉 - 신무산 - 팔봉산

　금북정맥의 쓰라린 고통을 뒤로하고 금남호남정맥에 도전한다. 새벽 4시 시발점인 무릉고개로 출발하니 바로 급경사 오르막이다. 영취산 정상은 사방이 나무로 가려 조망이 없다. 운무로 인해 30m의 가시거리도 안 나온다. 헬멧을 영취산 표지석 위에 올려놓고 인증사진을 찍은 후 무릉고개로 내려와 장안산으로 오른다. 산이 높고 웅장하고 등산로 또한 넓어 진행하기 편안하다. 상당한 등락폭 구간이지만 등산로가 좋아 힘든 줄 모르게 달린다. 백두대간 줄기인 백운산이 멀리서 산 이름과 어울리게 흰 구름이 넘실거린다.

장안산에서 내려다보는 운무와 더불어 막 피기 시작한 억새밭 역시 장관이다. 장안산 정맥길은 최고의 싱글라이딩 코스로 추천할 만하다. 무등고개에서 수분령까지 싱글길 20km를 평속 7km로 라이딩을 할 수 있었다. 밀목재에 도착해 한 민가에서 얼음물과 커피를 얻어 마시고 사두봉을 힘겹게 올라 수분령에 도착한다. 뜬봉샘 사거리 한식뷔페 집에 들러 허기진 배를 채우고 다시 출발하다. 신무산 오름길부터는 자전거로 가기에는 버거운 산이다. 정맥꾼들만의 등산로라서 사람 하나 간신히 빠져나갈 만큼 길이 좁다. 자고개까지 가시덤불을 헤집고 도착하니 깎아지른 팔봉산이 기다린다. 약 600m를 오롯이 멜바로 올라간다. 힘겹게 오른 팔봉산에는 송신탑이 정상석을 대신하고 있다. 오늘 출발지인 영취산과 덕유산부터 백운산까지 백두대간 줄기가 한눈에 들어온다. 이후 도착지 서구이치재까지 근 3km를 안장에서 한 번도 내리지 않고 다운한다.

1회차, 장수 영취산부터 서구이치재　333

장안산 데크에 다다르니 비박꾼들이 이제야 일어난다. 따듯한 커피 한 잔 건네며 나에게 많은 질문 공세를 퍼부었다.

지금까지 라이딩하며 점심을 이렇게 맛나게 먹어보기는 이곳이 처음이다. 그러나 맛난 중식 후 팔봉산 멜바 구간에서 톡톡히 대가를 치러야 했다.

대간과 정맥 통틀어 이렇게 재미있게 라이딩하기는 처음이다. 20km 거리를 평속 7km로 달렸다. 등산로 좌우에 펼쳐진 산죽밭도 환상의 싱글길이었다.

하늘을 오르는 봉우리라는 뜻의 천상데미산이다. 우리나라에서 가장 아름다운 산 이름이 아닐까 한다. 얼마나 아름다우면 이런 이름을 가졌을까.

금남호남정맥 2회차, 장수 서구이치재부터 마이산

2016년 9월 20일   천상데미 - 삿갓봉 - 시루봉 - 옥산봉 - 암마이봉

이른 아침 일어나니 컨디션이 엉망이다. 그래도 배낭을 챙겨 나서니 달이 잡힐 듯 하늘이 정말 맑다. 컨디션 회복을 위해 휴게소에서 1시간 남짓 잠든 듯싶다. 서구이치에 도착하니 바람이 겨울바람처럼 춥고 매서웠다. 전날에 비가 와 등산로가 무척 미끄럽다. 삿갓봉까지는 등산로가 잘 정비되어 있었지만, 그 후로는 전혀 정비되지 않은 정맥길이라 몇 곱절은 더 힘들다. 전 회차는 탈바가 80%였다면 이번 회차는 끌바와 멜바가 90%인 듯하다. 그래도 조망은 최상이었다. 1,100고지 천상데미산에서 바라보는 조망은 정말 환상적이었다. 백두대간 덕유산 마루금부터 지리산 천왕봉까지의 마루금, 그리고 호남정맥 마루금이 한눈에 들어온다.

성수산에 도착하니 밀귀 모양의 마이산이 보이기 시작한다. 오늘의 목표 지점이다. 일반 등산로가 아닌 가시덤불과 잡목지대를 지나느라 알바를 수차례나 해야 했다. 숫마이봉을 돌아 은수사로 내려와 합장하고 예의를 갖춘다. 암마이봉에 자전거를 가지고 오를 건지 아니면 몸만 오를 건지 잠시 고민했다. 나중에 후회될 듯싶어 애마와 같이 오르기로 한다. 잠시 화엄굴 다녀온 후 두 손에 침 뱉고 싹싹 비벼 엠바를 시작한다. 늦은 오후라 등산객이 없어 그나마 다행이다. 힘들게 오른 만큼 정상에서 산하를 내려다보며 감격한다. 되놀아 내려오는 길, 석양에 비친 숫마이봉은 가히 환상적이었으며 자연의 오묘함에 새삼 감탄한다. 은수사로 다시 돌아와 탈 없이 암마이봉에 다녀옴을 합장해 감사하고 택시 불러 오늘 출발지인 서구이치재로 향했다. 원점 회귀하는 도중에 택시 기사님이 말하기를, 이 지역에서 택시 운전을 오래 했지만 이렇게 구불구불한 오지 산길은 처음 운전해 본다고 한다.

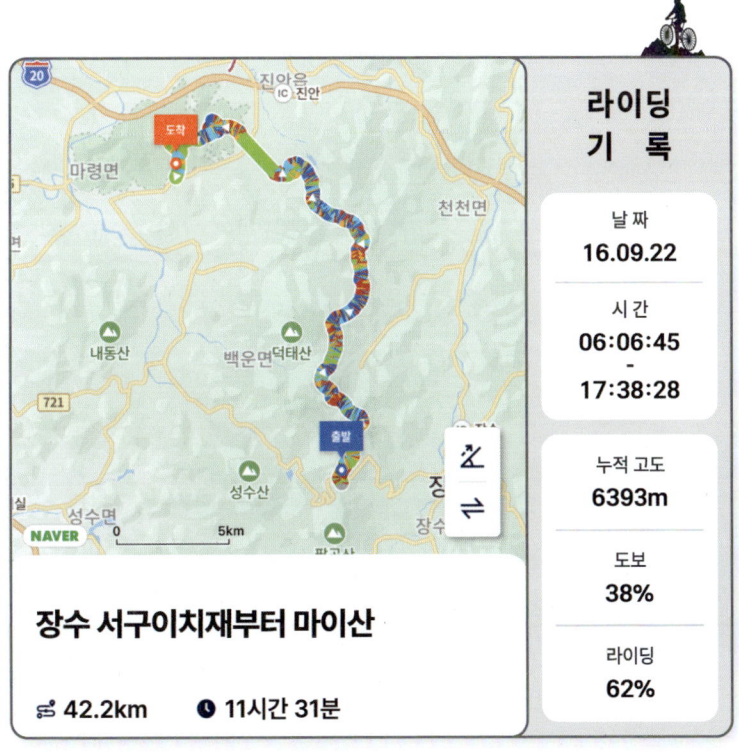

은수사에서 잔차를 놓고 몸만 갈까도 생각했지만 둘러메고 오르기로 한다. 마이산 정상은 심한 경사 때문에 멜바로도 쉽게 오를 수가 없었다.

일반 등산로가 아니라 정맥꾼들만 이용하는 등산로이다 보니 험해도 이리 험할 수가 없다. 자전거를 갖고는 걸어 나갈 수가 없을 정도로 힘들다.

고만고만하게 수풀이 우거진 등산로를 멀리 마이산 말의 귀를 보며 온종일 라이딩을 한 듯하다.

이른 새벽 은수사 주차장에 도착하니 맑고 청아한 새벽 염불 소리가 마음을 차분하게 해준다. 두 손 모아 합장하고 오늘도 무사히 라이딩 마칠 수 있기를 빌며 시작했다.

금남호남정맥 3회차, 진안 마이산부터 궁항지

2016년 9월 22일   마이산 - 봉두봉 - 삿갓봉 - 부귀산 - 주화산

　전 회차 피로가 채 가시기도 전에 또 한 구간 이어 보려 마이산 운주사 주차장에 도착했다. 날씨는 끄물거리지만 힘차게 출발한다. 운수사의 아침 예불 소리가 어찌나 낭랑하고 묵직한지 정성 담아 합장하고 조심조심 소리 없이 라이딩 준비를 한다. 출발 전 다시 한번 무사 안녕을 빌며 마이산 암봉을 뒤로하고 봉두봉 암릉길을 타고 오른다. 봉두봉을 지나서는 정맥꾼들의 험악한 등산로이다. 거미줄과 가시넝쿨로 막혀있고, 철쭉 터널과 산죽 터널 구간은 하늘이 보이지 않을 정도로 무성하다. 노면은 돌칼이 산재해 있어 전진하기가 쉽지 않다.

익산-장수 고속도로 터널 시작점에 어마어마한 구절초 밭이 형성되어 있다. 고속도로 경사지를 따라 등산객이 지나길 수 있게 나무 칠주방이 잘 설치되어 있어 인상적이었다. 부귀산에 오르니 마이산과 덕유산과 팔봉산이 보인다. 마침내 주화산 정상에 도착하니 금남호남정맥이 끝나고, 금남정맥과 호남정맥으로 갈라지는 삼거리가 나온다. 잠시 휴식 후 운장산 방향 금남정맥길로 들어서 임봉으로 향한다. 26번 국도의 소태정휴게소에 들러 우동과 아이스크림으로 요기한 후 한참을 내려가서 유턴해 정맥길에 붙는다. 오늘은 원래 운장산을 넘으려 했으나 일몰 시각이 다가와 작은 연소골 궁항저수지로 내려와 마감한다. 택시를 불러놓고 연석산과 운장산을 올려다보니 까마득히 솟아 있다. 오늘은 계획했던 구간을 마무리하지 못해 무거운 마음으로 다음 구간의 숙제를 안고 되돌아서야 했다.

이곳 역시 산죽밭이 등산로를 뒤덮고 있다. 산죽잎 부딪히는 소리가 내가 살아 걷고 있음을 알려주는 듯하다.

한남정맥이나 한북정맥과 달리 금남호남정맥은 펜스 사이로 통과할 수 있는 등산로를 확보해 주어 편안한 마음으로 지나갈 수 있었다.

힘들게 오른 부귀산 정상에서 보이는 말의 두 귀가 저곳이 마이산이란 걸 알려준다. 보룡고개 휴게소에서 우동 한 그릇과 시원한 이온음료로 행복하게 라이딩을 마무리한다.

제8부
금남정맥

2016.09.27~2016.10.19 (5구간)

장군봉 오름길은 암릉으로 직벽 구간 로프 구간도 상당했다. 지나온 연석산과 운장산 조망은 일품이었다.

금남정맥 1회차, 완주 궁항지부터 충남 600고지 전적비

2016년 9월 26일   연석산 - 운장산 - 장군봉 - 성재봉 - 백암봉

　비 소식이 있어 일기예보에 촉각이 곤두서 새벽잠에서 깨어 확인하니 운장산은 30% 비 소식이다. 이 정도면 출발하기로 한다. 궁항저수지부터 계속 멜바인데 진짜 죽을 맛이다. 산죽밭을 헤집고 연석산을 힘겹게 오른다. 만항치에서는 멧돼지 가족과 상봉했다. 운장산 서봉까지는 등로라 말하기가 어려울 정도의 난코스 중 난코스이다. 계속되는 멜바로 짓눌리는 어깨 통증을 참아가며 운장산 서봉에 올랐는데 빗방울이 떨어지기 시작한다. 급경사의 피암목재를 내려오니 비는 그치고 후덥지근한 날씨가 다시 괴롭힌다. 피암목재까지 오는 동안 내린 소나기로 인해 암릉이 무척 미끄러웠다. 얼마나 긴장했는지 피암목재 휴게소에 도착하니 두 다리가 풀려 움직이기조차 힘들다. 한때 성업 중이던 휴게소는 새로 생긴 도로 때문에 등산개 발길이 끊겨 문을 닫았다. 식수를 보충하고 장군봉으로 출발한다.

상군봉싸시는 급경사 임릉과 직벽에 가까운 등로기 이어지는 끌바와 멜바 구가인데 맥두대가 희야시과 대아산 같은 직벽 구간이 산재해 있어 자전거로 시나가기에 위험한 구간이 많았다. 노면이 돌칼로 구성되어 있고 톱니 같은 등고 폭이라 탈바가 10%도 안 되었다. 내 키보다 큰 산죽이 시야와 노면을 가려 엔도(자전거 앞바퀴가 장애물에 서녀 앞으로 고꾸라져 넘어지는 것)를 하고 손가락 골절 부상까지 입기도 했다. 진통제 한 알을 입에다 털어 넣고 인대산 봉화대에 올라서 보니 통증을 잊게 하는 멋진 조망이 펼쳐진다. 높은 습도와 더위로 체력이 고갈되어 내리막길도 힘들다. 에너지바 한 개를 씹어 먹고 진행하는데 이미 바닥난 체력을 끌어올리지 못한다. 날이 어둡기 시작할 무렵 간신히 백암산을 지나 600고지 전적비에 무사히 안착할 수 있었다. 원점 회귀 도로 라이딩을 계속했지만 어둡고 방향을 구분하지 못해 남이면 역평2리에서 택시를 불러야 했다.

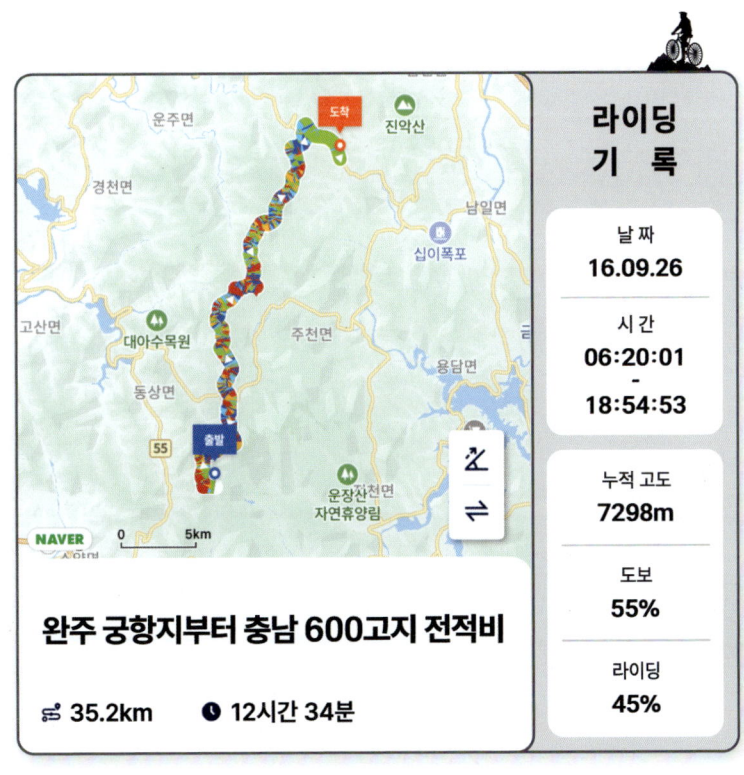

운장산 서봉까지 오롯이 멜바로 산죽밭과 암릉길을 지나 로프도 타야 했다. 이전 구간을 비상 탈출하지 않았더라면 아마 실종됐을 듯하다.

봉화대 지나서는 급격히 떨어진 체력 때문에 진퇴양난 상황이 되었다. 자전거 버리고 몸만이라도 갈지 수없이 생각한 구간이었다.

육백 고지에 당도하니 어둠이 내려앉아 방향 감각을 잃고 한참 헤매었다. 어느 외딴집에 들러 택시를 부르니 30분 기다리란다. 천국과 지옥을 오간 날이다.

대둔산 오름길을 머리 박고 멜바 고행길로 접어든다. 정상에는 뜬금없는 스테인레스 구조물이 정상석을 대신해 버티고 있다.

금남정맥 2회차, 금산 600고지 컨컥비부터 물한재터널

2016년 9월 29일   바람골산 - 낙조대 - 대둔산 - 월성봉 - 바랑산

아침을 먹어야 하는데. 고속도로 마지막 휴게소를 그냥 통과해 버렸다. 정맥 출발지인 600고지 전적비까지 가는데 식당은 물론이고 편의점도 없는 오지 길인데 빈속으로 출발해야 한다. 출발 후 13km 지점인 베티재까지 그냥 가는 수밖에 없다. 600고지 출발 후 정맥 길은 구름 속이라 조망도 없이 계속 진전했다. 인대산 오름길에 안개가 발아래로 깔리더니 운해 바다로 변해 마치 홀로 하늘을 승천하는 기분이 들기도 한다. 베티재에 도착해서 아점으로 갈비탕을 폭풍 흡입했다. 편의점에 들러 이온 음료와 행동식도 배낭에 꾸겨 넣고 대둔산 정상을 향한다.

대둔산 정상까지 수없는 나무 계단은 머리 박고 오르는 나만의 고행길이다. 짓누르는 어깨가 고통스러웠지만 그래도 등로 폭이 넓어 생각보다 쉽게 오른다. 대둔산 정상에는 아직도 매점이 있는데 매점 주인이 자전거를 갖고 올라온 사람은 처음이라고 놀라며 이온 음료를 하나 건네준다. 정상 능선에는 군데군데 사망사고 표시가 보여 더욱 긴장된다. 바랑산 가기 전 안부까지는 신나게 탈바를 했는데 이뿔싸 물병이 어디에선가 빠져나가 버렸다. 월성봉 오름길은 난해하고 힘든 구간이 많았는데 잃어버린 물병 생각에 목이 더 타들어 가는 느낌이었다. 월성봉에서 바랑산으로 가는 구간도 자전거로는 거의 오르기 불가능한 업힐 구간이다. 그래도 죽을힘을 다해 올랐다. 바랑산 정상부터 물한티재까지는 탈바와 끌바를 이어가며 해지기 전에 사고 없이 도착했다.

대둔산 능선길은 암릉으로 이루어져 위험한 구간이 많았지만, 지나온 정맥길과 발아래 펼쳐진 멋진 조망이 갈 길 바쁜 발목을 잡기도 한다.

로프 하나에 생명을 담보로 지나는 구간, 추락사 푯말이 걸려 있어 긴장을 더 하게 만든 구간도 있다. 어디선가 삐져나온 식수등 때문에도 어렵게 통과했다.

식수의 부족과 체력 소진에도 그저 목표를 향해 가야만 된다는 일념으로 월성봉과 바랑산 암봉을 지나 목표 지점에 안착했다.

시야가 확 트인 계룡산이지만 시간과의 사투 속에 촉박한 시간을 만회하기 위한 몸부림을 쳐야 했다.

금남정맥 3회차, 논산 물한재터널부터 만학골 삼거리

2016년 10월 6일   깃대봉 – 천호봉 – 천마산 – 계룡산 – 삼불봉

오늘 원래 계획한 라이딩 거리는 23km쯤이다. 느긋한 마음으로 물한재터널에서 출발해 살랑살랑 즐기며 가다 보니 어느덧 계룡시가 가까워져 온다. 계룡산을 오늘 넘는 것은 너무 무리인 것 같아 계룡시까지만 가기로 한 것인데, 예상보다 탈바가 많아 진행 속도가 빨랐다. 계룡시에서 점심을 먹고, 계획을 변경해 오늘 계룡산을 넘기로 한다. 계룡산 정상까지 15시, 관음봉까지 16시, 삼불봉 갈림길까지 16시 40분으로 계획을 세우고 출발한다. 쌀개릉 통과 후 통천문 거쳐 관음봉까지 직벽 구간 난이도가 장난이 아니다. 로프도 없는 구간도 있어 6mm 보조자일로 자전거를 두레박질해 가며 진행한다. 위험하고 어려운 쌀개릉을 뒤로하고 추억이 서린 통천문을 지난다.

관음봉 도착하니 무인 감시카메라가 보인다. 살며시 넘으려 하니 안내 방송이 나오며 카메라가 내 쪽으로 돌아온다. 서둘러 잔차를 어깨에 메고 뛰기 시작했다. 마침내 관음봉 정상에 올라서 혼자만의 성취감과 멋들어진 조망을 잠시나마 동시에 누려본다. 이후 삼불봉까지는 수없이 오르고 내리는 철계단이다. 잠깐 잠깐의 소망을 마음속에 담고 금잔디고개로 향한다. 시간은 짜맞추 듯 계획대로 맞아 돌아갔다. 그러나 금잔디고개에서부터는 등고 폭이 크고 등로 폭이 좁은 비등로인 관계로 진전이 어렵다. 해는 뉘엿뉘엿 넘어가고 기진맥진한 상태인데 비상 탈출로도 안 보여 난감하다. 잔차를 숨기고 몸만 내려갈까도 생각해 보았다. 조금만 더 조금만 더 하다가 드디어 18시 20분에 691지방도와 만났다. 험난했던 계룡산 국립 공원 구간을 무사히 통과한 오늘은 오래 기억될 것 같다.

라이딩 기록

날짜: 16.10.06
시간: 06:42:13 - 18:25:12
누적 고도: 6559m
도보: 31%
라이딩: 69%

논산 물한재터널부터 만학골 삼거리

43.3km 11시간 42분

계룡산 오름길은 로프도 없는 직벽 암릉이라 위험천만한 구간이다. 보조 자일로 자전거를 매달아 끌어 올리기도 하고 내리기도 하며 간신히 통과했다.

관음봉에서 넘어서는 안 될 금줄을 넘는데 카메라 동작과 함께 경고 방송 멘트가 나와 자전거를 둘러메고 줄행랑쳤다.

촉박한 시간 때문에 이 많은 철계단도 자전거 둘러메고 뛰어야 했다. 수정봉부터는 체력이 한계에 도달해 젖먹던 힘을 싸내 간신히 계룡산 구간을 완주했다.

등고가 높진 않았지만, 가시넝쿨과 잡목들이 우거진 숲속을 헤집고 통과하느라 긁힌 상처가 땀과 뒤범벅이 되어 고통스러운 구간이었다.

금남정맥 4회차, 공주 만학골 삼거리부터 가자티고개

2016년 10월 11일 팔재산 - 안골산 - 성황산 - 망덕봉 - 감토봉

    너무 늦은 시간에 일어나 부랴부랴 서두른다. 공주 시내에서 해장국으로 조식을 해결하고 출발한다. 처음부터 급경사 멜바를 만나니 출발 전 추위는 간데없고 등줄기에서 땀이 흘러내린다. 안골산에 오르니 전 구간 계룡산 멋진 봉우리들이 아름답게 보인다. 성황산 잡목지대를 땀과의 전쟁을 치르며 지나 논산천안고속도로 이인휴게소에 들렀다. 자전거를 한쪽 구석에 세워놓고 화장실에 들러 깔끔히 세안했다. 식당에서 밥을 먹는데 모든 사람이 시선을 내게 주는 듯한 느낌이 든다. 편의점에서 행동식 구입 후 나와보니 내 자전거 주변이 소란스럽다. 고속도로 휴게소에 자전거가 있으니, 사람들이 신기해하는 것 같다.

이인휴게소 이후 만넉봉 구간은 지루한 잡목구간이지만 계룡산의 모습이 뒤로 보인다. 가시넝쿨로 인해 허벅지와 손목이 긁히고 찢겨 피까지 줄줄 흐른다. 땀이 상처 부위에 흘러 따갑고 쓰라림이 엄습해 온다. 40번 지방도에서 깃대봉과 안경구덩이산을 오르는데 도저히 가시넝쿨을 헤집고 나갈 수가 없어 사장골에서 농로로 진입한다. 처음으로 정맥길을 못 가고 노로를 이용해야만 했다. 이후 감토봉 까지도 길이 없는 난해한 구간이다. 가자티고개에 가까스로 도착해 체력 고갈로 눈물을 머금고 오늘 라이딩을 마감한다. 하루 종일 산초나무와 아카시아, 망개넝쿨, 밤 가시가 앞길을 방해한다. 펑크만 3번이나 발생했다. 15km 정도만 더 가면 금남정맥을 마무리할 수 있었는데 다리와 손목의 상처, 그리고 지친 체력으로는 더 이상 무리인 듯 해서 다음 기회에 한 번 더 오기로 결정한다.

중식을 해결하기 위해 논산천안 이안휴게소에 들렀다. 세수하고 식사 후 나오니 사람들이 자전거를 만져보고 들어보며 신기해한다.

공주시 탄천면 깃대봉과 안경구덩이산은 도저히 뚫고 갈 수가 없었다. 정맥길을 잇지 못하고 마을길로 통과한 유일한 곳이다.

백제가 멸망할 때 궁인들이 이곳에서 몸을 던져 타사암이라고 했다가 훗날 궁인들을 꽃에 비유해 낙화암으로 명칭을 바꾸었다고 한다.

금남정맥 5회차, 공주 가자티고개부터 부여 낙화암

2016년 10월 18일 월명산 - 요석산 - 남령공원 - 부소산성 - 부소산

　오늘 구간은 지난번에 체력 고갈로 중도 포기했던 구간이다. 비교적 짧은 거리라서 관광 라이딩으로 가보기로 한다. 이른 아침 짙은 안개 속에서 출발지인 가자티고개에 도착했다. 잔차와 함께 우거진 숲속을 들어가니 안개가 아니라 빗방울이 떨어지는 듯하다. 등산화는 금세 다 젖고, 아카시아 가시들이 계속 위협을 가해온다. 5km 지점에 도착하니 안개는 사라지고 융단을 깔아놓은 듯 환상의 싱글길이 나온다. 부여군에서 깔끔하게 등산로를 정비했다. 10km 지점에서는 성곽 복원 공사가 한창이었다. 돌에 하나하나 번호를 매겨 옛 돌과 새 돌을 섞어가며 쌓고 있다. 오늘은 시간이 넉넉해 복원 공사에 관해 물어보며 한참을 구경했다.

옛 문화재가 잘 보존된 부여 시내를 통과해 비운의 역사가 살아있는 낙화암에 도착했다. 백제가 멸망할 때 궁인들이 이곳에서 몸을 던져 순결히여 타사암이라고 했는데 후날 그 궁인들을 꽃에 비유하여 낙화암으로 명칭을 바꾸었다고 한다. 금남호남정맥의 시작 지점인 백두대간 영취산에서 시작하여 장안산, 팔공산, 마이산을 거쳐 금남정맥인 운장산, 장군봉, 대둔산, 계룡산을 넘어 낙화암까지 근 200km 구간을 마무리한다.

근래 들어서 금남정맥의 끝지점이 내륙의 부여 금강 낙화암인지 아니면 군산 앞바다인지를 두고 설왕설래하고 있다. 일부 산꾼 중에서는 금남정맥이 금만봉(사리봉)에서 분기하여 군산항으로 이어지는데, 대둔산과 계룡산, 그리고 백제의 고도 부여 때문에 군산 앞바다에서 낙화암으로 변경되었다고 주장하는 사람도 있다. 이제 두 개의 정맥 총 687.2km, 자세하게는 호남정맥 454.5km와 낙남정맥 232.7km가 남있다. 전체 정맥 구간의 23%이다.

부여 나성 능산리 성벽은 한창 복원 공사 중이었고 옆에서는 발굴 작업도 같이 진행하고 있었다.

초반부는 우거진 숲과 가시넝쿨 때문에 고생 좀 했고 중반에는 고생한 보람을 느낄 정도의 환상적인 싱글길이었다.

> 금남정맥은 산자분수령의 대원칙과는 다소 동떨어진 모양새를 취하고 있는데 이는 백제의 고도인 부여를 포함하기 위해 또는 정감록에서 자칭한 새로운 수도 계룡산을 포함하기 위함이라는 해석이 있다.

제9부
호남정맥

2016.10.27~2018.06.20 (17구간)

금남정맥에서 호되게 혼쭐난 기억을 되새기며 호남정맥 시작점 주화산에서 무사 안녕을 빌며 출발한다.

호남정맥 1회차, 진안 주화산부터 쑥재

2016년 10월 26일 주화산 - 만덕산 - 삼군봉 - 오봉산 - 갈미봉

　금남정맥을 마친 지 8일 만에 다시 호남정맥에 도전한다. 9정맥 중 최장 거리이고 가장 많이 포기한다는 호남정맥이다. 집에서 정맥 출발지까지 운전해야 하는 거리도 점점 늘어나는데 과연 포기하지 않고 끝까지 마무리할 수 있을지가 걱정이다. 이른 새벽 전주공원묘원 주차장에 주차하니 안개가 끼어 더욱 으스스하다. 굳게 잠긴 철 대문을 담치기로 통과해 근 1km 묘지 길을 영혼의 축복을 받으며 통과한다. 호남정맥길에서 아무런 사고 없기를 빌며 주화산에 오른다.

주화산 조약봉에 도착하니 금남정맥과 호남정맥, 금남호남정맥의 방향을 알려주는 삼거리 표지목이 보인다. 기온이 많이 내려가 인게에 젖은 손끝이 시리다. 등고 폭은 심하지만, 등로 폭은 생각보다 좁지 않아서 다행이다. 관음봉을 지나니 흡사 강원도 안반떼기 평전처럼 능선 따라 채소밭들이 보인다. 탁자로 만들어 쓰면 복이 온다는 보기 드문 아름드리 느릅나무 군락이 즐비하다. 탈바의 참모습을 보여주는 싱글길이 오늘 목적지 17번 국도까지 이어진다. 그래도 만덕산 오르는 길은 밧줄도 없는 암릉길이라 위험해 힘들었다. 싱글길을 가로막는 고사목들이 많아 자전거를 올라타고 내림을 반복해야 했다.

17번 국도에 도착하니 오후 2시 30분밖에 안 되어 아직 시간이 많이 남는다. 조금 더 가기로 계획을 변경하고 솔치마을을 지나 다시 오른다. 등고 폭이 평온한 싱글길로 접어들어 탈바가 많았지만 10km 가는 동안 가시나무들 때문에 3번이나 펑크가 났다. 경각산을 넘을 수 있을 것 같아 계획을 변경했는데 체력 소진으로 전진이 불가하다. 결국 등로도 시그널도 없는 쑥재에서 내야마을로 비상 탈출해 호남정맥의 첫 구간을 마무리한다.

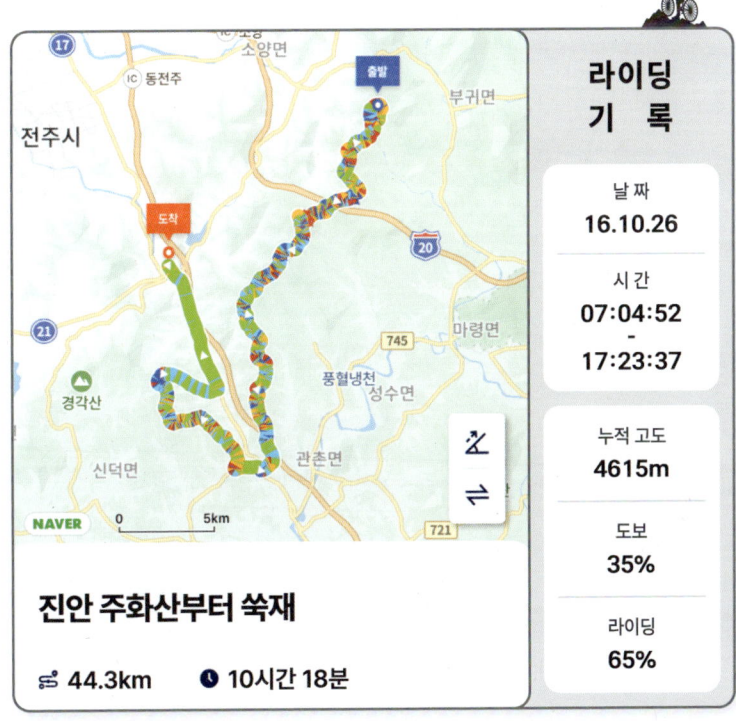

펑크 때웠던 곳에다 핸드폰을 두고 와 2km 눈물 나는 헛고생을 했다. 계획보다 조금 더 간 것이 판단 착오여서 생 구멍을 뚫어가며 비상탈출 해야 했다.

탁자의 재료로는 최고의 목재인 아름드리 느릅나무숲을 지났다. 아침부터 펑크 걱정했는데 기어이 펑크 신고식을 한다.

초반 등폭은 넓었으나 돌과 움직이는 바위들 때문에 탈바가 불가능했다. 초반 5km 지점 조망처에서 발아래 운무에 휩싸인 산하를 한참 동안 바라보았다.

경각산 조망터에 걸터앉으니, 구이면 구이저수지 넘어 전주 모악산 일대의 조망이 펼쳐진다.

호남정맥 2회차, 임실 쑥재부터 운암삼거리

2016년 11월 1일   한오봉 - 경각산 - 치마산 - 박죽이산 - 오봉산

　이른 아침 추위 속에서 하늘을 보니 별들이 무수히 많아 라이딩 하기로 결정한다. 옷가지와 장비를 주섬주섬 챙겨 출발해 중간 휴게소에서 내리니 추위가 엄습해 온다. 전회차 중단한 쑥재까지 진입 방법이 여의치 않아 고민 끝에 월성저수지에서 출발하기로 한다. 월성 저수지에서 쑥재까지 1km 넘게 길도 없는 잡목지대를 뚫고 나아가야 한다. 영하의 날씨에 손끝이 시려 브레이크 잡기가 쉽지 않다. 매서운 칼바람에 볼과 손끝이 시려 진행하기가 쉽지 않다. 옥녀봉을 지나 한오봉에 오르니 동쪽 하늘과 맞닿은 산너울 넘어 만덕산 주능이 보이는데 골짜기마다 운해로 넘실거린다. 로프도 없는 경각산 등로를 멜바로 힘들게 오르내려야 했다. 산은 높지 않지만, 계속되는 톱날 같은 등고 폭에 진행은 힘들고 더디다. 오르며 흘린 땀은 내리막에 금세 얼음장이 되어 버린다.

749 지방도로 숯가마 쑥실방을 지나니 패러글라이딩 이륙장이 나온다. 경각산과 전주 시내의 풍경이 한 폭의 그림 같아 보인다. 예전에 패러글라이딩 대회에 참가해 와 보았던 곳인데 구이저수지와 모악산의 조망이 펼쳐진다. 김밥을 준비해 갔지만 넘어가지 않아 그대로 배낭 속에 담겨 있다. 내량재부터 오봉산 급경사 오르막은 마사토 길이라 올라서면 밀리고 올라서면 밀리고를 반복한다. 오봉산 2봉을 거쳐 오봉산 정상에 오르니 옥정호의 붕어섬이 아름답게 내려다보인다. 오봉산은 봉우리가 다섯 개라 하여 오봉산이다 했는데 나머지 봉우리들은 어디에 있는지 알 수 없다. 한참 동안 넋을 놓고 풍경을 감상한 뒤에 하산하는데 가시넝쿨과 풍해목 등 잡목지대가 산재해 있어 전진하기도 힘들고 알바도 여러 차례 해야 했다. 결국 정맥길을 포기하고 749 지방도로를 타고 운암삼거리까지 도달해 오늘 구간을 마친다.

라이딩 기록

날짜: 16.11.01
시간: 06:42:22 - 16:01:10
누적 고도: 4865m
도보: 44%
라이딩: 56%

임실 쑥재부터 운암삼거리
27.5km 9시간 18분

경각산 패러글라이딩 이륙장은 대회 참가차 와 본 적 있어 반가웠다. 2km 하산길은 가시나무를 뚫을 수 없어 정맥을 잇지 못하고 도로 라이딩을 했다.

없는 길을 뚫고 오른 옥녀봉에서 1km 더 가니 한오봉이다. 어느 등산객이 나뭇가지 하나 베어내니 지나온 만덕산 줄기 정맥길이 한눈에 들어온다.

오봉산 오름길은 마사토라서 눈길처럼 미끄러웠다. 오봉산에서 옥정호 붕어섬을 바라보는 조망이 환상 그 자체였다.

결국 계획했던 구간을 못 가고 정읍시 칠보면 석탄사 오름길에서 중단했다. 호남정맥에서 포기해야 하나 많은 생각을 한 구간이었다.

호남정맥 3회차, 임실 운암삼거리부터 석탄사

2017년 4월 3일   묵방산 - 성옥산 - 성주봉 - 왕자산 - 소장봉

이른 새벽 긴장된 몸을 이끌고 짙은 안개 속을 헤집고 목적지인 운암삼거리에 도착한다. 겨울방학을 마무리한 지 오래지만 차일피일 미루다 이제서야 정맥에 자전거를 올려 본다. 쉬는 동안에도 체력 유지를 위한 산행은 계속했었다. 오늘 등산로는 정맥꾼을 위한 등로인 관계로 등로 폭이 좁고 정비 상태도 열악하다. 묵방산 오름길에 야생 복분자 덩굴에 휩싸여 발버둥 치다 간신히 빠져나왔다. 성옥산은 꽉 막힌 잡목지대라 조망이 없다. 왕자산 올라가는 길은 등산로가 명확하지 않아 알바해야 했다. 바람에 뿌리째 뽑혀 쓰러진 나무들이 왜 이리 많은지 탈바, 멜바, 끌바로 온종일 헤맨 하루였다. 또한 조망도 없었고 미세먼지로 인해 시야조차도 나빴다.

등로 폭이 좁아 두 다리는 긁히고 라이딩복은 찢기고 고글 렌즈는 어디에선가 빠져나가고, 뒷바퀴 드레일러에 나무가 끼어 휘어져 페달링이 제대로 되지 않았다. 소장봉 못 미쳐 안부 오름길에 넋을 놓고 가다 멧돼지를 만나 가슴 철렁하기도 했다. 결국 목적지까지 가지 못하고 석탄사 오름길에서 중단해야만 했다. 더 진행하다 뭔 일을 겪어도 이상하지 않을 만큼 체력이 고갈된 상태라 어쩔 수 없었다. 석탄사 너럭바위에 걸터앉아 석양 노을을 바라보며 지친 몸과 서글픈 마음을 달래본다. 그래도 추운 겨울을 이기낸 야생 난들이 여기저기 아름답게 꽃피어 있어 위로를 받았다.

3회차, 임실 운암삼거리부터 석탄사

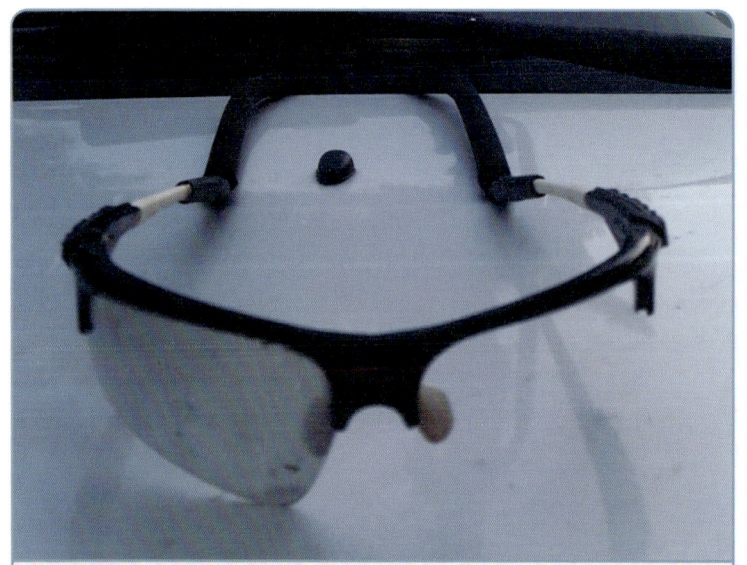

어디선가 빠져 버린 고글 안경알 때문에 올해 첫 출정 신고식을 호되게 치른 날이다.

라이딩복이 찢어지고 고글 안경알도 잃어버리고 타이어 펑크도 3번이나 났다. 그중 제일 큰 시련은 마음의 상처다. 앞으로 어떻게 해야 할지 고민된다.

겨울방학이 끝나고 다시 찾은 운암삼거리 묵방산 오름길에는 야생난이 즐비했고 파릇파릇 피어오른 생명들이 봄의 기지개를 켜고 있었다.

오늘은 같은 동네에 사는 안국준 님이 운전을 해주어 오가는 동안 휴식할 수 있었다. 만신창이로 당도한 곡두재에서 걱정했던 내장산 구간을 탈 없이 마무리한다.

호남정맥 4회차, 정읍 석탄사부터 곡두재

2017년 4월 7일　　고당산 - 추령봉 - 장군봉 - 내장산 - 상왕봉

　오늘은 같은 동네에 사는 안국준 님이 출발점까지 차량 운전을 도와주기로 했다. 아산에서 새벽 4시 20분에 출발해 2시간 20분 만에 석탄사 들머리에 도착했다. 출발한 지 얼마 되지 않아 라이딩복과 등산화는 안개비로 인해 금세 물에 젖는다. 손끝이 시려옴을 느끼며 바람에 쓰러진 풍해목들을 헤집고 정맥을 잇는다. 굴재를 지나 오름길에 어마어마한 멧돼지를 코앞에서 만나니 소름이 끼친다. 고당봉에서 수반 위에 떠 있는 듯한 멋진 내장산의 운해를 보았고, 추령봉에서는 내장산 전체를 감상할 수 있었다. 추령에서 기다리던 안국준 님과 만나 점심을 먹고 다시 만날 장소를 확인하고 헤어진다. 내장산에 진입해서는 계속되는 오름과 내림의 암릉 멜바 구간이다.

멘바로 계단을 한참 오르는데 식사를 하던 한 부부가 깜짝 놀란다. 자전거 내려놓고 커피 한잔 마시며 많은 이야기를 나누었다. 작별인사하고 다시 힘겨운 멘바로 장군봉에 올라서니 내장산 일대가 한눈에 들어온다. 연자봉으로 가는 길은 암릉길이라 속도가 나질 않는다. 신선봉에 오르니 이곳 조망 또한 일품이다. 케이블카도 보인다. 소죽엄재부터는 갑자스러운 체력 저하로 더 나아가기가 힘들다. 자전거를 숨기고 몸만 내려올까도 수없이 고민했지만 아무리 보아도 비상탈출로는 찾을 수 없었다. 도집봉 다운길은 암릉에다 잡목지대여서 도저히 빠져나올 수가 없는 등산로이다. 지친 몸을 이끌고 곡두재에 내려오니 안국준 님이 자동차와 함께 기다리고 있다. 지쳐서 내려오는 나를 보고 말을 잇지 못한다. 온종일 땀과의 전쟁을 치른 하루였지만 덕분에 편안하게 귀가할 수 있어 정말 고마웠다.

내가 제일 좋아하는 엘레지꽃이다. 엄동설한 추위 속에서 가냘프고 아름다운 꽃을 피우기 위해 몸부림쳤을 생각을 하니 더욱더 예뻐 보인다.

내장산을 머리 박고 오르는데 데크 계단에서 식사 중인 중년 부부를 만나 커피 마시며 많은 이야기를 나누었다. 힘든 내장산 오름길을 사진이 말해준다.

어떤 업보로 이런 고행을 하는지 고심하며 내장산 최고봉 신선봉에 도달했다.

멜바로 2km 올라 추월산 정상에 도착하니 식사 중이던 산악회 회원들이 자전거 등장에 놀라 모두 시선 집중하며 사진 찍느라 난리법석이었다.

호남정맥 5회차, 장성 곡두재부터 오정자재

2017년 4월 12일   명지산 - 대각산 - 도장봉 - 추월산 - 용추봉

　새벽 3시 20분 기상해 출발한다. 고속도로휴게소에서 라면으로 조식 해결하고 6시에 시작점 곡두재 수목장에서 출발한다. 삶의 과정은 사람마다 다르겠지만, 죽음 후 화장을 하건 매장을 하건 흙으로 돌아가는 이치는 똑같다고 생각하며 멜바로 올라간다. 명지산 다운 길엔 벌써 두릅이 피기 시작해 한 움큼 꺾어 배낭에 집어넣었다. 대각산에 올라서니 촉수 많은 야생난이 흐드러지게 군락을 이루고 있다. 힘겹게 오른 생여봉은 바위 모양이 생여처럼 생겼다 하여 생여봉이라 한단다. 자전거 내려놓고 쉬고 있는데 참나무 옹이가 썩은 구멍으로 파릇하게 앙증맞은 새싹이 돋아있다. 무럭무럭 자라 연리목이 되길 기원해 준다.

곡두재부터 밀재까지는 멜바도 많았지만, 탈바도 적지 않다. 등폭은 등산객들이 상당히 다닌 흔적이 있어 넓은 편이다. 밀재부터 추월산 정상까지 2.5km는 탈바기 전혀 없는 급경사 구간이다. 짓눌리는 어깨의 통증을 참아가며 주월산에 오르니 난체산행 팀이 몰려와 자전거 사진 찍느라 난리법석을 피운다. 그 덕에 떡과 과일을 배불리 얻어먹었다. 추월산부터 대법원 연수원까지는 등락 폭이 상당한 암릉길로 탈바가 전혀 없는 멜바 구간이다. 풍광 좋은 추월산 자락엔 대법원 연수원이 들어서 있다. 양지바른 곳에는 진달래가 만발해 있다.

천치재에 도착하니 오후 2시이다. 출발점부터 26km인 여기가 오늘의 목표였는데 담동마을에 들러 점심을 먹고 더 진행하기로 한다. 가재골 휴양림을 거쳐 영산강 발원지인 용추봉 지나 약 12시간을 걸려 정맥 구간을 마무리한다. 오늘의 누적고도는 7,830m로 백두대간과 정맥 통틀어 최고 구간이다. 정맥길 마무리 후 원점으로 되돌아가는 길도 험난하다. 친치재 오름길을 죽을힘을 다해 올랐지만, 그 이후는 체력 고갈로 페달 밟을 힘이 없다. 여러 차례 휴식을 반복하며 도로 20km를 원점 회귀하는데 1시간 넘게 걸렸다.

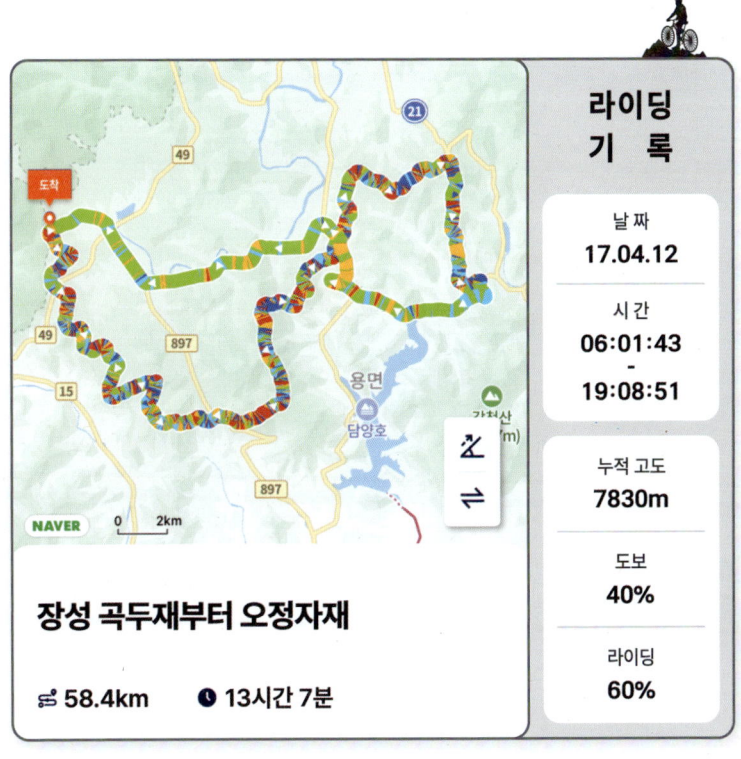

5회차, 장성 곡두재부터 오정자재

천치재까지가 오늘의 목표였는데 왠지 더 가고 싶어 순창군 복흥면 답동리에 들러 점심 해결 후 오정자재까지 가기로 한다. 자동차 회수가 무척 힘들었다.

참나무 옹이구멍에 씨앗이 날아 들어가 새싹이 자란다. 생명의 기적이란 참으로 오묘하고도 귀한 것. 끝까지 살아서 연리목이 되라고 빌어주었다.

> 곡두재에서 조금 더 오르면 사실 수목장인 아름드리 소나무 숲이다. 사람의 생과 사, 이승과 저승, 매장과 화장, 온송일 이런 생각이 떠나지 않았다.

강천산에서 운무가 깔린 산하들을 신선이 된 기분으로 시간 가는 줄 모르고 바라보았다. 강천산의 유명세 때문에 등산로는 상당히 잘 정비되어 있었다.

호남정맥 6회차, 순창 오정자재부터 금과면 청룡리

2017년 4월 21일   강천산 - 산성산 - 광덕산 - 고지산 - 봉화산

    오늘은 이상하리만큼 어리바리한 날이었다. 고속도로 톨게이트도 잘못 빠져나갔고, 수통과 고글을 챙기는 것을 깜빡했다. 알바도 두 번씩이나 했다. 오정자재를 출발하니 처음부터 고된 멜바 구간이다. 출발할 때의 추위는 금세 사라지고 등줄기에서 땀이 흘러내린다. 왕자봉에 도착하니 멋진 운해가 장관이고 힘든 멜바와 끌바 구간의 노고를 보상해 준다. 왕자봉부터 금성산성 북문까지는 등폭과 노면 상태가 최상이다. 산성 북문부터는 성벽을 타고 돌아치는 등로라 스릴 만점이지민 MTB 내리막 주행 기술이 필요한 구간이다.

광덕산 정상에서 신나게 2km 남짓 타고 내려가서 보니 정맥길이 아니다. 가던 길은 멈추고 되돌아가 광덕산 정상에 오르니 빼꼼히 정맥길이 보이니. 정맥꾼들의 등산로로서 폭이 좁고 쓰러진 풍해목들 때문에 진행하기가 힘들다. 뫼봉을 지나 덕진봉 다운실에 들어서니 수십 톤이 넘는 웅장하고 멋진 자연석들이 눈에 들어온다. 방축리 마을에 들러 짜장면 곱빼기로 허기진 배를 채우고 다시 정맥길로 들어선다. 대구광주고속도로 금토농원 들머리는 똑같았는데 날머리는 제각각이다. 고지산과 봉황산을 지나고 나서 서왕산 갈림길에 다운하다 엔도 사고를 당했다. 목 부위의 통증이 심상치 않아 오늘 라이딩은 원래 목적지까지 가지 못하고 중도에 마무리한다.

멜바로 어려운 이런 계단을 만나면 어찌해야 할지 난감해진다. 자전거를 머리에 이고 통과해야 했다.

대구광주고속도로 정맥길 들머리는 하나인데 날머리는 제각각이다. 사람 마음이 제각각이듯 정맥꾼 성향도 제각각인 듯하다.

> 힘겹게 오른 광덕산 정상에서 환상적인 다운 길을 내려가니 알바였다. 되돌아가는 업바 2km는 정말 죽을 맛이었다. 낙동정맥에 이어 두 번째 긴 알바였다.

조망 바위에 오르니 천국의 문을 열고 들어온 느낌이다. 발아래 펼쳐진 운해 위에 살포시 내려앉은 태양빛은 무어라 형용할 수 없는 아름다운 광경이었다.

호남정맥 7회차, 순창 금과면 청룡리부터 유둔재

2017년 4월 24일   괘일산 - 봉래산 - 만덕산 - 최고봉 - 유둔봉

    집에서 오늘 호남정맥 구간 출발 지점까지 자동차 이동 거리가 215km에 달한다. 새벽 3시에 기상해 출발하여 귀가하니 밤 10시가 넘었다. 출발 지점까지 운전해 주겠다는 카페지기 오오환의 제안을 마음만 받기로 하고 이른 새벽 혼자의 고행길을 떠난다. 같이 가면 나는 정말 좋긴 한데, 온종일 이제나저제나 무료하게 내가 내려오기를 기다리게 하는 게 미안하기 때문이다. 출발지인 순창군 금과면 청룡리는 오지 중의 오지마을이다. 반 이상의 집들이 주인 없이 비어 있었다. 실산 삼서리의 소방처에 도착해서는 전 구간에 넘어온 내장산, 추월산, 강천산 등 호남정맥의 맥을 그어 본다.

골짜기마다 운해가 장관이다. 오늘의 최고 조망처인 괘일산에 도착하니 탄성이 절로 나온다. 이곳에서 내 눈앞에 펼쳐진 광경은 어떠한 말로도 표현하기 힘들다. 절경을 앞에 두고 누구나 해야 할 일과 중 한 가지를 해결한다. 점심은 사과 3개가 전부다. 빙아재와 노가리재 등 도로 연결 지점이 있지만 가까이에 식당이 없다. 차라리 굶고 그 시간만큼 더 가는 게 나을 듯해 식사를 거르고 통과하기로 한다. 오늘 구간도 쓰러진 풍해목들이 아주 많다. 등고 폭은 높지 않으나 등로 폭이 좁다. 그래도 제법 탈바 구간이 났다. 괘일산 내리막길에서는 뒤 드레일러 케이블이 돌에 걸려 파손되었다. 비상조치는 했지만, 변속도 못 하고 온종일 라이딩을 해야 했다. 호남정맥 등로에서 무등산을 바라보는 조망에는 가림이 많았는데 마지막 산불 감시 초소에서 무등산을 볼 수 있었다. 다음 구간은 국립공원 무등산을 넘어야 하는데 어떻게 통과해야 할지 걱정이 앞선다.

순창 금과면 청룡리부터 유둔재

50.5km   11시간 57분

라이딩 기록

날짜
17.04.24

시간
05:55:25
-
17:53:01

누적 고도
6629m

도보
45%

라이딩
55%

풍해목과 가시넝쿨들이 즐비해 더욱 힘들었던 호남정맥을 이제 반은 왔단다. 앞으로 등산로가 어떨지는 모르나 가보는 데까지 가보자고 다짐한다.

절벽 아래 바위틈에서 자란 아기 진달래가 반겨준다. 사계절을 버티며 피어난 진달래로부터 위로를 얻는다. 이 구간은 유독 풍해목이 많아 힘든 구간이었다

호남정맥 곁봉인 설산 삼거리 조망 바위에서 내장산, 수월산, 강천산 등 최악의 조건 속에 지나온 호남정맥 구간이 한눈에 들어온다.

북산에서 귀봉암 구간은 멜바 너덜구간도 많았지만 아찔하게 재미있는 탈바 구간도 많았다.

호남정맥 8회차, 담양 유둔재부터 묘치고개

2017년 4월 28일   신선대 - 귀봉암 - 장불재 - 안양산 - 별산

   오늘은 무등산 국립공원이라 부담감이 백배다. 북산으로 멜바해 오르는 동안 짓눌린 어깨를 신선봉에서 잠시 푼다. 무등산 정상은 군사보호구역이라 민간인들은 접근이 불가해 귀봉암쪽으로 좌틀하기로 한다. 귀봉암까지는 오르내림이 없어 너덜길과 돌탱이길도 탈바로 통과한다. 아마도 백두대간 황철봉 구간과 마지막 구간 신선봉에 이어 3번째로 긴 너덜길이 아니었나 싶다. 귀봉암과 광석대의 비경은 어떠한 말로도 표현하기 어렵고, 귀봉암 담장넘어 바라보는 산너울도 정말 멋졌다. 귀봉암에선 아침 공양 중인 스님과 따스한 차 한잔을 마시며 담소도 나누었다.

장불재로 가는 길은 스릴 넘치는 돌탱이 길이라 탈바가 생각보다 많았다. 장불재에서 국립공원 직원 3명과 마주쳤다. 어디서 왔냐, 국립공원에 자전거 못 들어온다며 문제 삼는다. 국립공원에 자전거 못 들어오는 줄 몰랐다, 입구에 글귀라도 써 놓았으면 안 늘어왔다고 억지를 부리니 직원들도 난감한 표정을 짓는다. 장불재에서 입석대, 서식대를 갔니 오리 했는데, 왔던 길로 되돌아가라고 한다. 낙타봉으로 하신한다고 말하고 줄행랑을 치는 바람에 인증사진도 못 찍었다.

이어진 너덜지대 멜바 도중 낙차 큰 바위를 뛰어 내리다 허리가 뜨끔하더니 갑자기 컨디션 난조에 빠졌다. 그래도 안양산 돌탱이 밭 내리막길 제트코스는 스릴 만점이다. 유둔재부터 안양산 휴양림까지는 국립공원이라 등폭이 넓어 좋았는데 이후로, 자전거로는 가기 힘든 정맥길이다. 별산의 풍력발전단지 오름길도 누적된 피로에 죽을 맛이다. 별산에 올라서니 지나온 무등산 줄기가 한눈에 들어온다. 또 앞으로 가야 할 봉우리들이 아련히 보인다. 묘치삼거리에 도착해 자동차 회수 도로 라이딩을 시작한다. 동복호와 적벽 문화 유적지 공원 이후에는 페달링이 안 돼 쉬면서 가야 했다. 죽을힘을 다해 마지막 유둔재에 올라 오늘 일정을 마무리한다.

장불재에서 국립공원 직원들과 실랑이가 있었다. 입석대에 못 간 게 아쉽지만, 안양산에서 무등산 휴양림으로 내려오는 역대급 다운길로 보상받았다.

이른 아침 귀봉암에 들르니 스님이 따스한 차 한 잔을 내주신다. 스님의 설법과 귀봉암에 얽힌 이야기를 듣고 합장하고 길을 나선다.

무등산에서 앞으로 가야할 별산 풍력발전단지까지 맥을 이어본다.

이름에 걸맞지 않게 해발 427m에 불과한 천왕산은 잡목과 풍해목으로 등산로가 꽉 막혀 있다. 뒤에서 귀신이라도 따라붙는 듯 붙잡아 당겨 멜바도 수월치 않았다.

호남정맥 9회차, 화순 묘치고개부터 개기재

2017년 5월 2일   천왕산 - 천운산 - 태악산 - 성재봉 - 두봉산

오늘 출발점은 화순군 묘치고개이다. 집에서부터 자동차로 245km 지점이다. 화순읍에서 조식을 해결하고 오전 7시에 묘치고개를 출발한다. 다른 때보다 1시간 늦은 출발이다. 자전거에 올라타자마자 가시넝쿨과 잡목, 쓰러진 풍해목들과 바닥에 깔린 칼돌들이 괴롭히기 시작한다. 첫 번째 봉우리 천왕산은 이름과 어울리지 않게 산세가 꽉 막힌 산이다. 탈바 없이 10km가량을 힘들게 빠져나오니 서방재이다. 천운산 멜바 구간은 광주교육원에서 관리한 듯 등폭이 넓어 진행하기 수월한 구간이다. 그러나 정상에는 국가시설물만 있을 뿐, 정상석도 없고 조망도 없다. 노면 상태는 칼돌로 형성돼 있어 탈바가 전혀 이루어지지 않았다. 이후로 태악산, 노인봉, 성재봉까지는 등폭은 좋았으나 칼돌 때문에 전혀 탈바가 없고 성재봉부터는 정맥꾼들의 등로라 체력 소모가 심했다.

점심으로 김밥을 준비했으나 목으로 넘어갈 것 같지 않아 배낭에 그대로 넣고 간다. 사과 3개 물 3리터, 쏘시지 1개가 오늘의 먹거리 전부다. 애본부터는 체력의 저하로 가도 가도 거리는 줄지 않고 몸은 무거워만 갔다. 식수도 바닥이 보이고, 날바도 안 되고 비상 탈출로는 안 보이는 상태에서 오로지 정신력으로 두봉산에 도착했다. 다행히 두봉산 지나 500m부터는 날바가 가능했고, 무사히 정말 아무 일 없이 마무리할 수 있었다.

목적지에 도착해 택시를 불렀는데 자전거를 실을 수 있다며 난감해하는 택시 기사를 설득해야 했다. 앞타이어를 탈거하고 뒷자리에 넣으면 된다 해도 의아해한다. 자전거를 분해해 차에 싣고 묘치고개에 도착하니 다음 구간도 걱정해 주면서 택시비를 만 원 깎아주었다. 집에 오니 밤 11시. 자동차 운전만도 왕복 약 500km. 정말 피곤한 하루였다.

호남정맥 구간이 늘어날수록 구간 시작점까지 운전해야 하는 거리가 늘어났다. 오늘도 집에서 새벽 출발해 운전한 거리만 왕복 500km이다.

천운산, 태악산, 노인봉, 성재봉 등 고만고만한 500m 높이의 산들이 이어져 피로도를 높인다. 탈바도 불가해 체력 고갈로 인한 무기력증이 밀려왔다.

김밥을 준비했지만, 힘이 들어 먹을 수가 없다. 목에 넘길 수 있는 건 사과 3개와 소시지 정도이다. 물도 마음대로 못 마시고 아껴 먹어야 하는 상황이다.

이른 아침 계당산 2.5km 오름길은 힘이 남았다. 진달래 군락지를 뒤로하고 온수산, 봉화산, 고비산, 군치산, 봉미산 등 고만고만한 봉우리들이 사람의 기를 쏙 뺏는다.

호남정맥 10회차, 화순 개기재부터 곰치재

2017년 5월 15일   계당산 - 봉화산 - 고비산 - 군치산 - 봉미산

 늘 그러했듯이 정맥길을 나서는 날은 두려움으로 새벽을 시작한다. 알람 소리에 눈은 떴지만 5분여 동안 마음의 갈등으로 일어나지 못한다. 전 회차에 너무 고생을 많이 해서 한동안 정맥을 생각하고 싶지 않았다. 그래도 12일 만에 호남정맥에 잔차를 다시 올려보기로 한다. 정맥길 들머리까지 운전 거리만 268km이다. 졸음을 참지 못해 휴게소에 자주 들른다. 출발지인 개기재 도착해 바로 멜바 구간에 들어섰는데, 이상하리만큼 등로 상태가 좋다. 어제 누가 지나간 듯 거미줄도 없어 계당산 2.5km는 쉽게 멜바로 오를 수 있었다. 아쉽게 계당산 철쭉꽃은 다 지고 잎만 무성히 달려있지만, 그동안 지나온 호남정맥을 그어 볼 수 있다. 이곳부터는 산악오토바이로 인해 등로가 많이 훼손되어 있다.

    그래도 계당산, 봉화산, 고비산 20km는 90% 이상 탈바가 가능했다. 호남정맥 싱글의 참맛을 이곳 계당산 등로에서 맛본 듯하다. 반면, 나머지 10km는 자전거를 갖고 가기가 최악인 등로였다. 쓰러진 풍해목이 너무 많았고 자전거 핸들도 지나가기 힘든 좁은 등폭에 잡목들이 우거져 노면도 잘 안 보였다. 10km를 통과하는 데 3시간이 넘게 걸렸다. 25km쯤 지났는데 브레이크 라이닝 이상으로 내리막에서 엔두를 했나. 손가락이 접질려 통증과 함께 부어올랐다. 일단 비상약 한 알 꺼내 입이에 털어 넣고 계속 나아갔지만, 3시 20분쯤 라이딩을 포기해야만 했다.

    귀갓길 시간 여유가 있어 광주 시내에 들러 나의 옛 인연을 찾아갔다. 32년 전 선교동 제2수원지 공사장에서 일하던 시절 하숙집 주인 두 분을 만나 오랜만에 옛정을 나눌 수 있었다.

거친 숨을 몰아쉬며 멜바 하는데, 배낭에 넣은 더덕 때문에 냄새가 진동한다. 온종일 더덕에 취해 라이딩을 했다.

예상했던 것보다 난코스라 곰치재에서 중도 포기하고, 청년 시절 살았던 광주 하숙집에 들러 옛 추억을 되살렸다.

5월 중순인데 벌서 칠점사가 나왔다. 일반 등산화에 자전거 클립을 부착할 수 있도록 특수 제작했는데, 돌산 암릉길 싱글라이딩 신발로는 최고이다.

이른 새벽 2시 30분 자전거를 자동차에 싣고 곰치재 들머리에 도착하니 운전 거리가 268km이다. 라이딩보다 더 위험부담이 큰 것이 오가는 운전 길이다.

호남정맥 11회차, 화순 곰치재부터 감나무재

2017년 5월 25일   국사봉 – 깃대봉 – 노적봉 – 가지산 – 병무산

　지난 회차 이후에 쉴 새 없이 바쁜 나날을 보내야 했다. 그래도 하던 일을 미루고 다시 고행길을 떠나본다. 이른 새벽 2시 30분에 출발해 라이딩 끝내고 집에 오니 밤 11시이다. 출발점에 도착해 이슬을 털며 멜바를 시작하는데 이른 새벽이라 잠깐 추위가 느껴졌지만, 금방 머릿속부터 땀이 등줄기의 두 골을 타고 흐르기 시작한다. 하의 패드도 금세 젖고, 등산화까지 땀으로 젖는다. 마신 물 4리터가 모두 땀으로 배출된 듯하다. 국사봉, 깃대봉, 노적봉, 삼계봉 등 고만고만한 봉우리들이 사람의 기를 다 빼앗는다. 그래도 멜바만큼 탈바도 제법 많은 구간이다. 피재에서 식당을 찾으러 왔다 갔다 했지만 결국 못 찾고 준비해 간 김밥으로 해결했다.

고된 멜바를 20km 넘게 하고 용두산에 도착하니 기진맥진이다. 삼차를 내팽개치고 낙엽을 모 삼고 배낭을 베게 삼아 1시간 넘게 낮잠을 잤다. 자고 일어나니 몸이 훨씬 가뿐해져 잠시나마 힘차게 전진한다. 가끔 쓰러진 풍해목과 우거진 가시넝쿨들이 방해는 했어도 등폭도 넓고 노면도 양호한 등로이다. 가지산 정상에서 인증사진 찍고 한참 동안 조망을 즐긴 후 서둘러 내려서다 보니 헬멧을 두고 왔다. 1km를 다시 올라갔다 되돌아와야 했다. 가지산 터널을 지나 병무산 오르막은 지루하지만, 간신히 올라갔는데, 용두산 오르막은 발이 떨어지지 않는다. 중도 포기할까 수없이 생각한 구간이었다. 힘겹게 목적지인 감나무재에 도착해 정맥길을 마무리한다. 곰치재까지 원점 회귀 15km를 택시 대신 도로 라이딩을 선택했다. 택시비를 아끼기 위해서였는데 그 대신 몸으로 혹독한 대가를 치러야 했다.

숲이 우거지고 등산로도 확실치 않은 구간 때문에 짧은 알바가 빈번하다. 그래도 발아래 펼쳐진 산하를 내려보며 지친 몸을 달랜다.

낙엽을 요 삼고 배낭을 베개 삼아 낮잠 한숨 자고 나니 몸이 훨씬 가벼워진다. 그래도 조금 가다 보면 또 마찬가지. 가도 가도 줄어들지 않는 정맥길이다.

가지산 조망 바위는 몸만 올라가 조망하고 사진 몇 장 찍고 내려왔다. 800m 쯤 내려갔는데 아뿔싸 헬멧을 놓고 왔다. 다시 뛰어 올라가 헬멧을 가져왔다.

제암산 조망은 가히 천하제일이라 할 정도로 360도 파노라마가 한눈에 들어온다. 그런데 내려오는 곳을 못 찾아 한참을 헤매야 했다.

호남정맥 12회차, 장흥 감나무재부터 보성 한치재

2017년 9월 14일   작은산 – 제암산 – 곰재봉 – 사자산 – 일림산

　바쁜 여름을 지내고 선선해진 가을날, 장흥 땅에서 호남정맥 라이딩을 다시 시작한다. 날짜는 여러 번 잡아 놓았지만 차일피일 미루다 이제야 출발해 본다. 집과의 거리가 멀어 산행보다 자동차 이동 거리가 더 큰 부담이 되어 버렸다. 운전 거리가 300km를 넘어 휴게소에 들러 쪽잠을 여러 번 자 가며 장흥군에 도착했다. 편의점에 들러 필요한 간식거리를 챙기고 오늘 출발지인 감나무재에 도착했다. 태풍이 올라온다더니 바람이 장난 아닌 듯 심히 불고 날씨도 쌀쌀했고 산세 또한 만만치 않다. 등고 폭 때문에 걱정이 앞서는데 처음부터 멜바이다. 어제 내린 비로 인해 흙과 돌들은 미끄럽기 그지없고 등폭은 넓으나 등고가 상당하다.
　감나무재부터 제암산 정상까지 오롯이 멜바로 진행한다. 노면은 칼돌로 형성되어 있고 제암산 정상까지 누적 고도가 1,000미터를

넘었다. 몸의 고통을 눈앞의 멋진 운무로 위로하며 나아간다. 제암산 철쭉밭은 이제 잎만 보이고 철쭉밭 사이사이 억새가 피기 시작했다. 제암산 정상에 올라서니 360도 파노라마가 펼쳐진다. 제암산 일원은 전국 제일의 철쭉군락지로, 그중 곰재봉이 가장 아름답고 멋지다고 한다.

 제암산 정상부터는 바다를 바라보며 진행해야 했고, 많은 사람들이 오가는 만큼 등산로가 잘 정비되어 있다. 일림산은 억새밭이 장관인데, 철쭉 터널도 마치 정원사가 전지한 듯 깔끔하다. 일부 구간은 사람 키 높이의 산죽 터널이 빗질 잘한 아낙네 머리처럼 가지런하다. 그러나 오늘은 컨디션 난조로 체력의 한계를 느끼며 예정했던 거리보다 훨씬 전에 돌아서야 해서 씁쓸했다. 올해 목표인 호남정맥을 끝낼 수 있을는지 걱정이 앞서는 힘든 하루였다.

4개월 만에 정맥길에 자전거를 올려본다. 올여름 유난히 비가 많이 와 여름 휴식이 길었고, 또 어머님이 편찮으셔서 정맥길이 멀어진 듯하다.

제암산 일대는 전국 제일의 철쭉평원이란다. 보성군 웅치면 대산리 자연 휴양림도 유명한 곳이다.

더위 때문에 땀과의 전쟁이었다. 탈수로 무기력해진 몸을 이끌고 일림산에 당도했다. 계획한 곳까지 못 가고 자동차 회수하는 13km도 힘에 부쳤다.

남쪽 바다로는 오늘이 가장 근접하게 내려오지 않았나 생각이 든다. 주월산 정상에서 보이는 바다와 섬들이 잘 조화를 이루어 무척이나 아름다웠다.

호남정맥 13회차, 보성 한티재부터 모암재

2017년 9월 21일   황성산 – 봉화산 – 대룡산 – 방장산 – 주월산

 오늘은 갈 수 없는 이유가 있었지만 이러다간 정맥 완주를 못 끝낼 것 같은 불안감 때문에 주섬주섬 챙겨 집을 나선다. 오늘 출발점은 보성 한티재인데 자동차로 300km를 달려가야 한다. 한티재에 도착했지만, 출발점이 확실치 않아 몇 번을 확인한 끝에 삼수마을을 가로질러 보부상길로 진입한다. 등폭은 넓었으나 노면에 깔린 잡풀들 때문에 페달링이 쉽지 않다. 보성의 아름다운 녹차밭이 온종일 보였다. 등로에 알밤이 널려 있었으나 그림의 떡이고, 펑크날까 두려워 밤송이들을 피해 다녀야 했다. 잦은 등고 폭의 변화로 힘들었지만, 바다를 끼고 돌아치는 호남정맥길은 한결 멋스러워 보였다. 대룡산 삼거리를 지난 후 땅벌집을 밟고 지나가는 바람에 20여 발 땅벌에 쏘였다. 통증과 가려움 때문에 온종일 고생해야 했다. 거미줄을 뚫고 지나가는 것도 고역이었다.

경사도가 완만하다 보니 산악오토바이들이 지나가 노면이 엄청나게 훼손된 상태이다. 마지막 무남이재부터는 등로가 아예 정비되지 않았고 바닥은 돌탱이길로 형성되어 지나가기가 무척 어려웠다. 준비해 간 4.5리터의 식수를 다 마셨지만, 소변은 단 한 차례 보았으니 얼마나 많은 땀을 흘렸는지 알 수 있다. 36km의 기나긴 거리를 바닥 난 체력으로 십씨밀 두 번의 넣치고 체력을 보충하며 무사히 마칠 수 있어 감사한 하루였다. 원점 회귀하는 택시에서 기사님이 보성군의 인구가 4만이 안 된다고 말하며 그나마 보성녹차가 수입원이 전부라는 한탄 섞인 목소리를 내 가슴을 찡하게 만든다.

13회차, 보성 한티재부터 모암재

힘겹게 오른 봉화산에서는 팔각정 누각에 누워 얼마를 잤는지 한기를 느끼고야 일어났다. 다운길은 신나는 싱글길이었다.

직전 구간 포기했던 거리를 만회하기 위해 온 힘을 짜내야 했다. 가시넝쿨과 잡목 외에도 거미줄 또한 전진을 방해하는 요소였다.

일본이 원산지인 편백은 건축용 내장재로 많이 쓰이며 군락지가 잘 조림되어 많은 사람들에게 사랑을 받는 수종이기도 하다. 피톤치드 성량감이 와 닿있다.

앞도 보이지 않는 안개 속에 힘겹게 오른 존재산. 바닥엔 여기저기 철조망이 깔려 자전거를 머리에 이고 넘어야 했다.

호남정맥 14회차, 보성 모암재부터 순천 접치

2017년 9월 28일   존재산 - 큰봉 - 백이산 - 고동산 - 조계산

　　당일치기로 호남정맥 구간을 완주하려면 600km 넘는 거리를 하루에 운전해야 하는데 잠도 부족하고 체력 소진으로 힘들어 이번 회차는 하루 전에 출발해 벌교에서 잠을 자고 시작하기로 한다. 모암재에서 출발하자마자 어제 내린 비와 아침 안개로 인해 옷과 등산화가 모두 젖어 물에 빠진 생쥐 꼴이 되었다. 이번 경로는 존재산 정상에 있는 군부대를 지나야 한다. 여기 정맥 경로는 비등로이다 보니 가시밭이 무성하고 군부대 철책까지 통과해야 해서 옷은 찢기고 살은 상처투성이가 되었다. 존제산 오르막길은 억새와 가시넝쿨이 막고 있고, 바닥엔 철책이 깔려있어 자전거를 머리에 이고 나아가야 하는 초유의 사태까지 발생했다.

어렵게 도착한 존제산 정상은 운무로 덮여 있어 빠져나오는데 많은 애를 먹었다. 3m 되는 군부대 철책 문을 넘어야 했는데 사선서와 같이 넘기가 쉽지 않았다. 석거리재까지는 그야말로 지옥문으로 들어가는 가시밭길 같았다. 석거리재 시남에서 조식 겸 중식으로 해결하고 백이산으로 올라가는데 등산로가 잘 정비되어 쉽게 멘바로 통과할 수 있다. 그러나 성단군신을 지나 고동재까지는 가시밭길과 원시림이 무성한 등산로이다. 존제산은 운무와 군부대로 인하여 조망이 전혀 없지만 백이산부터는 멋진 전남의 산하를 볼 수 있다.

다행히 분개재부터 조계산 접치까지는 등산객들이 많아 정비가 잘되어 있다. 고동산에서 조망도 좋았지만, 특히 조계산 배바위에서의 조망이 오늘의 피로를 풀어준다. 조계산 내리막은 위험하긴 해도 팔이 저리도록 테크니컬한 환상적인 다운길이다. 원점 회귀를 시켜준 택시 기사님은 33년간 택시 운전을 했는데 자전거로 호남정맥에 도전하는 사람은 처음이라며 사람들에게 해 줄 이야깃거리가 생겼다고 좋아 했다. 그런데 요즘은 호남정맥을 종주하는 사람들이 거의 없다고 아쉬워했다.

보성 벌교에서 1박하고 조계산을 오르니 천하가 발아래에 있다. 조계산부터 접치까지는 두 팔과 어깨가 저리도록 긴 다운힐로 평생 기억에 남을 듯싶다.

고동산 데크에서 지나온 호남정맥을 그어 본다. 안개 속에 헤맸던 존재산이 멀리 눈에 들어온다.

힘겹게 오른 조계산 배바위에서 지나온 호남정맥의 산하를 한눈에 볼 수 있었다.

100회 출정 환영이라도 해주듯 조계산 머리에는 흰 구름이 둘러 있었고, 뒤로 펼쳐진 운해 물결이 환상적이다.

호남정맥 15회차, 순천 접치부터 송치재

2017년 10월 10일   오성산 - 유치산 - 희아산 - 첨토산 - 바랑산

　나에겐 의미 있는 100회 출정이다. 이제 1대간 9정맥 중 90%를 완주했다. 10%로 남았지만 자만하지 않고 자연의 섭리를 받아들이며 진행해 보리라. 이른 아침 안개를 뚫고 들머리인 순천 접치에 도착했다. 정맥꾼들이 나뭇가지에 걸어놓은 리본을 확인하고 출발한다. 나무에선 빗방울처럼 안개비가 쏟아지는데 묘지 가는 길이 많아서 한참 헤매다 오성산 진입로를 찾았다. 급경사길을 멜바로 올라가다 뒤를 보니 지난 회차에 팔이 저리도록 다운한 조계산이 머리에 구름을 이고 있다. 오성산 정상까지는 등로가 잘 관리되어 쉽게 멜바로 올라갈 수 있다. 오성상 정상에서는 산불 감시 망루에 올라 수반 위에 떠 있는 남도의 멋진 산하를 한참 감상했다.

오성산부터는 100번째 이벤트나 하듯 거의 전 구간이 급경사에 안부이고, 가시넝쿨과 쓰러진 풍해목들, 벌목하고 방치해둔 잡목들이 가는 길을 가로막는다. 앞이 제대로 보이지 않아 돌아서는 일이 수없이 반복되었다. 정글과도 같은 숲속을 헤집고 나오다 목 부위를 송충이에 쏘여 온종일 고통스러웠다. 자전거를 갖고 지나가기엔 정말 힘든 구간이었는데, 그 와중에 자전거에 꽂아둔 물병이 어디에서 빠져버렸는지 없어졌다. 부족한 식수로 인해 완주할 수 있을지 불안하게 보낸 하루였다.

탈바 구간이라고는 찾아보기 힘들었던 이번 구간은 야생동물과의 조우가 많았다. 3번씩이나 멧돼지들과 상봉을 했고 살모사도 만났다. 더운 날씨에 땀이 비 오듯 흐르는데, 배낭에 식수는 바닥을 보여 더욱 불안했다. 20km 오는 데 9시간이나 걸린 어려운 코스였다. 결국 예정했던 거리의 65%밖에 채우지 못하고 송치재에서 비상탈출 해야 했다. 그래도 바랑산에서 노고단, 반야봉, 천왕봉까지 이르는 광대한 지리산 능선을 이어 볼 수 있어 위로를 받았다.

오늘로써 100회 출정한 날이다. 한 회차 한 회차 힘들지 않은 구간이 없었다. 자동차 이동 거리도 멀어서 들머리로 가는 길과 귀갓길에는 쪽잠을 자야 했다.

점토봉 오름길은 등폭이 좁아 힘들어, 정상에서 녹다운되어 배낭을 베개 삼아 한참을 잠들었다.

100회 출정의 맛을 보여 주기라도 하듯 길도 없는 구간을 가시넝쿨과 잡목이 맞이한다. 두 번의 펑크에 물병까지 잃어버려 온종일 식수 부족으로 고생했다.

발아래 깔린 운해 위로 영신봉부터 낙남정맥의 능선과 만복대부터 반야봉, 촛대봉, 제석봉, 천왕봉에 이르는 지리산 능선이 눈앞에 펼쳐진다.

호남정맥 16회차, 광양 백운산 한재부터 송치재

2018년 6월 14일   따리봉 - 도솔봉 - 형제봉 - 월출봉 - 깃대봉

  8개월 만에 다시 정맥길을 나선다. 그동안 마음 아픈 많은 일들이 있었고 차일피일 미루다 보니 지금까지 온 듯하다. 새롭게 다짐하고 다시 도전하는 오늘의 호남정맥길은 백운산 한재에서 송치재까지이다. 〈자전거와 백두대간〉 카페 회원인 오오환에게 전화해 어렵게 장거리 운전을 부탁했는데 흔쾌히 답을 준다. 체력 소모를 줄이기 위해 역으로 진행하기로 한다. 오늘은 거리도 거리려니와 오르내림의 등락폭도 적지 않다. 여름의 복병인 숲이 우거진 가시넝쿨, 그보다 더 걱정은 더위와 싸움이다. 광양에서 비포장도로를 올라 한재에 도착해 준비하니 4시 55분에 출발한다.

바람이 세차고 추위가 엄습해 온다. 그래도 300m의 오름길을 단숨에 빽바로 오른 듯했고 따리봉에서 매운산과 멀리 성삼재, 노고단, 반야봉, 천왕봉 등 지리산의 멋들어진 능선을 운무와 같이 볼 수 있다. 형제봉까지는 침목 계단과 야자수 매트로 등산로를 재정비 중이고 표지석도 새로이 단장하고 있다. 오랜만에 라이딩이라 그런지 빠르게 체력이 바닥나기 시작했고, 시간이 더할수록 두 다리는 무더지고 흐르는 땀은 주체할 수 없다.

돌탱이길을 지나면서 한 차례 펑크를 때워야 했고, 앞브레이크 라이닝 볼트가 빠져나가 가슴 조이며 라이딩을 끝내야 했다. 송치재에서 병풍산까지는 능선으로 임도와 비슷한 도로가 나 있었는데 아마도 풍력단지를 세우려는 것 같다. 이미 풍력발전기 한 기가 완성되어 발전하는 모양이다. 모든 산이 이제는 풍력발전단지로 변하여 자연을 훼손되는 모습이 안타깝다.

정맥길 중 여러 차례 자전거가 고장 났지만 이렇게 페달 목이 부러지는 경우는 처음이다. 뒤 브레이크 고정 볼트도 풀려 빠져나간 하루였다.

등산로를 정비하고 있었는데, 따리봉과 형제봉 표지석도 새로이 교체 공사 중이었다.

이른 새벽 한재에서 추위를 피해 바로 출발하니 따리봉으로 가는 내내 야자 매트 등산로이다. 따리봉에 오르자, 백운산의 운해가 눈앞에 흘러간다.

백운산 정상에서니 지리산 능선이 병풍처럼 둘러서 있다. 직전 구간 따리봉에서 본 백운산이 이 백운산인가 의심도 해본다.

호남정맥 17회차, 광양 백운산 한재부터 망덕산

2018년 6월 18일   백운산 - 쫓비산 - 불암산 - 천왕산 - 망덕산

　오늘은 호남정맥을 마무리하는 날이다. 새벽 1시에 아산에서 광양 출발, 도착해 대리기사를 불러 한재에 도착하니 4시 30분이다. 광양 버스터미널 주차장에 주차를 부탁하고, 먼동이 트기 전에 백운산을 멜바로 올라간다. 바람 한 점 없는 업힐을 얼마나 올랐을까? 신선봉에 도착했다. 백운산 일대 너덜길은 속도는 안 나지만 그런대로 갈만한 등로였고 백운산 정상은 호남정맥 최고의 조망처가 한눈에 들어온다. 광대한 지리산의 능선과 지나온 호남정맥의 마루금 또 앞으로 진행할 낙남정맥의 마루금을 이어볼 수 있다.

　백운산에서 조망을 마치고 매봉 쪽으로 내리막길 도중 4km 지점에서 앞브레이크 호스가 나무에 걸려 끊어지는 사고가 발생했다. 아산 MTB 동호회에 긴급 연락해 토끼재에서 만나기로 한다. 더위와 싸워 용틀임한 끝에 앞브레이크 없이 12km를 내려와 토끼재에 도착하니 근처 여수에 머물고 있던 아산 MTB 동호회 호돌이 님이 소식을 접하고 달려와 기다리고 있다. 응급조치로 일단 앞브레이크 전체를 교환하고 시원한 생명수와 김밥으로 요기 후 다시 출발한다.

 토끼재에서 출발하려니 철조망에 막혀 돌고 돌아 정맥길에 합류했는데 제력 서하와 무더운 날씨로 진행이 어려웠다. 국사봉을 오르면서 휴식을 반복해야 했다. 국사봉 다운길은 탈바가 가능했는데 근 활엽수 싱글길은 흡사 백두대간으로 착각할 정도로 인상적이다. 체력의 한계는 다가오고, 짧은 대나무밭을 삐져나오는 것도 힘겹다. 천왕산 급경사 오름길은 말로 표현이 안 될 만큼 힘들다. 수없이 쉬며 가까스로 천왕산에 오르니 18시가 넘었다. 마지막 망덕산까지 4킬로를 더는 못 갈 듯한 두 다리에 힘을 줘가며 겨우 마무리했다.

 종점에 도착해 상처투성이인 두 다리를 보며 호남정맥은 포기자들이 많은 이유를 알 수 있을 것 같았다. 늦은 시간과 체력 고갈로 원점 외서는 꿈도 못 꾸고, 슈퍼주인에게 부탁하니 늘 해온 일인 듯 3만 원에 차 있는 곳까지 배달해 준단다. 씻을 곳이 마땅치 않아 귀갓길에 올랐다. 땀 냄새 때문에 휴게소에 내려 밥도 먹지 못하고 졸음쉼터에서 1시간 정도 휴식하고 집에 오니 새벽 1시 30분이었다.

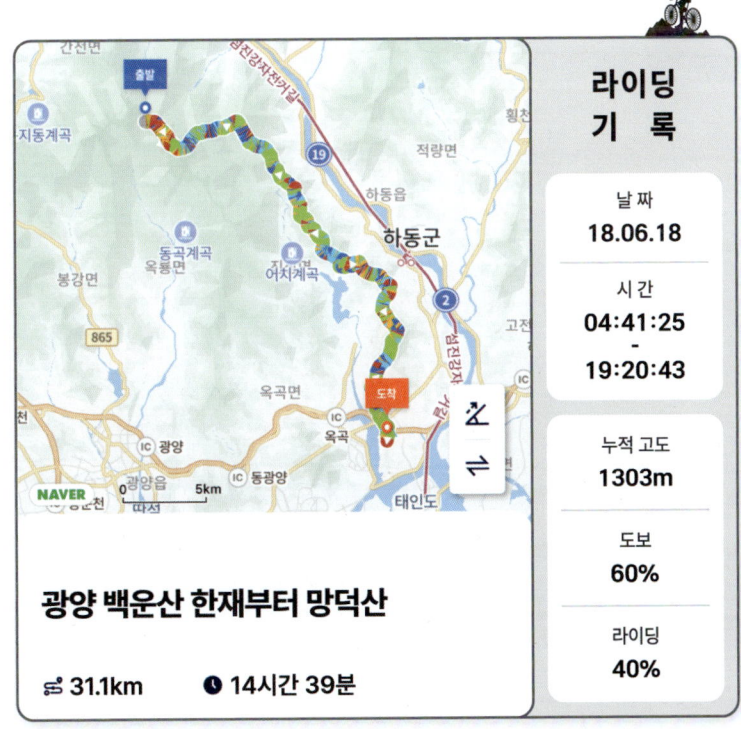

백운산에서 내려와 매봉 지나다 앞브레이크 호스가 나무에 끼어 끊어지는 사고가 발생했다. 이후 12km를 앞브레이크 없이 내려와야 했다.

호남정맥의 징글징글한 잡목, 가시나무, 풍해목을 헤치고 펑크와 고장을 이겨내고 호남정맥의 끝 말덕산에 도착했다.

매봉부터 쫓비산은 섬진강을 따라 내려간다. 쫓비산에서 바라보는 지리산 주능은 여전히 가슴을 벅차게 한다.

제10부

낙남정맥

2018.06.26~2019.05.19 (10구간)

이전 정맥길과는 판이한 산죽 터널이다. 엄청난 키에 사람 하나 빠져나가기도 쉽지 않은데 자전거를 가지고 통과해야 한다.

낙남정맥 1회차, 함양 고운동재부터 돌고지재

2018년 6월 24일   고운동재 - 천왕봉 - 옥정봉 - 사립재

　　등산객들에게 피해를 줄까 봐 그동안 주말 라이딩은 피해 왔는데 낙남정맥은 주말 라이딩으로 시작한다. 울산 280 랠리 지원 겸 한 구간 타 볼까 하는 생각으로 출발하지만, 랠리 포기자가 속출한다는 소식을 듣고 정맥을 타기로 한다. 원래 시작점인 영신봉에서 고운동재 구간은 자전거를 분해해서 제작한 배낭에 지고 가야 하므로 다음으로 미루고, 4시 40분에 고운동재에서 낙동강 쪽으로 출발한다. 시작부터 내 키보다 더 큰 산죽밭인데 그동안 본 산죽밭과는 엄청난 차이가 난다. 근 6km가 비좁고 빽빽한 산죽 터널 구간이다. 자전거에 산죽이 계속 걸려 앞으로 나아가기 힘들고, 산죽잎이 얼굴을 베고 눈을 찔러 온종일 동태눈으로 불편하게 진행해야 한다. 가끔 조망이 있었지만, 안개인지 미세먼지인지에 가려 시야가 뚜렷하지 않다. 그래도 지리산과 전 구간에 끝난 백운산과 호남의 끝자락이 보이기도 한다.

돌고지재는 처음부터 경사도 심한 시멘트 오르막길이다. 이어지는 임도는 거친 길과 순한 길이 어우러져 땀바와 갈비를 배세가며 나아간다. 치왕봉에 올라서니 팔각정과 천왕봉의 표지석과 제당이 보인다. 긴터히 인증사진 찍고 팔각정에서 상의를 벗어 던지고, 낮잠 한숨 청한다. 이후 배도재까지는 계속되는 탈바 구간이다. 배토재에 내려서니 12시가 넘어 점심을 해결하기 위해 5km를 달린다. 북천면에서 갈비탕을 먹고 화물차를 얻어 타고 다시 배토재로 돌아왔다.

내리쬐는 땡볕에 시멘트 포장 오르막은 숨을 맞이다. 그래도 임도와 정맥길을 넘나들며 한층 거리를 줄인다. 도중에 농장 일을 하는 분들을 만나 참을 함께하고 깍듯이 배꼽인사를 하고 나선다. 능선과 임도를 넘나드는 구간이지만 탈바가 가능하다. 2번 국도 원전고개를 지나 탁발골재까지는 우거진 잡목지대를 헤쳐 나가야 한다. 중후반부터는 숲속에 갇혀 조망도 없었고, 옻나무 등 잡목들이 연이어 진로를 방해했다. 돌고지재에 도착하기까지 14시간 12분이라는 역대 두 번째로 긴 시간이 걸렸다. 택시를 불러 자동차를 회수하는 네 내비게이션 주소 착오로 8만 원이란 거금을 써야 했다. 졸음쉼터에서 3번이나 쉬면서 간신히 집에 오니 새벽 4시가 넘었다.

7중대 고지는 해방 이후 발생한 여순사건 이후 지리산으로 옮겨간 공산 세력을 소탕하기 위해 7중대가 주둔했다고 해서 그 이름이 붙여졌다고 한다.

천왕봉에 올라 제당 앞에서 낙남정맥을 무사히 마칠 수 있도록 마음속으로 기도했다.

다시는 가고 싶지 않은 산죽밭이 끝나고 맞이한 옥정봉은 매우 훌륭한 싱글길 라이딩 코스였다.

새벽비에 젖은 칡넝쿨과 가시나무가 즐비한 잡목지대를 통과하니 물먹은 하마처럼 라이딩복과 등산화가 젖어버렸다.

낙남정맥 2회차, 하동 돌고지재부터 돌창고개

2018년 7월 4일   태봉산 - 미륵산 - 실봉산 - 무선산

　장마철이라 일기예보에 민감한 나날들이다. 태풍이 북상해 지나간다는 소식을 접하고 새벽 1시, 집을 나선다. 들머리인 돌고지재에 도착하니 4시 40분. 시작부터 등산로가 풀숲으로 꽉 막힌 상태이다. 어제 내린 비로 인해 숲 전체가 젖어 있어 등산로가 어디인지 분간이 안 된다. 땀과 빗물로 인해 등산화는 물에 젖고 개구리 울음소리가 요란하다. 태풍으로 쓰러진 풍해목들이 등산로를 가로막고 있다. 9정맥을 시작한 이후 오늘처럼 짧은 알바를 많이 한 적은 없던 것 같다. 특히 진주 시내를 돌아치는 정맥길을 이어가다 보니 각종 펜스와 철조망을 넘어야 했다. 정맥길 표시 리본이 없는 곳도 적지 않고, 많은 등산객이 약식 정맥을 한 듯한 등산로가 많았다. 습도가 높아 체감 더위는 상상을 초월한다. 빗물로 길바닥은 질척이고 쓰러진 고목들이 물을 먹고 있어 미끄러지기 일쑤이다.

그래도 오늘은 정맥 종주 중인 등산객들을 만나 서로에게 거미줄을 제거해 주었다. 진주 시내에서 먹은 한식뷔페 점심은 정맥 종주 중 가장 잘 먹은 듯하다. 남강을 통과하느라 지나간 유수교는 한남정맥 아라뱃길에 이어 내가 두 번째로 통과한 인공구조물이다. 오늘은 민가와 과수원을 자주 지나다 보니 개들과 인사해야 하는 경우가 많다. 어마어마한 멧돼지를 눈앞에서 보기도 했다. 발자국을 보니 기히 덩치가 짐작 가는 대형 멧돼지였다. 또한 가시넝쿨과 잡목들이 얼마나 많았는지 펑크만 5번을 때워야 했다. 마신 물만 9리터이니 땀도 그만큼 배출했을 듯싶다.

높은 기온 탓에 현기증이 생기고 얼굴은 화끈거리고 온몸에 땀띠가 생겼다. 가시넝쿨에 스치어 풀독도 심했다. 최악의 역대급 낙남정맥을 13시간 35분에 마칠 수 있었다. 목적지에 도착했으나 자동차 회수 로드 라이딩은 꿈도 못 꾸고 내리막만 다운한 후 나머지는 택시로 이동했다. 악취 풍기는 몸을 나 자신도 감당하기 어려워 사우나에 들러 샤워 후 저녁까지 먹고 진주에서 출발했다. 요즘은 잠자리가 되어버린 고속도로 졸음쉼터 몇 군데 들러 4시간을 넘게 잔 것 같다. 귀가하니 새벽 4시가 넘었다.

하동 돌고지재부터 돌창고개

50.6km 13시간 44분

라이딩 기록

날짜
18.07.04

시간
04:36:31
-
18:12:49

누적 고도
800m

도보
35%

라이딩
65%

오늘은 최고봉이 306m에 불과하지만, 잡목과 가시덩굴 그리고 잦은 알바로 무려 13시간 44분 역대급으로 오랜 시간이 걸렸다.

길을 못 찾아 갈팡질팡하는데 갑자기 멧돼지가 놀라 줄행랑을 친다. 얼마나 빠른지 눈 깜짝할 사이란 말을 이런 때 쓰는가 보다. 얼마나 놀랐는지 모른다.

풍해목 때문에 탈바는 꿈도 못 꾸고, 앞도 보이지 않는 잡목 사이를 들어갔다 되돌아 나오는 짧은 알바를 반복해야 했다.

오늘 험난한 등산로를 버텨낸 것이 스스로에게 대단하다. 내 인생사 역대급으로 인내와 고통을 참은 하루로 기억될 것 같다.

낙남정맥 3회차, 고성 돌창고개부터 큰재

2018년 7월 10일　　귀룡산 - 봉대산 - 양컨산 - 백운산 - 천황산

　들머리인 돌창고개 구간은 안개비로 인하여 여전히 물을 먹은 숲길이다. 멜바로 오르는 정맥길은 숲이 우거져 앞이 보이지 않는다. 내리막 다운에 앞브레이크가 전혀 말을 듣지 않는다. 또다시 고장이다. 잔차를 수리하려고 아산 MTB에 급히 SOS를 친다. 얼마 후 사천 MTB 회장 동생이 와서 자전거 수리점까지 태워다 준단다. 처음 도착한 수리점에서는 부품이 없어 수리 불가이고, 1km 달려가니 다른 수리점이 있는데 문이 잠겨 있다. 김밥집에 들러 눈물로 점심을 먹으며 포기할지 생각하는데 오기가 발동한다. 가시넝쿨로 어차피 타지도 못하고 멜바 하는 구간이라 브레이크가 없어도 될 것 같다. 택시를 불러 다시 들머리로 향했다.
　각종 가시나무와 잡목의 터널 속을 헤쳐 나가는 구간이다. 자전거를 모시고 빠져나가는데, 물에 젖은 등산화가 박자를 맞춰 소리를 낸다.

다리와 팔에는 토시를 착용했어도 가시들이 독기를 품고 파고든다. 아침 비로 인해 습도는 최고조이고 무더운 날씨는 상상을 초월했다. 비상탈출로는 많았으나 인내와 오기로 버티며 가리고개에 도착했다. 여기까지만 하자 생각했지만, 어차피 넘어야 할 건데 되뇌며 다시 한번 독한 마음을 먹고 출발한다. 대곡산 오름길에선 소나무 2~30여 그루가 메말라 있어 고성군에 사진과 함께 재선충 감염 신고를 했다.

 300m의 대곡산을, 죽을힘을 다해 올렸는데 여전히 탈비는 전혀 불가능한 등로이다. 대곡산 정상에 이르니 동영지맥과 와룡지맥의 분기점이 보인다. 정맥보다 더 징한 게 지맥인데 지맥 종주하시는 분들 생각하니 위안이 된다. 다시 힘을 내어 봉우리 서너 개를 더 넘고 좁은 철조망 길을 지나 화리재에 도착한다. 거의 포기 상태에 이르러 평상에 누웠다. 다시 한번 힘을 내어 잔차를 메고 오른다. 오늘의 최고점인 천왕산 정상에 도착하니 보상이라도 해 주듯 멋진 조망이 펼쳐진다. 잠시 휴식 후, 날씨가 어두워지는 것을 걱정하며 다시 큰재로 출발한다. 오늘의 원래 목적지인 삭선고개까지는 못 갔지만 그래도 큰재까지 완주한 것만으로도 만족한다. 큰재에 떨어지니 어둑해져 약 7km 로드 다운 후 택시를 불러 원점 회귀한다.

등산화가 물에 젖어 돌덩이처럼 무거워졌다. 온몸이 만신창이가 되어 몇 번을 비상탈출 할지 생각했지만 오기와 깡으로 버티며 마무리했다.

무량산 정상에서 바닥에 누워 왜 이런 고행을 하는지 한참 동안 생각했다. 그러나 나보다 더 고생하는 지맥꾼들을 생각하며 다시 몸을 일으켰다.

삼복더위에 백운산, 성지봉, 매봉산, 봉광산, 필두산, 용암산, 준봉산, 깃대봉 등을 넘고 나니 탈진 탈수 증상까지 보여 초주검 상태가 되었다.

낙남정맥 4회차, 고성 큰재부터 발산재

2018년 7월 18일   백운산 - 성지산 - 매봉산 - 필두산 - 깃대봉

오늘은 어제 왔다 돌아간 고성 큰재에서 출발한다. 특별 제작해 신고 다니는 킬러 등산화를 비롯하고 다시 남북 600km, 6시산을 노도에서 허비했다. 어제의 뼈아픈 실수를 되새기며 백운산 급경사 업힐을 오른다. 작점고개 내리막길에서는 아침 식사를 하는 멧돼지 가족들과 마주쳤다. 도망도 안 가고 괴성을 내며 위협을 가해온다. 쪽수에 밀려 나뭇가지로 잔차를 툭툭 치며 길 좀 내달라고 사정을 해 겨우 빠져나왔다. 성지산은 숨 막히는 열기와 땀과의 사투였다. 속도보다는 체력 안배를 중시하며 가끔 불어오는 바람에 땀을 식혔다. 자주 쉬고 수분 보충도 적절히 해가며 지구전을 수행한다. 배치고개 내리막길에서 다시 극성스러운 멧돼지들과 만났다. 배치고개에 도착해서는 건설자재 각파이프 위에서 30여 분간 시원하게 낮잠을 잤다. 이후 구간은 오르막과 내리막이 계속 반복되어 더욱 힘들었다.

거리는 줄지 않고 체력 소모는 점점 더해만 간다. 봉광산에서도 앞길을 막는 멧돼지들을 또 만나 기싸움하고서야 길을 내준다. 새터재 내려서니 아르니아 농장이 나와 귀하디귀한 생명수를 공급받았다. 필두산의 멜바 구간은 헤아릴 수 없는 휴식의 반복이다. 담티재의 내리막길도 멧돼지들의 소굴이다. 여기저기서 튀어나오는 멧돼지들로 머리털이 삐쭉 선다. 허기를 채우기 위해 정맥길에서 4km를 벗어나 구만면 식당에서 백반으로 점심을 먹었다. 배부른 상대로 아스팔트길을 나서 올라갈 생각을 하니 포기하고픈 마음이 간질하다. 그래도 다시 정맥길로 이어지는 담티재로 향한다.

용암산을 멜바로 오르며 이러한 고행을 왜 시작했는지 후회하기도 했지만, 고행을 즐기는 마음으로 산을 넘는다. 남성치에서는 길바닥에 누워 얼마나 잠들었는지 모른다. 용암산과 옥려봉에 이어 깃대봉을 통과하니 여기서부터 준봉산까지는 암릉이라 통과하기가 더욱 어렵다. 라이딩 끝날 무렵에는 목 주변의 땀띠와 배낭에 쓸린 어깨가 매우 고통스러웠다. 시원한 계곡에 들러 알탕으로 잠시나마 더위를 날려버릴 수 있었다. 결국 계획했던 목적지까지 이르지는 못했지만 발산재에 무사히 당도함에 감사하며 택시를 불러 원점 회귀했다.

오늘 구간은 유독 멧돼지들이 많아 봉우리 하나 넘을 때마다 떼 지어 있다. 도망도 안 가고 위협을 해서 바짝 긴장하며 통과해야 했다.

한 봉우리에서 내려오면 다음 봉우리가 내 인내심을 시험하기 위해 버티고 서 있다.

21km를 지나는 데 걸린 시간이 13시간, 말도 안 되는 시간이다. 더위 때문에 더는 못 갈 것 같아 눈물을 머금고 오늘 구간은 포기한다.

봄기운이 물씬 풍기는 남도의 산하는 천상의 화원이다. 산벚꽃, 진달래 그리고 내가 제일 좋아하는 엘레지꽃들이 지친 나를 반겨준다.

낙남정맥 5회차, 함안 발산재부터 쌀재고개

2019년 4월 18일   영향산 - 서북산 - 대부산 - 광려산 - 대산

　오늘은 9개월 만에 다시 정맥길에 도전한다. 새벽 알람 소리에 눈을 떠 잠시 갈등했지만, 이러다 정맥 종주를 영영 못 끝낼듯싶어 자리를 박차고 일어나 출발한다. 1대간 9정맥 중 이제 남은 구간은 6개 구간이다. 발산재에 도착해 과연 얼마 만에 찾아온 곳인가 되새겨본다. 잔차를 둘러메고 한참 멜바 구간을 오른다. 길폭은 좁고 풍해목은 널려있어 정맥길은 어느새 꽉 찬 숲으로 변해가고 있다. 여름에 지나갔더라면 더 심하게 고생했을 것 같다. 비교적 진행이 빨라 2시간 만에 10km 거리 비실재에 도착한다. 앞으로 지나갈 여항산이 보이는데 산세가 만만치 않다. 예상한 대로 여항산 오르막은 탈바는 그저 안장에 잠깐잠깐 오를 뿐이다. 그래도 눈앞에 펼쳐진 조망은 일품이다. 자연산 벚꽃들이 한창 절정을 이루고 끝물의 진달래와 막 피기 시작하는 철쭉들이 산을 덮고 있다.

서북산 가는 정맥길도 칼돌들과 풍해목 때문에 고난의 연속이다. 타이어 펑크도 한 번 있었다. 그래도 감재고개 지나기까지 날바싸 가능하다. 대부산을 잠깐 멜바로 오르고 그 이후 진고개까지는 거의 딥바 구간이다. 휴게소가 문을 닫아 2km 벗어나 동네 식당에 들러 늦게 점심을 해결했다. 식당 사장님이 내 모습을 보고 어디서 왔냐고 물으시래 낙남정맥길을 타고 왔니 하니 내 앞에 앉아 묻고 또 묻기를 반복한다. 이렇게 늦은 시간에 광려산을 오를 거냐며 걱정도 해 준다.

오늘의 최고로 힘든 구간인 광려산 500m를 오롯이 멜바로 오르니 몸과 마음이 만신창이가 되었다. 풍해목이 지천이라 광려산 정상까지 오르는 데 1시간 50분이나 걸렸다. 그나마 있는 탈바 구간이 자전거 트러블 때문에 쉽지만은 않았다. 해는 서산으로 각도를 줄이고 두 다리는 무뎌져 집중력이 떨어진 상태이다. 결국 날이 어두워져 마지막으로 작은 무명봉을 우회해 임도를 달려 쌀재고개에 도착했다. 마침, 야산 라이닝으로 놀러온 마산 MTB 회인들을 만났다. 내 몰골을 보고 깜짝 놀라며 어디서 왔냐고 묻는다. 발산재부터 낙남정맥을 종주하는 중이라 하니 믿기 어렵다며 놀란다. 이야기를 나눈 후, 택시 타는 곳을 알려줘 무사히 오늘 라이딩을 끝낼 수 있었다.

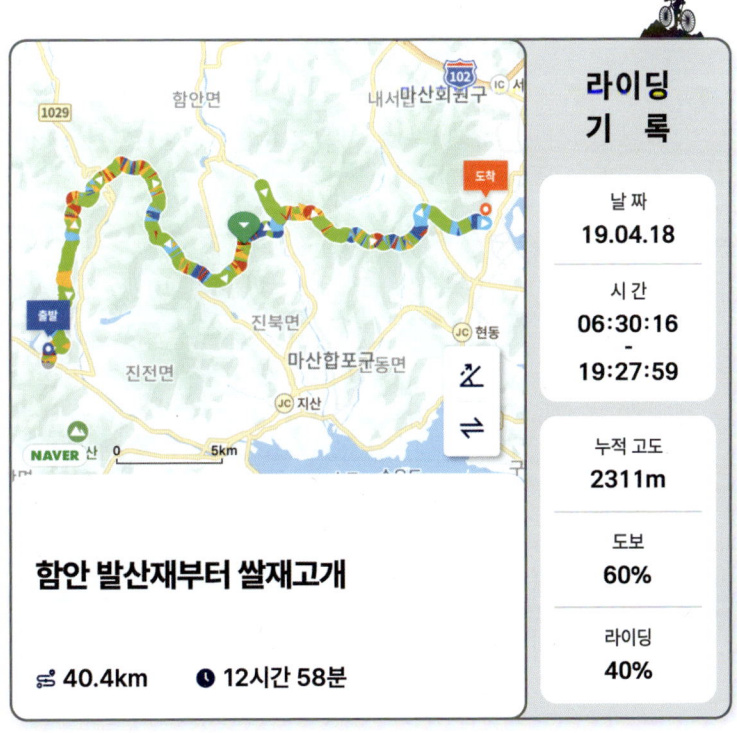

함안 발산재부터 쌀재고개

40.4km   12시간 58분

라이딩 기록

날짜
19.04.18

시간
06:30:16
-
19:27:59

누적 고도
2311m

도보
60%

라이딩
40%

9개월 만에 오른 낙남정맥이다. 여항산에 오르니 남도의 산하가 한눈에 들어온다.

앞으로 갈 능선길 바라보니 한숨이 나온다. 깎아지른 계단과 암릉 절벽이 많아 더욱 힘들었다.

> 올라가면 내려서고 또 오르는 등로가 다른 정맥과 다르다. 쌀재고개 도착하니 마침 야간 라이딩 중인 마산 MTB 회원들을 만나 길 안내를 받았다.

낙남정맥은 700m 내외의 높지 않은 산봉우리들로 이어진 능선이라 다른 정맥보다 등고 폭이 심하고 경사도 또한 까칠하다.

낙남정맥 6회차, 창원 쌀재고개부터 소목고개

2019년 4월 22일   대곡산 - 무학산 - 장등산 - 천추산 - 봉림산

　　전 회차에서 쌓인 피로가 이제는 다 풀린 듯하여 다시 길을 나선다. 쌀재고개 도착해 시작한 무학산은 멜바로 초장부터 진땀을 뺀다. 이른 새벽에 머리 박고 고행길을 오르는데 땀이 비 오듯 한다. 안개샘에 도착하니 수량이 많아 목도 축이고 땀까지 닦아낸다. 1대간 9정맥길에 흔치 않은 안개샘이다. 무학산은 오르기 힘든 만큼 정상 조망이 멋진 곳이다. 전 회차 힘들게 오른 광려산과 대산의 주능선이 한눈에 들어온다. 인증사진을 찍고 조망을 감상하며 땀을 식혔다. 무학산 내리막길은 낙차 큰 바위와 자갈길 그리고 나무뿌리와 잘 다져진 흙길이 뒤섞여 최상의 다운길이었다. 길에 도취해 내달리다 1km를 알바해 멜바로 다시 돌아오기도 했다. 마재고개 내리막에선 집중력이 흐려져 순간 방심하며 크게 엔도를 당했다. 한참 만에 일어나 움직여보니 사타구니 쪽에 심한 통증이 느껴진다.

마재고개 슈퍼에서 음료수를 마시며 포기할까 수없이 갈등했지만 이어간다. 다행히 탈바 구간이 꽤 길었다. 힘겹게 삼능산에 오르니 119 구급약통이 보인다. 정맥 종주 중 처음으로 119에 전화하니 상등산이 어디냐며 반문한다. 이런 답답할 데가. 대화 끝에 구급튜을 열어 응급조치 후 출발한다. 장등산 다음 천주산 오르막길은 탈바 구간이 있었지만, 통증에 페달링이 어려워 몇 번을 쉬며 천주산에 올랐다. 그 유명한 천주산 진달래는 꽃이 다 지고 잎만 무성했다.
　　이후 천주봉까지는 스릴 넘치는 탈바 구간이었고, 굴현재까지는 급경사 다운이었다. 굴현재에서 점심을 먹고 남해고속도로를 지하도로 통과한 직후 좌우를 살피다가 페달 클릿을 빼지 못해 엔도를 하고 말았다. 시멘트 도로 위로 넘어져 심한 무릎 찰과상을 입었다. 오늘은 정말 집중이 안 되는 하루이다. 상처에서 피와 진물이 흘러 내리고 갑자기 체력이 바닥난 느낌이다. 무릎과 사타구니의 상처들은 피와 땀으로 범벅이 되어 너무 심하게 아파왔다. 정맥길을 가로막은 골프장이 나타나 긴 울타리를 돌아가야 했다. 마지막 봉우리인 봉림산은 최악의 몸 상태에서 올라야 했다. 이를 악물고 악과 깡으로 오늘 라이딩을 마칠 수 있었다.

창원 쌀재고개부터 소목고개

32.4km　　10시간 55분

라이딩 기록	
날짜	19.04.22
시간	06:03:11 - 16:56:59
누적 고도	2873m
도보	45%
라이딩	55%

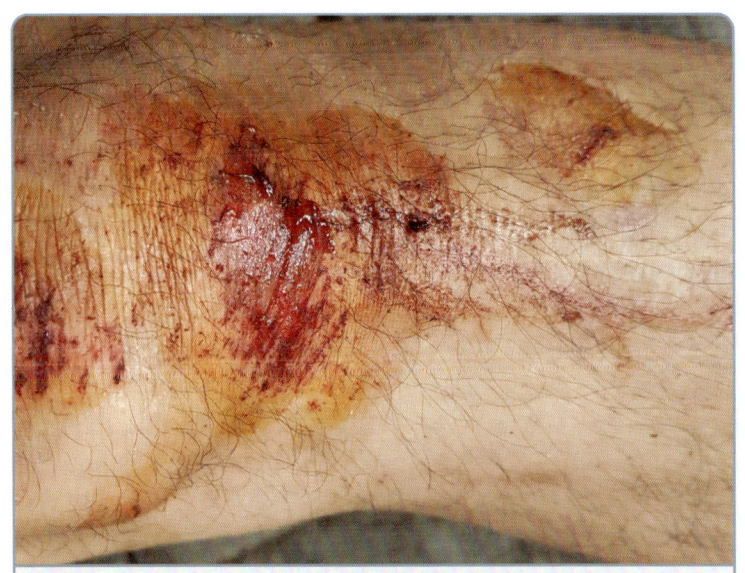

무학산 다운길이 너무 좋아 신나게 달리다 보니 정맥길을 놓치고 1km를 알바했다. 늦은 시간을 만회하려다 다급한 나머지 낙차 사고가 발생했다.

산을 오르면 고통을 잊기 위해 리듬에 맞춰 숫자를 세고 또 세는 버릇이 생겼다. 숫자가 지날수록 몇 미터쯤 더 왔겠지 기대하며 나아간다.

이번 구간은 무기력해 집중력이 떨어지고 큰 낙차도 2번이나 있었다. 체력은 고갈되고 땀은 또 왜 이리 나는지 미칠 지경에 이르러 기가 꺾인 하루였다.

용지봉 오름길에 만난 돌탑. 누가 언제 쌓아 놓았는지 궁금했다. 오늘 분성산까지 가려고 노력했지만, 핸드폰 분실로 지체되어 내일 오전에 도전하기로 한다.

낙남정맥 7회차, 함안 소목고개부터 망천고개

2019년 4월 30일 정병산 - 수리봉 - 내정병산 - 비음산 - 청라산

　오늘도 새벽에 집을 나서는데 밤새 핀 안개로 고속도로 운전이 위험하기 짝이 없다. 덕산리 출발점에 도착해 정병산 오름질을 시작한다. 아침 일찍이라 힘이 넉넉해 한 번의 휴식으로 1시간 만에 가뿐히 오른다. 정병산 중턱부터 구름이 뒤덮여 가시거리가 30m에 불과하다. 정병산 암릉 산세를 보려 기다릴까도 생각했는데 언제 구름이 걷힐 줄 몰라 그냥 진행한다. 어제 많은 비가 내려 암릉과 나무뿌리가 한껏 물을 먹고 있어 발 디디기가 조심스럽다. 거의 다 끌바 아니면 멜바로 갈 수밖에 없다. 수리봉에서 내정병산으로 가는 내내 암릉에다 칼돌로 이루어져 있어 안장에 올라가는 횟수가 셀 수 있을 정도이다. 정맥길은 아니지만 비음산까지 탈바로 잠시 다녀온다. 청라봉에서 잠시 갈증을 해소하고 나니 나무 계단 구간이 나타난다. 쏟아지는 혈류의 압박과 바퀴 튀는 충격을 받아가면서도 탈바로 내려간다.

남산봉에 노숙해 사신 찍으러 핸드폰을 찾으니, 상의 뒤 주머니에 둔 핸드폰이 없어졌다. 자차는 팽개치고 내려온 계단을 다시 뛰어 올라갔다. 내려오는 등산객의 핸드폰을 빌려 전화하니 받질 않는다. 다시 계단을 살피며 계속 올라갔다. 또 다른 등산객이 내려오길래 전화를 빌려 통화하니 누군가 받는다. 먼저 만난 등산객이다. 풀숲에서 전화기를 찾았다는 것이다. 다시 만나 헨드폰 지갑을 열어 보니 넣어둔 지폐는 사라지고 없었다. 핸드폰을 찾은 것만도 다행이라고 위안했다. 얼마나 뛰었는지 다리에 뻐근함이 밀려왔다. 1시간을 허비했다.
　신정봉에서는 화살나무 나물 뜯는 등산객들을 만났다. 용지봉 오름길에는 정성껏 쌓아 놓은 돌탑들이 세월의 흔적을 알려주는 듯했다. 용지봉부터는 등로가 괜찮아 빨리 통과할 수 있다. 502 의무 경찰대 내리막을 지나 식당에서 중식을 해결했다. 국악연수원을 지나 골프장 둘레길로 이어진 업힐이 조금 힘겨웠지만 황새봉부터도 계속되는 밭비포 거리를 줄였다. 아주 큰 두 개의 공원묘역을 지나 망천고개에 도착해 오늘 라이딩을 마무리하기로 한다. 분성산까지 진행할지 망설였지만, 야간라이딩에 등로도 좋지 않아 종료한다. 분성산까지 남은 구간은 내일 오전에 잠깐 완주하기로 한다.

라이딩 기록

날 짜	19.04.30
시 간	06:15:35 - 18:00:35
누적 고도	2386m
도보	55%
라이딩	45%

함안 소목고개부터 망천고개

36.1km　　11시간 46분

비음산은 정맥길에서 조금 벗어난 산이지만 철쭉꽃이 장관이었고, 정맥길 나무 계단을 위험을 무릅쓰고 다운하니 혈류가 쏟아지는 듯한 희열을 느낀다.

남도의 아름다운 산야를 한눈에 볼 수 있는 대암산에 오르니 창원시와 김해시가 눈앞에 펼쳐진다.

사람들의 욕심과 탐욕이 다른 사람에게는 상처와 실망을 안겨 주는 게 현실이다. 이른 새벽부터 깎아지른 정병산 업힐을 하며 고통 속에서 해탈되는 느낌을 받는다.

분성산 정상에는 폭이 8m, 둘레가 923m인 돌로 쌓은 성벽이 있고 그 안에는 해은사가 자리하고 있다.

낙남정맥 8회차, 김해 망천고개부터 만장대

2019년 5월 1일   옥신봉 - 수로봉 - 내분성산 - 만장대

   어제 못 마친 분성산 구간을 위해 이른 새벽 5시 30분 숙소에서 나오니 안개가 자욱하다. 편의점에 들러 컵라면으로 아침을 때우고 간식거리를 챙겨 들머리인 망천고개로 진입한다. 안개로 인해 앞길 분간하기도 쉽지 않은 정맥길이다. 금세 등산화가 젖어 묵직해진다. 정맥꾼들의 등로라 길이 희미하다. 타이어가 푹푹 빠져 힘이 몇 곱절 들어간다. 채석장 오름길은 출입을 통제해 부득불 우회하여 정맥길에 다시 붙는다. 새벽녘 목욕하는 멧돼지들이 화들짝 놀라 달아난다. 멧돼지 쫓느라 계속하여 헛기침과 휘파람을 불고, 나무 토막으로 자전거를 툭툭 치며 나아간다. 폐허가 된 야훼동산 김해수련장을 지나 나발고개를 건너니 멜바가 이어진다. 참말로 오르기 힘든 낙차 큰 암릉도 있었지만, 무명봉인 492.8봉을 힘겹게 오른다. 노면이 젖어 미끄럽고 땀과 안개비로 꼴이 말이 아니다.

옥선봉 전후로는 김해시 자전거 연합회에서 MTB 코스 관리를 정말 잘해놓았다. 대회도 주관하는 듯 정말 잘 정비된 싱글 코스이다. 정맥길과 대회 코스가 겹쳐 한참을 재미있게 타고 내려왔다. 수로봉까지도 멋진 싱글길이 이어지는데 1대간 9정맥 중 가장 잘 다져진 싱글길이 나의 마지막 종주를 기념해 주는 듯하다. 수로봉 지나 김해 천문대까지는 임도로 한껏 속도 내어 시간을 줄였다. 김해천문대에서 인증사진을 찍고 만장대로 내려오는데 아침 일찍인데도 등산객이 심심히 많이 올라온다. 최대한 방해하지 않고 만장대에 도착했다.

인증사진을 찍고 김해 가야 태극파크를 거쳐 출발지인 망천고개로 되돌아가 자동차를 회수했다. 낙남정맥 끝 지점을 만장대로 정하고 끝맺음을 하는 정맥꾼들도 상당히 있는 것 같다. 나는 가야CC로 되돌아가 동신어산을 거쳐 고암쪽 낙동강으로 낙남정맥 끝맺음을 하려고 한다. 그러면 남은 구간은 낙남정맥 첫 구간 영신봉에서 고운동재까지 14km이나. 악명높은 신축 터널을 통과해야 하는 구간이다. 지리산 국립공원이라 자전거를 분해해 배낭에 넣고 가야 할지 아니면 고운동재에서 역으로 진행했다가 왕복해야 할지 고민 중이다.

나의 수제 클릿 등산화가 없었다면 1대간 9정맥 완주는 불가능했을 것이다. 1대간 9정맥을 완주하는 동안 3켤레의 등산화를 바꿔야 했다.

내 몸에 맞게 특수 제작해 한 차례 수리하고 지금껏 사용하고 있는 배낭이다. 이 멜바 전용 배낭이 없었다면 아마도 중도 포기했을 것이다.

수쿠봉 일대는 잘 다져진 MTB 코스가 있다. 한 바퀴 돌고 갔으면 하는 아쉬움을 뒤로하고 낙남정맥 싱글길을 따라갔다.

영신봉 구간을 어떻게 지나야 하나 많이 고민했는데 결국 역으로 올라가기로 했다.
외삼신봉 올라서니 천하제일 조망터가 있어 한눈에 볼 수 있었다.

낙남정맥 9회차, 함양 고운동재부터 영신봉

2019년 5월 8일　　고운동재 - 외삼신봉 - 삼신봉 - 낙남분기점 영신봉

　　영신봉에서 고운동길 약 14km는 국립공원이라 자전거 통행이 금지된 구간이다. 여기를 어떻게 통과해야 하나 걱정이 많았다. 잔차를 분해해서 배낭에 걸머지고 올라갈까도 생각했지만 그렇다고 통과된다는 보장이 있는 것도 아니다. 힘은 들지만, 고운동재에서 영신봉으로 자전거를 갖고 역으로 오르기로 했다. 출발지 고운동재부터 헝클어진 머리처럼 뒤엉켜있는 산죽이 기다린다. 고운동재에서 낙남정맥의 끝인 낙동강 쪽 산죽은 키는 커도 빗질 잘한 머릿결 같았다면, 고운동재에서 영신봉 오르막길 산죽은 헝클어진 머릿결처럼 거칠다. 자전거의 돌출된 부분으로 산죽을 빗질해 가며 올라가야 한다.
　땀에 젖은 몸에 송홧가루가 달라붙는데, 뒤엉킨 머리카락을 빗질하듯 산죽을 헤치고 올라간다. 중간중간 풍해목이 갈 길을 막는다. 영신봉 정상까지 3km를 어떻게 올라왔는지 꿈만 같다. 이후 등산로도 산죽

길이다. 선답자 정맥꾼들이 양파 자루 쓰고 진행하는 모습을 보고 나도 챙겨왔으나 연신 흐르는 땀 때문에 쓸 수가 없다. 외삼신봉 가기 전, 조망 좋은 바위에 앉아 시간 가는 줄 모르고 망중한에 빠져 보았다. 등산로 자체가 계속되는 오르막에 암릉으로 이루어진 산이라 탈바 없이 멜바로 진행한다. 외삼신봉에서 조망을 감상하고, 바위를 넘나들며 삼신봉에 오르니 전망이 기가 막힌다. 노고단, 반야봉, 천왕봉까지 지리산의 참맛을 느낄 수 있다.

신답자들의 산행기에 매번 등상하는 로프 구간이 나디니 어렵게 두레박질해 가며 자전거를 끌어 올린다. 석문바위를 통과하니 늦게 개화한 진달래와 철쭉, 엘레지꽃과 금낭화 군락이 나를 기다린다. 음양수 샘에 들러 온몸의 송홧가루를 씻어내고, 낙남정맥 분기점인 영신봉으로 향한다. 잔차는 숨겨 놓고 영신봉에 오르니 낙남정맥이 한눈에 들어온다. 시작 전, 근심이 컸던 낙남정맥을 마무리하며 세석대피소에 다다른다. 거림까지 하산로는 날바 구간도 있었으나 조심하느라 끌바로 내려왔다. 거림국립공원관리소는 빠르게 통과했다. 오늘로 자전거와 1대간 9정맥은 사실상 끝났고 산자분수령 마지막 구간인 낙동강 물맛 보는 14km만 남았다.

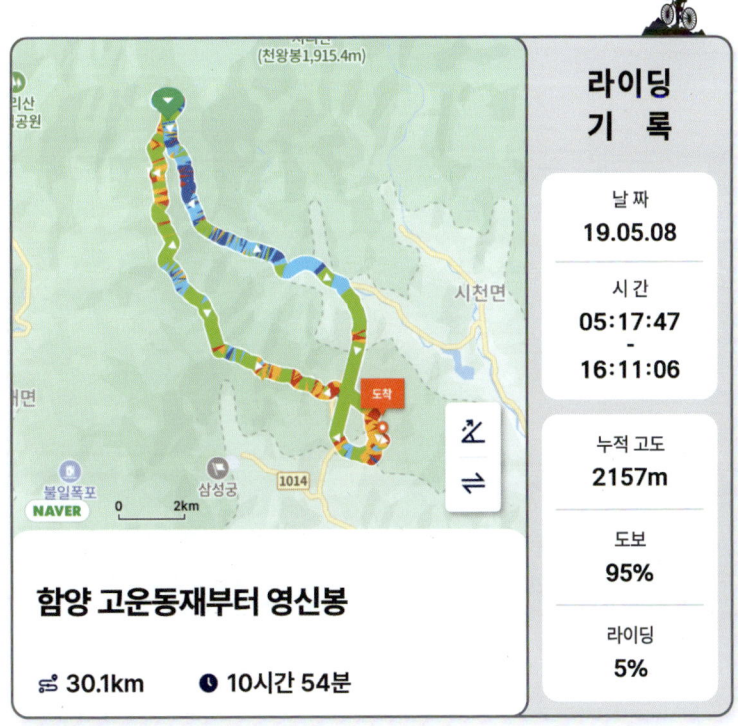

1회차 때 산죽밭 때문에 고생했는데 오늘도 사람 키보다 큰 급경사 산죽 터널 밭을 지나야 했다. 송홧가루와 땀이 뒤범벅되어 눈도 뜨기 힘들었다.

드디어 지리산 능선과 호남정맥, 낙남정맥을 이을 수 있었다. 삼신봉을 지나니 금낭화, 엘레지꽃, 진달래꽃 군락이 천상의 화원을 만들어 놓았다.

오늘은 우리나라에서 최초로, 자전거로 1대간 9정맥을 완주하는 날이다. 완주를 축하해 주기 위해 친구들과 아산 MTB 동호회원들이 함께해 주었다.

낙남정맥 10회차, 김해 분성산 갈림길부터 매리2교

2019년 5월 26일   신어산서봉 – 신어산 – 신어산동봉 – 세부리봉 – 동신어산

　오늘은 혼자가 아니라 여럿이 함께 라이딩하는 날이다. 아산에서 온 친구 김도영, 윤신환과 후배 권태일이 동행한다. 그런데 들머리인 가야CC 골프장 이후부터는 암릉 절벽 길인데 일행 중 누구도 가보지 않아 모르는 길이다. 우회로도 생각해 보았지만, 지금껏 지나온 길보다 더 험난하랴 생각하며 계속 전진한다. 동행자들은 연신 육두문자를 쓰며 힘겹게 뒤따라온다. 신어산 서봉을 지나 생명고개까지 7km를 2시간 40분에 지나왔다. 아침 일찍이라 체력이 아직은 좋은 탓이다. 생명고개에서 아산 MTB 회원 호돌이, 진남, 와인준이 추가로 합류하여 낙남정맥길 마지막 종점인 낙동강으로 향한다. 암릉길이다 보니 시간은 계속 지체되고, 일행 중 찰과상을 입는 사람도 생기고 지쳐가는 기색들이 역력하다. 원래는 예덕산을 오르려 했으나 지친 일행들을 고려해 선무봉으로 우회해서 땀을 식힌다.

새부리봉 오르막길에서도 계속 시간이 지체되는 가운데 드론 동영상 촬영으로 생생한 마지막 기록을 남겼다. 이후 등로도 낙사 큰 다운 길이 계속되는 끝바와 멤바 구간이다. 일행들이 나 때문에 고생하는 것 같아 미안하고 안타까운 마음이다. 새부리봉 내리막길에선 포항에서 온 후배를 비상탈출 시키고 나머지 6명은 계속 진행한다. 마지막 봉우리인 신어산 동봉에서 인증사진을 찍고 내려와 낙동강에 몸을 적시며 자전거와 1대간 9정맥의 마침표를 찍었다.

　나에게는 참으로 의미 있는 하루였다. 누가 시키지도, 재촉하지도 않았지만 6년 1개월 동안 112회차에 걸쳐 1대간과 9정맥을 자전거로 완주해 냈다는 것이 꿈만 같다. 남과의 약속이 아닌 나 자신과의 약속을 지킨 것이 스스로 대견하다. 우리나라에서 최초로, 자전거로 1대간 9정맥을 완주했다는 자부심을 느끼게 되었다. 마음 가는 대로 했더라면 몇 번을 포기했을 터이다. 완주가 가능할까 두려워하며 나서던 새벽안개길. 초주검이 된 몸으로 졸음을 참으며 운전했던 귀갓길. 절벽 아래로 떨어져 정신을 잃었던 순간. 낙차와 엔도로 인한 크고 작은 상처들. 무수한 장면들이 필름처럼 지나간다. 자신과의 승부에서 타협하지 않고 안전하게 끝내 감사할 따름이다.

10회차, 김해 분성산 갈림길부터 매리2교

호롱불, 철인, 철인28호, 세 명이 나와 함께 출발했다. 생명고개부터는 호돌이, 진남, 와인준이 동행했다.

이렇게 힘들었던 인생길은 처음이자 마지막일 것이다. 남과의 싸움에서 이긴 자는 욕심의 승자이고 자신과의 싸움에서 이긴 자가 진정한 승자가 아닐까.

드디어 꿈꿔왔던 나의 모습이 현실이 되는 순간이다. 땀으로 온몸을 적실 때마다, 체력 저하로 몸을 움직일 수 없을 때마다, 식수 부족으로 갈증의 고통을 느낄 때마다, 오도 가도 못해 좌절할 때마다 이 모습을 꿈꾸며 참고 버틴 덕분에 이곳까지 왔다.

축사

최남준 (山人 준.희)
1대간 9정맥 162지맥 완주자

 길은 언제나 끝났다고 생각한 곳에서 다시 시작됩니다. 하고 많은 길 가운데 우리 산꾼들이 특별히 사랑하는 산길은 더욱더 그러합니다. 머나먼 산길, 험난한 산길을 말없이 오래 걸어본 사람일수록 공감의 깊이가 깊겠지요.

 산길을 걷는 우리는 언제나 그 길이 희미해지다가 '딱' 끊어졌다고 생각될 때 온몸의 신경을 곤두세웁니다. 어린 나뭇가지의 희미한 생채기 하나, 가느다란 이파리의 미세한 떨림 하나에도 집중, 또 집중합니다. 심지어 바람의 냄새, 해, 달, 별의 움직임에도 오감을 투사합니다. 이러한 모든 행동은 분명히 어딘가 존재하고 있을 '길'을 찾아 다시 잇기 위한 간절한 몸짓입니다. 그리하여 마침내 이었을 때, 그 길은 단순한 산길이 아니라 생명의 길, 희망의 길로 다가옵니다. 그 생명과 희망의 길 앞에서 우리 산꾼들은 겸손한 마음으로 고개를 숙이는 것이지요.

그래서 우리 국토의 척추와 갈비뼈인 '1대간 9정맥'을 걷는 사람들은 생명과 희망과 겸손의 추종자라고 할 수 있습니다. 그럼에도 '1대간 9정맥'을 완등한 사람은 그리 많지 않습니다. 어지간한 산꾼에게조차 결코 쉽게 자신을 허락하지 않는 이 길은 고난의 길이요, 인내의 관문입니다. 걸어서 이 길을 모두 통과한 사람이 드문 이유이시도 합니다.

오랜 산우(山友)인 '산적' 안영환 님의 '1대간 9정맥' 완등 소식을 접하고 참으로 기쁨과 축하의 마음을 갖지 않을 수 없습니다. 걸어서 주파하기도 힘든 그 길을 자전거를 타고 주파하다니 더욱 경탄스러운 일입니다. 만만찮은 난이도의 구간이 수십, 수백 개인데 어떻게 통과했는지요? 그런 구간을 만날 때마다 자전거를 어깨와 등에 지고 로프와 바위 계단과 사투를 벌이고 있을 산적님의 모습을 상상하는 것만으로도 경이로울 지경입니다.

그러나 진정으로 존경스러운 점은 그 힘든 일을 해냈다는 사실 자체가 아닙니다. 누구도 감히 시도하지 않았던 일에 과감하게 도전장을 내밀었던 개척 정신, 바로 그 청년 정신이야말로 진정으로 존경받아야 할 것입니다.

어느 시인의 말처럼 '오르막길에서 주저앉지 않고, 내리막길에서 자만하지 않으며, 평탄한 길에서 게으름 부리지 않는' 산적 님의 대업 달성을 다시 한번 축하합니다. 그리고 이어질 새로운 도전에도 힘찬 응원의 박수를 보냅니다. 부디 안전하고 행복한 산행과 라이딩 기원합니다.

MTB로 백두대간과 9정맥

안영환 지음

초판 1쇄 발행   2025년 6월 1일

펴낸이   안영환

펴낸곳   충남콘텐츠연구소지음협동조합
주소   충남 당진시 남부로 278 명성빌딩1차 4층
전화   041-355-1434
전자우편   jieum1434@naver.com

디자인   맹하영
기획   장호순

ISBN   979-11-981200-4-5

이 책의 무단 전재와 복제를 금합니다.
책값은 뒤표지에 있습니다. 잘못된 책은 바꾸어 드립니다.